本书为国家自然科学基金项目（41171101）的阶段性成果

CREATIVE CITIES

国际比较与路径选择
INTERNATIONAL COMPARATIVE AND CHOOSE

褚劲风 等◎著

图书在版编目(CIP)数据

创意城市：国际比较与路径选择/褚劲风等著. —北京：北京大学出版社，2014.1

ISBN 978-7-301-23436-5

Ⅰ.①创… Ⅱ.①褚… Ⅲ.①城市文化－研究 Ⅳ.①C912.81

中国版本图书馆CIP数据核字(2013)第262335号

书　　　名：	创意城市：国际比较与路径选择
著作责任者：	褚劲风　等著
责任编辑：	旷书文　朱　彦　王业龙
标准书号：	ISBN 978-7-301-23436-5/F·3783
出版发行：	北京大学出版社
地　　　址：	北京市海淀区成府路205号　100871
网　　　址：	http://www.pup.cn
新浪微博：	@北京大学出版社
电子信箱：	law@pup.pku.edu.cn
电　　　话：	邮购部62752015　发行部62750672　编辑部62752027　出版部62754962
印　刷　者：	三河市北燕印装有限公司
经　销　者：	新华书店
	965毫米×1300毫米　16开本　22.5印张　425千字
	2014年1月第1版　2014年1月第1次印刷
定　　　价：	58.00元

未经许可，不得以任何方式复制或抄袭本书之部分或全部内容。
版权所有，侵权必究
举报电话：010-62752024　电子信箱：fd@pup.pku.edu.cn

目 录

上 篇

第1章 创意产业的内涵演绎、区域效应与空间格局 …………… 3
  1.1 世界创意产业及其概念的界定与演化 ………………… 3
  1.2 创意产业的区域效应 …………………………………… 11
  1.3 世界创意产业的空间格局 ……………………………… 18

第2章 创意城市的缘起、发展与测度评价 ……………………… 30
  2.1 城市变迁与创意城市的兴起 …………………………… 30
  2.2 创意城市与创意城市网络 ……………………………… 35
  2.3 创意城市的影响要素与发展策略 ……………………… 41
  2.4 创意城市的特征及类型 ………………………………… 43
  2.5 创意指数与创意城市的测度 …………………………… 45

第3章 大型节事活动对创意城市转型发展的国际比较 ………… 51
  3.1 空间波及效应：重塑城市空间，提升城市能级 ……… 53
  3.2 文化示范效应：繁荣城市文化，提升城市内涵 ……… 60
  3.3 经济拉动效应：推动城市经济，提升城市实力 ……… 64

第4章 伦敦创意产业及其公共平台的服务化 …………………… 68
  4.1 伦敦创意产业发展概况 ………………………………… 68
  4.2 平台对于创意产业的重要作用 ………………………… 82
  4.3 伦敦创意产业服务平台类型 …………………………… 86
  4.4 伦敦创意产业服务平台主导功能 ……………………… 89

第5章　美国版权产业主导下纽约创意经济的兴盛 …………………… 98
　5.1　美国版权产业简史及概要 ………………………………………… 100
　5.2　版权产业与创意经济关系分析 …………………………………… 105
　5.3　纽约创意经济发展溯源 …………………………………………… 108
　5.4　纽约创意经济的构成与空间演进 ………………………………… 111
　5.5　版权产业在创意经济中的启示 …………………………………… 115

中　篇

第6章　体现多元民族文化的布宜诺斯艾利斯 ………………………… 125
　6.1　布宜诺斯艾利斯对创意产业的界定和划分 ……………………… 126
　6.2　布宜诺斯艾利斯"设计之都"发展的背景条件 ………………… 127
　6.3　布宜诺斯艾利斯"设计之都"的发展路径 ……………………… 132
　6.4　布宜诺斯艾利斯创意产业的溢出效应 …………………………… 144
　6.5　布宜诺斯艾利斯"设计之都"建设的可鉴经验 ………………… 146

第7章　工业化与城市文脉兼容并蓄的柏林 …………………………… 148
　7.1　柏林城市历史文脉溯源 …………………………………………… 148
　7.2　柏林设计之都的目标内容 ………………………………………… 153
　7.3　柏林设计之都发展的优势条件 …………………………………… 158

第8章　渐进转型的蒙特利尔 …………………………………………… 166
　8.1　国际化背景下蒙特利尔设计产业的发展机遇与条件 …………… 166
　8.2　蒙特利尔发展设计产业的渐进战略 ……………………………… 175
　8.3　蒙特利尔设计之都发展举措 ……………………………………… 181

第9章　立足可持续发展的名古屋 ……………………………………… 192
　9.1　名古屋设计之都的发展历程 ……………………………………… 193
　9.2　名古屋发展设计之都的优势条件 ………………………………… 196
　9.3　名古屋发展设计之都的举措 ……………………………………… 202
　9.4　名古屋设计产业可持续发展的启示 ……………………………… 213

第10章　宜居城市指向的神户 …………………………………………… 215
　10.1　神户转型发展路径 ………………………………………………… 215

10.2 神户指向设计之都发展的背景条件 ……………………… 221
10.3 神户设计之都的战略规划 …………………………………… 224
10.4 神户设计之都的实践措施 …………………………………… 229
10.5 神户设计之都规划与实践的启示 …………………………… 232

第 11 章 微电子技术引领的首尔 ……………………………………… 234
11.1 首尔设计之都发展的历程 …………………………………… 235
11.2 首尔设计之都的发展战略 …………………………………… 239
11.3 首尔推进设计之都建设的举措 ……………………………… 244

下 篇

第 12 章 上海创意产业的空间嬗变及测度分析 ……………………… 263
12.1 上海创意产业的发展态势与结构特征 ……………………… 264
12.2 上海创意产业园区的空间分布特点 ………………………… 270
12.3 上海创意产业园区的现状分析 ……………………………… 275

第 13 章 上海创意产业的优势条件与发展趋势 ……………………… 285
13.1 创意理念推动：上海创意产业园区空间结构优化的
     形势要求 ……………………………………………………… 285
13.2 创意资源注入：上海创意产业园区空间结构优化的
     要素基础 ……………………………………………………… 291
13.3 创意溢出效应：上海创意产业园区空间结构优化的
     直接机遇 ……………………………………………………… 298

第 14 章 上海创意产业的发展评价与实证分析 ……………………… 306
14.1 世博后上海创意产业园区空间绩效评价研究
     方法及设计 …………………………………………………… 306
14.2 多元线性回归模型的建立与解释 …………………………… 309
14.3 世博后上海创意产业园区空间绩效评价指标的
     建立与诠释 …………………………………………………… 311
14.4 世博后上海创意产业园区空间绩效评价实证：
     以中心城区静安区为例 ……………………………………… 316

第15章　上海创意城市的转型发展与路径选择 …………………… *322*

　15.1　统筹规划设计,以世博园为核场,优化创意产业
　　　　园区布局 ………………………………………………… *322*

　15.2　注重研发设计,优化园区品牌,推进创意产业
　　　　转型升级 ………………………………………………… *329*

　15.3　汇聚创意人才,以创新驱动为导向,
　　　　推进"设计之都"生态转向 …………………………… *333*

参考文献 ………………………………………………………………… *338*

后记 ……………………………………………………………………… *353*

创意城市
CREATIVE CITIES

上编
PART ONE

第1章
创意产业的内涵演绎、区域效应与空间格局

20世纪80年代,伦敦、伯明翰、曼彻斯特、柏林等一些世界大城市在从工业化时期向后工业时期转型过程中,面临的共同问题是:伴随着传统制造业的衰落,许多旧厂房、旧仓库、旧货栈出现了"空洞化"的现象,城市逐步衰败。旧城改造与城市复兴成为这些城市发展的要求。20世纪末,人们通过伦敦城市复兴计划开始了解创意产业。

20世纪90年代末以来,随着经济全球化进程的不断加快,服务业的发展程度成为衡量经济社会现代化水平的重要标志。现代服务业应用新技术、新业态、新方式提升内涵,广泛渗透到各领域,向社会提供附加值高、知识密集的生产性服务和消费性服务。同时,科技的进步改变了人们生活与工作的方式和态度。网络创造了虚拟世界,加速了影音传播。网络社交改变了年轻一代的生活方式。错综复杂的电子消费品的出现,也丰富了人们对文化产品的享有,并推动了产业结构与消费结构的转变。人们的消费模式由满足物质需求的消费向满足精神或文化需求的消费转变。这一背景下,创意(创新)成为经济发展的重要资源,创意产业(Creative Industry)越来越受到世人的关注,并成为现代经济的增长点。

1.1 世界创意产业及其概念的界定与演化

创意产业,又被称为"创意工业""创意经济",不同国家或地区对这一产业内涵、概念的诠释或理解不尽相同。近年来,关于"创意产业""版

权产业""文化产业""文化创意产业""内容产业"等的研究,都与一般意义上的"创意产业"相关,但学术界尚未有严格界定的统一标准或分析工具。此外,创意产业与传统的第一、二、三产业的划分有比较大的区别,创意渗透在国民经济各产业之间。①

1.1.1 创意及其产业的缘起与演化

在当今世界,"创意"一词几乎是成功、现代、创新趋势的代名词。创意既充满活力又富有想象力,它一旦与个人、企业、城市、区域任何一方面建立联系,便会释放动力、产生活力,成为经济社会发展的引擎。但是,对于"创意"这个词,很难用简要的定义诠释其所包含的多方面内涵。实际上,在心理学领域,个体创意已经在一定程度上得到广泛研究。但是,关于创意究竟是人的属性还是原创思想的一种过程,学界还没有达成共识。然而,至少创意的特征在人类行为的不同领域是可以解释清楚的。一般而言,"文化创意"指的是想象力、产生原创想法的能力以及阐释认知世界的新方法,通过文字、声音、图像或符号等加以表达;"科学创造"是指好奇心、敢于实验的愿望以及在解决问题时创建新的联系;"经济创意"是一个动态过程,多指能够引导技术、商业实践以及市场营销等方面的创新过程,与获得经济中的竞争优势紧密联系。毋庸置疑,以上所有的创意均或多或少地包含了技术创新的寓意(见图1-1)。因此,技术创新是定义创意产业和创意经济的重要因子。②

创意与创新都来自于人。创意产业里的价值链并不是自上而下的,大部分的创意和资源都来自于个人的知识和经验。在创意的最初阶段,公司很少能起到作用。只有在传统的产品制造、品牌推广、配销和零售的运作中,企业才能起到作用。创意转化为产业一般要经过点子、概念、转化、产出四个环节(见图1-2)。当个人或团体有了一个创意点子,首先要把这种点子的多种潜在可能转变成具有可行性的多项选择。于是,就出现了概念设计。对概念设计方案进行转化方案的设计与选择的过程包含了知识产权的保护与专利的转化过程。进入转化阶段之后,还需通过市场分析等环节进行可行性论证,并对整体开发方案进行评估。这些论证、

---

① 褚劲风:《创意产业集聚空间组织研究》,上海人民出版社2009年版,第25页。
② UNDP & UNCTAD, Creative Economy Report, 2010.

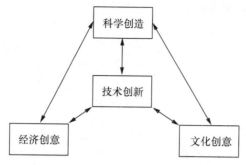

图 1-1 当今经济时代的创意要素关系
资料来源：UNDP & UNCTAD, Creative Economy Report, 2010.

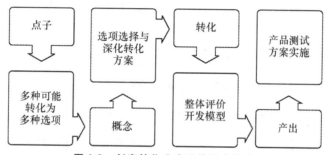

图 1-2 创意转化为产业的四个阶段
资料来源：褚劲风：《创意产业集聚空间组织研究》，上海人民出版社 2009 年版，第 153 页。

评估如果获得通过，就进入生产阶段。

探讨创意产业的定义常与文化产业相结合，这就需要先对创意产品及服务作出定义。包括艺术作品、音乐演出、文学艺术、影视等在内的文化产品及服务都含有一定的文化价值，多样的文化活动及产品的价值是由生产者及消费者共同决定的。因此，文化产品及服务又被称作"创意产品及服务"。创意产品是指那些在制作过程中需要某种程度技术创新的产品。因此，创意产品的定义又超出了文化产品的范畴，还包含时尚产品、软件产品等商业性较强的产品。厘清文化产品与创意产品定义的区别，为我们界定文化产业与创意产业提供了重要依据。

"文化产业"一词出现在二战后。作为对法兰克福大众娱乐发展的激进评价，当时"文化产业"概念的出现引起了极大的争议，因为传统的"文化"与"产业"被看作对立的要素，而"文化产业"概念的应用打破了现代文化生活发展的束缚。一般而言，文化产业被认为是生产文化产品及服务的产业类型。联合国教科文组织将"文化产业"定义为"将创意、生产、商业化结合的无形的具有文化特质的产业"。这一定义的关键在于保持了文化要素的多元化与民主化。类似地,法国将"文化产业"定义为"将概念、创意、文化生产结合的大规模产业、商业化生产活动"。这一定义与传统的强调文化要素的定义相比更具广泛性。

在欧洲与拉美地区,政府及学者在讨论经济文化政策时更趋向于用"文化经济"一词。"文化经济"是从经济角度对所有创意及文化艺术、文化遗产等产业的应用界定,它对文化领域的关注视角有了极大拓展,包含一系列主流及激进方法、新古典主义要素、福利经济、公共政策以及组织经济等要素。明确"文化经济"一词的定义对更好地理解创意动态发展及其与世界经济的关系有重要意义。①

1.1.2 创意产业的认知及其概念的界定

创意产业的思想最早可以追溯到约瑟夫·熊彼特(Joseph Schumpeter),他于20世纪初在著名的长波理论中提出:创新(innovation)是经济增长的根本动力。1947年,法兰克福学派首次使用"文化工业"概念,认为文化工业是资本主义技术统治和工具理性的发展。在这一工业业态中,文化产品被价值原则主宰,并为标准化大规模生产所控制,文化成了迎合市俗、束缚自觉意识的工具。因此,文化工业妨碍了个人自主、独立地发展。经济学家保罗·罗默(Paul Rohmer)1986年撰文指出,创新会衍生出无穷的新产品、新市场和财富创造的新机会,所以创意才是一国经济成长的原动力。20世纪80年代,"世界创意产业之父"约翰·霍金斯(John Howkins)在《创意经济:如何点石成金》一书中,把创意产业界定为其产品都在知识产权法保护范围内的产业。知识产权有四大类,即版权、专利、商标和设计。每一类都有一定的法律实体和管理机构,都产生于保护不同种类的创造性产品的愿望。因此,约翰·霍金斯认为,这四个部门共同构建了创意产业和创意经济。②

一般认为,英国是世界上最早确立"创意产业"这一概念的国家。1997年,英国成立创意产业特别工作组,制定创意产业政策,逐步确立

---

① UNDP & UNCTAD, Creative Economy Report,2010.
② 褚劲风:《世界创意产业的兴起、特征与发展趋势》,载《世界地理研究》2005年第4期,第16—21页。

了13个行业为创意产业,分别是:广告业、建筑业、艺术品、古玩、手工业、时尚、设计、影视业、音乐、行为艺术、出版业、软件业、电视、录音业、音频及电脑游戏。英国将创意产业定义为:源自个别创意、技术及才干,通过知识产权的开拓和利用,用潜力创造财富和就业机会的活动。

也有学者认为,美国发展创意产业的时间实际上早于英国。不同于英国的是,美国采用以版权产业为主的分类方法统计这一产业对美国整体经济的贡献。相同之处是,美国版权产业涵盖的行业部门与英国提出的创意产业的13个行业部门基本吻合。1990年,美国国际知识产权联盟(简称"IIPA")第一次调查与版权保护有关的产业对经济的影响以及在国际贸易中的地位,第一次将美国版权产业的不同组成部分归为一类。此后,IIPA每一年或两年发表美国版权产业系列报告。

20世纪90年代,欧洲的一些国家也开始发展创意产业。比如,1997年,芬兰在《文化产业最终报告》中强调内容生产,不提工业标准,也称"内容产业",包括建筑、艺术、书刊、广电、摄影、音像制作及分销、游戏及康乐服务等。从1994年开始,瑞典从事媒体、设计等创意产业的就业比例不断增加。瑞典国家统计年鉴也注意到这部分产业对国家经济的贡献。亚洲、大洋洲方面,新加坡1998年把创意产业确立为21世纪的战略产业,出台了"创意新加坡"计划,2002年公布了《创意产业发展战略》。新西兰经济研究院2002年发表研究报告《新西兰的创意产业:经济贡献》,明确将广告、出版、软件与计算机服务等10个行业归为创意产业。我国香港地区、台湾地区在世纪转换之际,也分别倡导创意产业的发展。

不同的国家和地区对创意产业的定义及内容有不同的理解。近年来,能够对创意产业提供系统理解的一组模型被建立起来(见表1-1)。通过这组模型,可以对创意产业的结构和特点有更好的理解。

表1-1 基于不同模式的创意产业分类体系

序号	模式名称	创意产业分类内容
1	英国文化、媒体与体育部模式	广告业,建筑业,艺术品、古玩,手工业,时尚,设计,影视业,音乐,行为艺术,出版业,软件业,电视、录音业,音频及电脑游戏。
2	符号文本模式	(1)中心文化产业:广告、电影、网络、音乐、出版、电视录音、音频及电脑游戏;(2)外围文化产业:创意艺术;(3)边界文化产业:消费性电子产品、时尚、软件、运动。

（续表）

序号	模式名称	创意产业分类内容
3	同心圆模式	（1）核心创意艺术：文学、行为艺术、视听艺术；（2）其他核心文化产业：电影、博物馆及图书馆；（3）广泛的文化产业：文化遗产服务、出版、声音制作、影视、音频及电脑游戏；（4）相关产业：广告、建筑、设计、时尚用品。
4	世界知识产权组织版权模式	（1）核心版权产业：广告、仲裁集团组织、影视、音乐、表演艺术、出版、软件、电视与广播、视觉与平面艺术；（2）相关版权产业：空白录音材料、消费性电子产品、音乐设备、纸制品、图像及摄影设备；（3）部分版权产业：建筑、服装与鞋类、设计、时尚用品、家居用品、玩具

资料来源：根据 UNDP & UNCTAD, Creative Economy Report, 2010 整理。

这组模式强调创意产业的不同发展层级及其所包含的创意经济要素，每个模式都有其独特的原理并引导了对创意经济中"核心产业"及"外围产业"的研究。这四个模式中，英国模式并未区分 13 个门类的大类，而其他三种模式在其所涵盖的产业中又区别出了核心产业类型，且每个模式的核心产业类型又各有不同。如"创意艺术"，作为同心圆模式的中心，在符号文本模式中却是外围产业。

2004 年召开的联合国贸易和发展会议（UNCTAD，以下简称"联合国贸发会议"）第 11 次部长级会议被称作对创意产业定义的里程碑会议（见图 1-3）。UNCTAD 对创意产业的定义包括以下几个要点：（1）创意产业是创意、生产、产品服务及分配等要素的循环，这些环节将创意及知识资本作为基本的投入；（2）创意产业由一系列知识型活动构成，关注但不局限于艺术类，其收入主要来源于贸易及知识产权；（3）创意产业既包含有形产品，也包含无形的、具有创意的知识艺术型服务、市场要素等；（4）创意产业是手工艺、服务与产业等部门的结合；（5）创意产业是世界贸易中充满活力的领域。

1.1.3 创意产业多维度的发展

创意产业的发展不是单一体，而是包含经济、社会、文化发展在内的多维度的综合体。

第一，创意产业是文化的思想性与知识的技术性的有机融合。随着世界经济深入发展，产业的知识属性、文化属性越来越强化。同样地，世

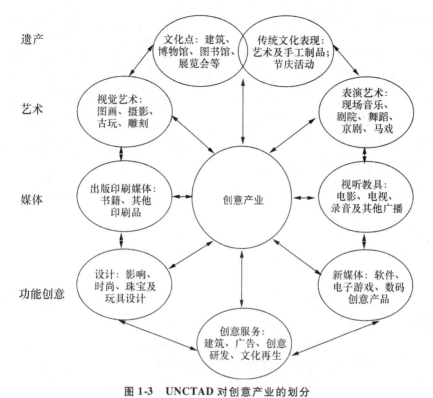

图 1-3 UNCTAD 对创意产业的划分
资料来源:根据 UNDP & UNCTAD, Creative Economy Report,2010 整理。

界经济中知识的推动力越来越大,文化因素所起的推动作用越来越强。创意产业正是知识经济时代的产物。它以文化、创意为核心,运用知识和技术,产生新的价值,使创意灵感在某个特定行业具有物化的表现。比如,在传统的电视广播、视觉艺术等产业,文化产品与现代传媒技术相结合,呈现智能化、特色化、个性化、艺术化的特征,它们的价值并不局限于产品本身的价值,更在于它们所衍生的附加价值。因此,创意产业是技术、经济和文化相互交融的产物,尤其是数字技术和文化、艺术的交融与升华,而创意产品是新思维、新技术的物化表现。可以说,是文化元素与现代技术的有机结合造就了创意产业。

第二,创意产业是生产性服务业与消费性服务业的有力组合。不管是英国创意产业所列的 13 个部门,还是美国版权产业所划分的 4 种门类,又或者是联合国教科文组织对文化产业、创意产业的解释框架,都与传统的第一、二、三产业的划分标准或统计口径不相一致。在创意产业包含的行业中,有传统意义上归属于第二产业的部门,比如媒体电子设备的制造,而更多的则是归属于第三产业的部门。创意既源自从业人员的个人经验,也来自于个人灵感与悟性。创意产业的生产方式体现了脑力与体力、手工与信息化等现代化手段的结合,实现了智能生产与实时敏捷生产的结合。因此,一定程度上,我们可以笼统地将创意产业理解为生产性服务业与消费性服务业的有力融合。

第三,创意产业是组织区域集群化与企业组织小型化的有效结合。创意产业不是个体艺术家或设计师的灵感突发,而是知识和社会文化传播构成与产业发展形态、社会运作方式的创新。创意产业的空间集聚特征表现为生活与工作的结合、知识文化产品生产与消费的结合、多样化的外部环境与独特的本地特征的结合。

基于以上三点考量,各个国际组织、国家和地区对创意产业推进的实践是多层次、多纬度的(见表1-2)。

表1-2 部分国际组织、国家和地区对创意产业界定的标准、范围

产业定义		领域	标准	定义	范围
国家定义	英国	经济	(1)创意作为生产的主要投入 (2)知识产权作为产出的主要特征	源于个别创意、技术、才干,通过知识产权的开拓和利用,用潜力创造财富和就业机会的活动	广告业,建筑业,艺术品、古玩,手工业,时尚,设计,影视业,音乐,行为艺术,出版业,软件业,电视、录音业,音频及电脑游戏
	法国	经济统计	(1)以大量衍生品产出为目的 (2)产出品以版权为特征	将概念、创意、产出功能等要素结合,通过实体支撑与通信交互,而具有更多制造产业功能与商业功能的经济活动	(1)出版(书籍、报纸、音乐等)以及书籍、音像制品的贸易 (2)视听教材活动(影视产出、广告电影产出、剧院电影展示等) (3)直接相关的活动(通讯社、多媒体、广告)
	北欧	经济	"体验"或被消费者认为的体验	—	时尚、视觉艺术、音乐、玩具娱乐、旅游、书籍、电视录音、建筑、运动产业、设计、媒体印刷、电影、录音、广告、内容产品、文化产业

(续表)

产业定义		领域	标准	定义	范围
国际定义	联合国教科文组织（UNESCO）	统计	—	—	文化遗产、印刷品及文学、音乐、行为艺术、声音媒体、视听教材、社会文化活动、运动及游戏、环境及自然
	欧盟统计局	统计	保留、创意、传播、教育	—	艺术及遗产纪念、建筑、图书馆、书籍及出版、视觉艺术、行为艺术、声音及视听多媒体
	世界知识产权组织（WIPO）	经济	知识产权是产品的主要特征	致力于创意、生产、表演、广播、通讯及会展、分配、销售的行业及其他保护产权的行业	出版及文学、音乐、戏剧艺术、京剧、电视及录音、音响、软件及数据库、视觉及图文艺术、广告服务、版权及团体社会管理
	经济合作与发展组织（OECD）	技术指向	内容产业是用来描述产出信息产品的产业	—	—

资料来源：根据 KEA，The Economy of Culture in Europe, 2006, pp.46—52 整理。

1.2 创意产业的区域效应

即使在全球金融危机的影响下，世界各国和地区对音乐、动漫、电影、手工艺品、多媒体以及广告等创意产品和创意服务的需求仍持续保持增长态势，创意产业依然是全球贸易的新引擎，是目前世界经济领域最具活力的产业之一。①

1.2.1 创意经济有利于多纬向的区域综合体成长

（1）从经济角度考察，创意产业对国际贸易的贡献率明显

从经济发展角度看，国际贸易是创意产业发展的重要组成部分。据 UNCTAD 统计，近几年，创意产业在国际贸易中所占的份额急剧上升。

---

① UNDP & UNCTAD, Creative Economy Report, 2010.

2000—2005年,创意产业中的产品服务贸易每年以8.7%的比例上升。例如,世界视觉艺术产品的出口由1996年的103亿美元升至2005年的221亿美元,增加了两倍多。尽管2008年出现全球性经济危机,全球的创意产业仍保持持续增长趋势。在全球经济下滑的2004—2008年,创意产品及服务每年以14%的增长率呈上升趋势。至2008年,世界视觉艺术产品的出口量达到297亿美元。视听服务也由2002年的137亿美元上升至2008年的264亿美元。尤其是近年来,创意产业的关键领域如音乐、电影、广播、表演艺术及贸易内容的数字化趋势,使相关产业呈现出强劲的发展势头。近期的调查研究发现,全球娱乐及媒体产业仅2012年就达到2.2万亿美元的产值。

(2) 从社会角度考察,创意产业带动了劳动就业率的提高

从社会发展角度看,创意产业最突出的社会贡献就是解决社会就业问题。创意产业是知识密集型与劳动力密集型相结合的产业类型,既需要具有高技术背景的优秀人才,也需要大量普通的劳动力。目前,世界创意产业从业者占了经济发展总工作者的2%—8%,而其工作的创造潜力往往对政策有重要的导向作用。例如,美国2003年创意产业就业人员占所有就业人员的2.5%,主要集中于艺术家、作家、演员以及出版领域(见表1-3)。又如,英国2009年、2010年创意产业就业人数稳中有升,尤其在音乐、出版、设计等领域优势明显(见表1-4、图1-4)。创意产业对社

表1-3 美国2003年创意工作者就业状况

创意产业	工作者数量	劳动力所占比例(%)
广告	429	0.3
应用设计	428	0.3
建筑	296	0.2
广播	320	0.2
电影、录音	142	0.1
音乐制作	41	0.0
表演艺术	159	0.1
出版	700	0.5
视觉艺术	122	0.1
其他	611	0.5
总计(创意产业)	3,250	2.5
总计(所有产业)	132,047	100.0

资料来源:根据UNDP & UNCTAD, Creative Economy Report, 2010整理。

会的另一个重要贡献在于其对社会发展内涵的影响。从基础层面讲,创意产业包括能将社会组织联系起来的文化活动,通过这些文化活动及文化要素,可以极大地增强社会各阶层的凝聚力。此外,创意活动对于个人生理健康与心理健康发展也有重要意义。

表1-4　英国2009年、2010年创意就业人数

产业	2009年		2010年	
	雇佣人数	占英国比例(%)	雇佣人数	占英国比例(%)
广告业	252,022	0.87%	268,254	0.92%
建筑业	136,534	0.47%	136,298	0.47%
艺术品、古玩	10,351	0.04%	8,818	0.03%
手工业	84,224	0.29%	91,983	0.32%
设计	209,045	0.72%	208,810	0.72%
时尚	18,409	0.06%	25,583	0.09%
电影、视频影像	67,250	0.23%	71,731	0.25%
音乐、视觉行为艺术	279,636	0.97%	292,536	1.00%
出版业	241,881	0.84%	243,809	0.84%
软件、电子印刷	23,282	0.08%	23,205	0.08%
数字娱乐媒体	7,579	0.03%	13,179	0.05%
电视、录音	113,124	0.39%	113,966	0.39%
总计	1,443,338	4.99%	1,498,173	5.14%
所有雇佣数	28,905,000		29,121,000	

资料来源:根据DCMS, Creative Industries Economic Estimates,2011-12-8, p.18整理。

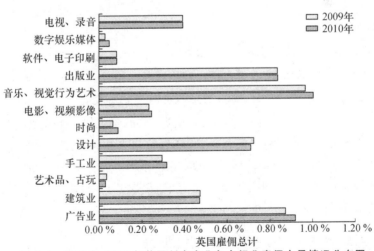

图1-4　2009年、2010年英国创意产业各个行业雇佣人员情况分布图
资料来源:根据DCMS, Creative Industries Economic Estimates,2011-12-8, p.19整理。

(3) 从文化角度考察,创意产业使跨文化交流认同感增强

从文化角度看,近几年,创意产业的多元文化维度发展尤为突出。在全球化发展条件下,创意产业在发展过程中更强调文化的多元化发展。2001 年联合国教科文组织发布的《全球文化多样性公告》称,文化的多样性是人类遗产的重要组成部分。文化本身就是人类内心意愿的体现,对推动经济、社会及文化发展都有重要的作用。保护世界文化多样性大会强调了这一主旨,并提出文化产业发展是保护文化多样性发展的重要成就之一。2009 年,联合国教科文组织在题为"文化多元化及文化间交流投资"的报告中,分析了文化多元化的内容及主要表现,指出文化多元化与全球化、跨文化交流等都有联系。[①] 同时,文化多元化发展具有可持续发展、和平发展的双重意义。可持续发展不仅涉及环境保护方面,也包括有形或无形的群落文化发展。文化的可持续发展意味着要保持各种文化资产的传承与延续,包括从少数民族语言到传统节庆仪式和艺术品等诸多领域。这恰恰与文化产业的主旨和内容高度吻合。因此,一定程度上,创意产业及其活动大大增强了跨文化交流的认同感。

(4) 从科技角度考察,创意产业使创新成果转化应用率提高

一个好的文化资源、一个优秀的文化创意要变成文化产品,必须借助于相应的技术手段,以现代科学技术为支撑。在创意产业发展的过程中,科技的影响无处不在。发达国家的创意产业发展经验是很好的例证。美国好莱坞的电影之所以闻名世界,其原因一是题材内容,二是科技支撑。比如,美国好莱坞的立体电影在设计制作过程中综合运用了光、电、声、化学、仿真等多种技术,使观众可以通过活灵活现的形象或者载体体验影视文化和高科技带来的或愉快、或紧张、或轻快、或惊恐等不同的体验。日本的动漫产业、韩国的网络游戏等,同样也是建立在高新技术基础上的。正如达·芬奇所言:"艺术借助科技的翅膀才能高飞。"创意产业不仅依靠高新技术在竞争中取得了极大优势,赚取了大量利润,甚至影响了受众的生产和消费习惯。

1.2.2 创意产业促使各个利益体在区域内协同发展

创意存在于全球各地,是取之不竭的资源,部分国家从创意经济发展

---

① UNDP & UNCTAD, Creative Economy Report, 2010.

中获得了很大的利益。从世界创意城市的成功案例分析,创意经济的发展是政策、利益相关者、相关机制等多要素交叉作用的结果。

(1) 政府实践中跨部门合作的协同性

创意产业的多维度与交叉性发展,意味着其发展不可避免地需要相关的政策制定,需要具有协调性的内部发展政策;而创意产业市场结构的无序发展,也在很大程度上需要政治责任与政府管制。因此,政府政策对国家及国际创意产业的稳固发展与合理竞争起着基础性作用。政府的责任不仅在于是否对创意产业发展需求及引导作出反应,还在于是否能通过有效的机制鼓励创新及创意产生。就国家范畴来说,政府的角色更趋向于服务者,政策制定者为产业发展创造良好的发展环境并提供发展的基础设施。良好的政策环境也成为吸引创意产业投资者与创意人才的重要条件。在创意产业发展中,政府的重要责任之一就是在大经济环境中保证创意经济发展的良性循环。①

(2) 各个利益体之间的协同性

创意产业发展的另一个重要的必备要素是交叉性利益相关者的相互作用(见图1-5)。个人与组织一般通过以下几个方面参与到创意经济活动中:① 社会经济公有部分(包括博物馆、画廊、公共服务广播组织等在内的公共文化机构);② 营利性个人组织(在文化及创意生产区域中所有

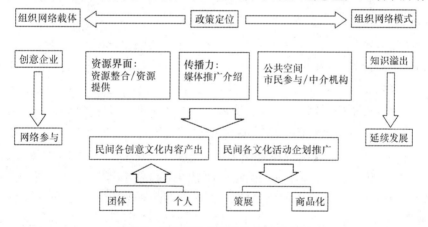

图1-5 创意产业各利益体网络结构图

资料来源:褚劲风:《创意产业集聚空间组织研究》,上海人民出版社2009年版,第210页。

① UNDP & UNCTAD, Creative Economy Report,2010.

领域的大规模商业运作);③ 非营利部分(剧院及舞蹈公司、节庆活动、乐队及其他音乐组成、手工制作合作等,其中某些会接受政府的财政支持);④ 民间社团(倡导非政府组织、学术团体、创意专业社团组织等)。这些利益相关的组织机构相互交叉,共同促成了创意产业的发展。非政府组织(NGOs)在创意经济发展中的作用尤为重要,它们一般在社会基层起着重要作用。非政府组织具有更高的公平性与包容性,能更好地服务于包括年轻人、女性、老人及少数民族群体等在内的社会群体。

1.2.3 创意产业有利于区域内各种机构组织向国际化和开放化转型

一些发达国家或地区感受到创意产业的巨大发展前景和在未来社会中的重要地位,纷纷规划创意产业的发展战略,以国际化的视野、高起点的要求,以提高综合竞争力为目标,大力推进创意产业,重塑国家或地区、城市形象。换言之,创意产业大大加快了所在城市的国际化进程。

(1) 形成了国际化运营的创意服务平台

知识技术在创意经济发展中起着重要的作用,具有高技术的创意工作室是创意产业发展的基础,能够提升创意产业的国际化竞争力。人们对创意文化知识的接受、理解、传播对创意产业的发展尤为重要,创意的产生需要对特有的文化要素有深刻的理解。同时,对创意产品及服务的需求也需要具有一定知识及教育层次的受众。越来越多的国家建立了包括科学知识、创意及开放技术等在内的创新项目知识平台,这些平台主要包括会议、网络、集训以及创意研究机构之间的合作等多种形式。创意平台比较多地依赖于网络共存,使得其在建立之初就是超越国界的。比如,以约翰·霍金斯为集团主席的BOP创意咨询集团,利用网络平台向全世界提供创意咨询、实践等多种服务。又如,荷兰建立了由经济、教育、文化、科技等政府事务组织共同支撑的信息和通信技术(ICT)平台,通过这个平台共享媒体产业发展研究信息,并对创意产业发展日程、战略进行规划落实,其包含知识性、交互性通信技术的"创新实验室"激发了人们的创意思维,实现了创意思维可视化,并在现实环境中对新思维进行测试。

另外,在联合国开发计划署(UNDP)、联合国贸易和发展委员会、联合国教科文组织等全球最高层次的创意平台上的各类政策、会议、活动、项目促进了创意经济的繁荣与发展。联合国创意城市网络(参见第二章)就是最好的佐证。

比如,国际合作是创意产业国际化发展的重要体现。2008年的国际贸易发展会议提出,产业的发展需要政府间的合作。各国政府意识到创意经济发展需要区域间合作及共同提高。联合国贸易和发展委员会需要进一步促成并帮助各国政府协作发展创意经济的各个领域,主要包括以下几个方面:① 各国政府保持一致,为各国的创意产业发展提供一个政府间的讨论平台;② 通过政策导向分析明确各国创意产业在全球市场及产业动态发展中的主要问题;③ 通过技术合作帮助发展中国家增加创意经济及贸易的收益。另外,促进国际合作的可行战略是成立国际化的高端创意经济小组,将政策制定者、学者等集合在一起,定期举行会议,以提升产业发展政策研究水平。

又如,联合国不仅关注发达国家的创意产业发展,也重视并支持发展中国家的创意产业成长。2009年,联合国开发计划署推出了南南合作的特殊项目,名为"为肯尼亚青年建立创新职业",为肯尼亚的创意人才提供创意设计工作室及市场。作为反馈,他们要提供有创意及市场价值的设计等。通过共享设计经验,可以对年轻创意人才进行培训,并为社会底层的设计师改善生活状况。

(2) 加速了国际贸易的循环与流动

创意产品及服务在全球及区域的贸易流动是文化、经济及技术等复杂要素相互作用的结果。创意产业的贸易规则也受国际贸易体系规则的制约。例如,联合国大会对区域文化多元性发展及文化贸易、知识产权等作出了规定。创意经济的发展对国际贸易的发展有巨大的促进作用。创意产业从创意产品的生产、贸易以及创意服务的分配、版权保护及应用等方面都获得了可观的收益。多边间的国际贸易及知识产权流动、企业内及跨国企业的贸易合作已经成为国际贸易联系的重要导向。创意产品的流通已经不仅仅局限于企业或国家区域内,也包括创意产品及服务的进出口贸易流动。例如,2008年全球所有创意产品的出口量达到5920亿美元,比2002年增长了14个百分点,既包括有形的创意产品出口,也包括无形的创意服务输出。其中,发达国家的创意产品出口占主导地位,而发展中国家的创意产品输出也增加了两倍,由2002年的760亿美元增至2008年的1760亿美元。也就是说,创意产品及服务的国际化发展极大地带动了各国国际贸易收入及国民经济发展。[①]

---

① UNDP & UNCTAD, Creative Economy Report,2010.

(3) 提升了国际化分工与服务

在知识经济时代,对创意产品的需求与对其他普通产品的需求不同,从经济学角度看,会进一步加强对更具有创意的产品的需求,从而使创意产品的消费逐渐形成良性循环,带动更多创意的产生以及创意产品及服务的产出。对创意产品及服务需求的增加是创意经济发展的重要引导力量。这种需求要求创意产业不能仅局限于单一的领域,而要实现多领域的共同发展,也就是创意产业的跨领域发展。[1] 创意生产地域分工的国际化与传统的劳动地域分工有联系,更有区别。

创意产业渗透于国民经济的各个领域。它与制造业结合,使制造业产业链中除了产品的零部件生产加工外,还新增了服务化这个新趋势。服务化这个环节不仅是必要的,也是创意产业在传统制造业中的新体现。例如,数码产品制造业的发展拓展了数码技术的服务链,每一项服务的实现都依赖于数码产业配件、器材设施的生产,这就实现了制造与服务的结合。苹果公司独一无二的品牌设计以无可比拟的优势吸引了众多消费者,而这主要源于其服务的最大化。这种服务的最大化是以制造业创新服务的最大化为前提的。比如,苹果公司的 iPhone 在美国设计,在日本制造关键零件,在韩国制造最核心的芯片和显示屏,中国台湾厂商供应部分零件,最终在中国大陆组装成功。这一产业链、供应链的全球管理使苹果公司实现了制造业的服务化。这种创新的产业链发展模式将硬件、软件和服务整合在一起,实现了制造业中创意服务的最大化。[2]

1.3 世界创意产业的空间格局

当今世界,全球各区域、国家的城市创意产业都在快速增长。20世纪90年代以来,经济合作与发展组织成员国中,创意产业的年增长率是服务业的两倍多和制造业的四倍多。[3]

世界上大部分生产活动都集中在大城市、领先省份以及富裕国家。

---

[1] DCMS, Staying Ahead: The Economic Performance of the UK's Creative Industries, 2007.
[2] 朱晓明、季成:《平台——赢在服务》,中信出版社2012年版。
[3] 〔英〕约翰·霍金斯:《创意经济:如何点石成金》,洪庆福等译,上海三联书店2006年版。

半数的生产活动位于 1.5% 的陆地区域。[①] 联合国贸发会议与联合国开发计划署根据经济发展的情况,将全世界的国家与地区分为发达经济体、发展中经济体和转型经济体。[②] 许多发达经济体把创意产业作为促进经济发展、就业和贸易的重要部门。发展中经济体和转型经济体则把创意产业作为经济发展转型的引擎。[③] 因此,近年来,世界经济体创意产品的进出口额都获得了快速增长(见表1-5)。

表1-5 2002—2008年世界经济体创意产品进出口额年增长率分布

经济体	2008年出口额(亿美元)	2002—2008年出口额年均增长率(%)	2008年进口额(亿美元)	2002—2008年进口额年均增长率(%)
全世界	4069.92	11.53	4207.82	11.15
发达经济体	2271.03	10.22	3170.58	9.18
发展中经济体	1762.11	13.55	937.21	17.90
转型经济体	36.78	18.76	100.03	31.40

资料来源:根据 UNDP & UNCTAD, Creative Economy Report, 2010, pp.280—283 整理。

1.3.1 创意产业是发达经济体的"软实力",贡献突出

发达经济体集中分布在北美洲、欧洲,部分分布在亚洲、大洋洲(见表1-6),在世界创意产业发展方面优势明显,对本国经济社会发展贡献突出(见表1-5)。

表1-6 发达经济体的地理空间分布

地理区域	主要国家
美洲	美国、加拿大等
亚洲	日本、以色列
欧洲	安道尔、奥地利、比利时、保加利亚、塞浦路斯、捷克、丹麦、爱沙尼亚、法罗群岛、芬兰、法国、希腊、梵蒂冈、冰岛、爱尔兰、意大利、拉脱维亚、立陶宛、卢森堡、马其顿、荷兰、波兰、葡萄牙、罗马尼亚、圣马力诺、斯洛伐克、斯洛文尼亚、西班牙、瑞典、瑞士、英国、德国、挪威等
大洋洲	澳大利亚、新西兰

资料来源:根据 UNDP & UNCTAD, Creative Economy Report, 2010, p.277 整理。

---

① 世界银行:《2009年世界发展报告:重塑世界经济地理》。
② UNDP & UNCTAD, Creative Economy Report, 2010.
③ 同上。

根据联合国贸发会议与联合国开发计划署《2010创意经济报告》,许多发达经济体把创意产业作为促进经济发展、就业和贸易的重要部门。分析表1-5可知,发达经济体的创意产品出口额占世界创意产品出口总额的55.8%,分别是发展中经济体、转型经济体的1.3倍、61.7倍;发达经济体的创意产品进口额占世界创意产品进口总额的75.35%,远远超出其他经济体。

(1)伦敦、纽约、巴黎、东京、柏林等大城市主导创意产业发展方向

创意产业的实践表明,发达经济体之间有着大量正式和非正式的交易,这些贸易包括有形要素(材料、设备)和无形要素(知识、诀窍)。文化创意活动有两个显著的特点:① 不断变化的生产。提供的商品和服务需要不断的更新是文化产品面临的制约因素之一。文化产品的生产涉及试验和原型。只要有人提供新的实验和原型,一种文化创意产品的生产就会让位给另一种文化产品。② 不确定性的增加。当一个企业需要新的产品和服务时,通常会选择自己生产(比如生产系统)或者在市场上购买。当产品的不确定性很高时,集群的操作方法是更好的,它能够以提示的方式重新定义产品。

因此,创意产品不断自我更新,且高度不确定性的特点迫使企业改变其生产功能的组成要素。这种情况在资源有限和人口稠密的领土情况下更容易实现。地理上的集中或集群是一个很好的方式,可以减轻或减少文化性质的风险(不断变化的生产和不确定性)。从地理接近性与产业集聚理论角度考虑,产业集聚发育良好的地区多在发达经济体内的国际经济中心城市,这也为创意产业的发育、成长提供了基础条件。

"创意产业"的概念特别适用于城市经济,城市是鼓励创意的理想场所。[①] 创意产业源于国际经济中心城市,又繁荣、集聚于国际经济中心城市。[②] 查尔斯·兰德利(Charles Landry)普及了"创意城市"的概念(参见

---

① KEA European Affairs, The Ecomomy of Culture in Europe, 2006.10.
② 荣跃明:《上海创意产业发展的现状与前景》,载《毛泽东邓小平理论研究》2005年第1期,第12—19页;褚劲风:《世界创意产业的兴起、特征与发展趋势》,载《世界地理研究》2005年第4期,第16—21页。

第二章),①他认为,如果有这样一个地方,无论是一组建筑群还是部分或整个城市,具备一些能够产生想法和创新的软硬件基础设施,就可称为"创意环境"(Creative Milieu)。约翰·霍金斯则提出,城市已经成为创意经济的标识。城市里有惊人的建筑、民众、集群、多样性文化、精英名角和产业集聚,有梦想、实习和开始工作的机会,还有狂热和高额消费。除此之外,城市的新奇与种种好处更是令人兴奋不已。② 今天,每一座城市都想成为设计之都、生态冠军、知识枢纽和创意磁石。③ 如同世界上前100位的大城市创造了全球38%的财富一样,④世界上的大城市集中了全球的创意经济成果。伦敦⑤、纽约⑥、巴黎等一些城市具有综合性的创意,被称作"世界创意产业的中心"(见表1-7)。这些城市是较早发现创意产业能创造就业岗位和财富的城市,也是通过政府政策及部门协同发展的范例(参见第四、五章)(见图1-6、表1-8)。

表1-7 伦敦、纽约、巴黎等大城市文化创意产业估算

城市	参考年份	城市人口（以千人计）	城市人口占本国人口比例(%)	城市文化就业人口（以千人计）	城市文化就业人口占本国文化就业人口比例(%)
伦敦	2002	7371	12.4%	525	23.8%
纽约	2002	8107	2.8%	309	8.9%
巴黎	2003	1113	18.5%	113	45.4%

资料来源:根据 UNDP & UNCTAD, Creative Economy Report,2010, p.11 整理。

---

① 〔英〕查尔斯·兰德利:《创意城市:如何打造都市创意生活圈》,杨幼兰译,清华大学出版社2009年版。
② 〔英〕约翰·霍金斯:《创意生态:思考在这里是真正的职业》,北京联合出版公司2011年版,第96页。
③ 同上书,第97页。
④ McKinsey, Urban World: Mapping the Economic Power of Cities, 2011.3, www://mckinsey.com.
⑤ DCMS, Creative Industries Economic Estimates,2011.
⑥ Center for an Urban Future, Creative Newyork, 2005.12.

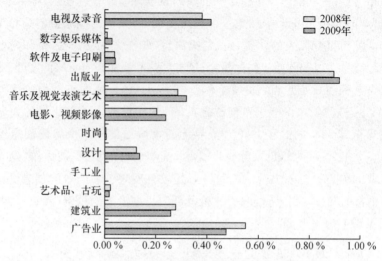

图 1-6 2008—2009 年英国创意产业总附加值比例

资料来源:根据 DCMS, Creative Industries Economic Estimates, 2011.12.8, p.15 整理。

表 1-8 纽约创意产业员工总人数(2002 年)

	NAICS代码	产业	企业内部员工人数	非企业员工人数(个体户)	总计
出版	5111	出版		3747	3747
	51111	报纸出版商	11845	0	11845
	51112	期刊出版商	22036	0	22036
	51113	图书出版商	13080	0	13080
	51119	其他出版商	1911	0	1911
电影及录像	5121	电影及视频产业		3761	3761
	51211	电影及录像制作	5825	0	5825
	51212	电影及视频剪辑	1958	0	1958
	51219	后期制作及其他电影和视频产业	4204	0	4204
音乐制作	5122	录音行业		908	908
	51221	录制	270	0	270
	51222	综合录制、剪辑	3770	0	3770
	51223	音乐出版商	904	0	904
	51224	录音棚	867	0	867
	51229	其他录音产业	158	0	158

（续表）

	NAICS 代码	产业	企业内部员工人数	非企业员工人数（个体户）	总计
广播	51311	广播电台	4332	0	4332
	51312	电视广播	14956	0	14956
	5132	有线网络分配方案	16049	0	16049
	51411	新闻集团	2255	0	2255
建筑	54131	建筑服务	10505	2785	13290
	54132	景观建筑服务	302	140	442
应用设计	5414	专门设计服务业	11226	9569	20795
	54192	摄影服务	2886	4303	7189
广告	54181	广告代理	26765	4745	31510
	54185	展示广告	1367	0	1367
	54186	直接邮寄广告	3458	0	3458
	54189	与广告相关的其他服务	1585	0	1585
演艺	7111	演艺公司		1764	1764
	71111	剧团及晚间剧院	10972	0	10972
	71112	舞蹈团	1938	0	1938
	71113	音乐团体及艺术家	9271	0	9271
	71119	其他演艺公司	666	0	666
视觉艺术	45392	艺术经纪人	1876	868	2744
	71211	博物馆	8053	327	8380
其他	7115	创意产业独立艺术家、作家及表演家	3337	46844	50181
创意产业从业人员总数			198627	79761	278388

资料来源：County Business Patterns, 2002; Non-employers Statistics, 2002, U.S. Census. (Table includes sole proprietors, or firms in which the proprietor is the sole worker. In the data source, this number is only tabulated for the top-level industrial code, not broken down as are numbers for firm-level employment.)

(2) 欧盟等经济综合体创新创意产业发展模式

综观世界主要发达经济体，从美国到欧盟，从英国到日本，主要的发达经济体越来越把创新作为推动创意产业、创意经济乃至更高层面上国家创新战略的重要组成部分。① 比如，2009—2011 年美国总统办公室等联合推出的《美国创新战略》、欧盟创意文化研究机构 KEA 的报告 the Impact of Culture on Creativity、英国 NESTA 基金会的 Soft Innovation、日本的

---

① 花建等：《文化产业的集聚发展》，人民出版社 2011 年版。

"酷日本"战略等。其中,位于欧洲的发达经济体在全球创意产业中的贡献率明显高于其他地区(见表1-9)。欧洲发达经济体的创意产品进出口总额分别位居各个发达经济体的第一位。其中,出口总额占2008年发达经济体总量的76.63%,进口总额占58.15%。

表1-9 2002—2008年世界各大洲发达经济体创意产品进出口额年增长率分布

经济体	2008年出口额(亿美元)	2002—2008年出口额年均增长率(%)	2008年进口额(亿美元)	2002—2008年进口额年均增长率(%)
全世界	4069.92	11.53	4207.83	11.15
发达经济体	2271.03	10.22	3170.58	9.18
美洲	442.15	9.27	1047.06	6.20
亚洲	75.74	13.02	197.36	7.55
欧洲	1740.18	10.16	1843.53	11.27
大洋州	12.97	3.60	82.62	11.62

资料来源:根据 UNDP & UNCTAD, Creative Economy Report,2010, pp. 280—283 整理。

"欧洲文化之都"(European Capitals of Culture)是其中一个典型的案例。该项目旨在促进欧洲区域内尤其是城市对传统艺术领域的互动和协同的更多支持,特别是表演艺术、视觉艺术和文物(见图1-7)。1985年6月,时任希腊文化部长梅丽娜·梅尔库丽(Melina Mercouri)发起"欧洲文化之城"的倡议,之后演进为"欧洲文化之都"。该项目的宗旨是:以文化为桥梁,把欧洲人连接在一起。其目标包括:① 提高城市和地区的国际形象;② 制订运行文化活动和艺术活动的方案;③ 吸引游客,增强自豪感和自信心;④ 宣传本地文化;⑤ 改善文化基础设施;⑥ 与其他城市和地区进行联系和互动;⑦ 促进创意和创新;⑧ 展示本地艺术家的艺术生涯,挖掘本地艺术家的才智。"欧洲文化之都"特别强调让各个欧洲国家了解各自城市文化的特色,突出艺术运动,让彼此能够共享城市风格。通过举办"欧洲文化之都"活动,动员城市的大部分人口参与,增强地方城市的影响力。[①]

在"欧洲文化之都"框架下,一些城市有了新的发展,典型的案例有格拉茨(奥地利)和里尔(法国)。

---

① KEA, The Economy of Culture in Europe, 2006.11, pp. 166—177.

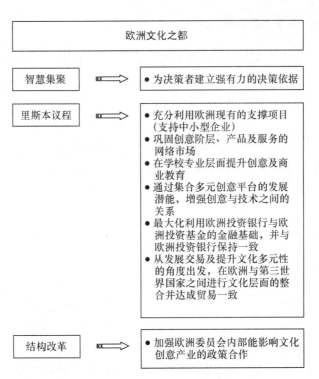

图 1-7 "欧洲文化之都"结构示意图

资料来源:根据 KEA, The Economy of Culture in Europe, 2006, p.12 修改。

其一,2003 年的格拉茨。

格拉茨是奥地利施泰尔马克地区的首府,拥有 23.5 万居民,是一个历史悠久的市中心,被联合国教科文组织列为世界遗产。格拉茨也拥有丰富的现代建筑城市。格拉茨是大学中心、高科技中心与汽车产业中心,其失业率为 7%。

"欧洲文化之都"项目启动后,格拉茨的主要活动包括:① 举办了 108 个项目,开展了约 6000 个独立节事活动。其中,音乐、建筑、设计艺术和戏剧是最突出的部门。约 80% 的项目已经由专业艺术家实现,估计 30% 来自格拉茨之外的地方。② 打造旅游胜地"穆尔岛"。这是 21 世纪由建筑师维多·艾肯西(Vito Acconci)设计的一座人工岛屿,有露天剧场、游乐场和咖啡厅等。它在 2003 年吸引游客近 100 万人。它最初仅仅是为当年的"欧洲文化之都"举行仪式设计的,之后成功地转变成了一个旅游名胜。

"欧洲文化之都"项目的成效有:第一,格拉茨 2003 年旅游人数达到 250 万,比前一年增加了一倍。第二,格拉茨 2003 年新增了约 1200 个就业机会。第三,格拉茨作为一个文化名城,市民的环保意识提高了。第四,新开发的文化基础设施改善了格拉茨在国际文化活动中的形象。第五,格拉茨的国际知名度提高。在推行"欧洲文化之都"项目过程中,格拉茨有超过 1 万篇文章登上国际报刊。2003 年,格拉茨官方网站有超过 23 万人次浏览。这一切很好地改进了城市的国际形象。

其二,2004 年的里尔。

里尔市及其所在大区是法国重要的工业区之一,早先以冶金和纺织业为主,现已发展成综合工业基地。里尔市中心有 20 万人,加上周围卫星城市鲁贝、图尔宽和阿斯克新城,共约 100 万人,失业率约为 12%。

"欧洲文化之都"项目启动后,里尔的主要活动包括要在一年之内开展近 2500 个项目。其中,重点项目有表演艺术(约占 40%),主要目标之一是推动"生活艺术"。其涉及范围广,包括烹饪、运动和室内设计等。

"欧洲文化之都"项目的成效有:第一,里尔 2004 年吸引了超过 900 万人次的游客,住宿游客数同比增长 39.7%。第二,里尔 2004 年创造了 1341 个新的就业机会。第三,里尔酒店和餐饮等行业的营业额上升(见表 1-10)。

表 1-10 法国里尔 2003 年 10 月—2004 年 9 月的就业变化

	国家	地区	里尔市
所有酒店和餐饮业	+1.1%	+1.5%	+7%
文化活动	+0.4%	+4%	+22%
零售	+1.2%	+1.1%	+3%
酒店	+0.5%	stable	+15%
餐厅	+1.4%	+3%	+7%

资料来源:根据 KEA, The Economy of Culture in Europe, 2006.11, pp.166—177 整理。

"欧洲文化之都"项目的成效不仅在欧洲产生了良好的经济、社会、文化效应,也对美国、俄罗斯等国家产生了重要影响,这些国家的很多城市效仿欧洲的做法,以推进本地文化创意产业的发展。

1.3.2 创意产业是发展中经济体和转型经济体的发展引擎,增长迅速

发展中经济体和转型经济体分布在亚洲、中南美洲、非洲、大洋洲等地理区域。当经济从低收入水平向高收入水平增长时,生产也随之日趋集中。生产者会青睐某些地点,譬如城市、沿海地区和相关国家。发展成效最为卓著的国家往往能制定合理的政策,促进不同地区人们生活水平的趋同。同时,实现生产集中的短期利益和生活水平趋同的长期利益,其途径就是经济一体化。① 创意产业使生产链中的各个环节拉长,创造劳动岗位。因此,良好的政策工具将使地区经济发生转型并保持增长。

分析表 1-5 可知,2002—2008 年,发展中经济体、转型经济体创意产品进出口年增长率均高于世界平均水平,也高于发达经济体。创意产业作为新兴的产业部门,正在发展中经济体、转型经济体中崛起。但是,在庞大的发展中经济体、转型经济体内部,创意产业的发展也是极不平衡的(见表1-11)。发展中经济体中,亚洲在 2008 年创意产品进出口额中位于第一,出口额占整个发展中经济体出口总额的 93.6%,进口额占 76.65%。

表 1-11 2002—2008 年世界各大洲发展中经济体、转型经济体创意产品进出口额年增长率分布

经济体	2008 年出口额(亿美元)	2002—2008 年出口额年均增长率(%)	2008 年进口额(亿美元)	2002—2008 年进口额年均增长率(%)
全世界	4069.92	11.53	4207.83	11.15
发展中经济体	1762.11	13.55	937.21	17.90
非洲	22.20	20.09	56.93	22.12
美洲	90.30	10.66	160.07	22.33
亚洲	1649.33	13.64	718.34	16.75
大洋洲	0.27	15.76	1.87	0.73
转型经济体	36.78	18.76	100.03	31.40
亚洲[1]	0.54	9.90	8.98	82.30
欧洲[2]	3307.00	17.37	82.81	27.82

资料来源:根据 UNDP & UNCTAD, Creative Economy Report,2010, pp. 280—283 整理。

说明:亚洲转型经济体包括亚美尼亚、阿塞拜疆、格鲁吉亚、哈萨克斯坦、吉尔吉斯斯坦、土库曼斯坦等。欧洲转型经济体包括阿尔巴尼亚、白俄罗斯、波斯尼亚和黑塞哥维那、克罗地亚、俄罗斯联邦、塞尔维亚和黑山、乌克兰等。

---

① 世界银行:《2009 年世界发展报告:重塑世界经济地理》,第 15 页。

(1) 亚太地区以首府城市为核心,梯度推进创意产业

亚洲发展中经济体的创意产业在全球发展中经济体中占据绝对优势(见表1-11)。在亚太地区,创意产业一直是日本、韩国、新加坡以及马来西亚这些快速发展的国家经济的重要组成部分。① 中国、印度、印度尼西亚、马来西亚、菲律宾、韩国、新加坡、泰国、越南等许多国家都特别关注创意经济的战略发展。目前,大多数的亚洲国家已经接受了创意经济是与文化产业相关的这一理念,不少国家将其列入国民经济发展战略,制订政策措施,并开始分析创意产业的发展对于创造工作岗位、增加收入和促进贸易的潜在力量。约翰·霍金斯指出,亚太地区的创意产业处于一种积极的状态。

特别有趣的地理现象是,与亚太地区的经济、文化、社会、政治的历史渊源一致,这些国家都以首府为核心,逐步向全国其他地区辐射,梯度发展创意产业。首尔就是颇具代表性的例子(参见第11章)。

(2) 非洲地区以地方特质文化为载体,适度试点创意产业

2002—2008年,世界各大洲发展中经济体创意产品进出口额年增长率较快的是非洲(见表1-11)。非洲拥有众多的世界自然遗产和文化遗产,也拥有众多的艺术人才。但是,非洲文化和艺术创意在其国内外市场上的商业化程度非常有限。从空间格局考察,非洲的创意产业总体上是分散的。

由于缺乏稳定而体面的收入,有艺术天赋的人不愿当画家、音乐家、制片人或手工艺人,导致非洲发展中经济体中创意人才的流失,甚至会导致非洲国家文化资源的枯竭。在尼日尔等国家,音乐在日常生活、典礼仪式、庆典活动中扮演着重要角色。但是,所录制音乐作品的正式生产和发行却十分有限,生产与消费之间没有太多的联系。博茨瓦纳等重要的经济中心城市缺乏文化产品,而马里、莫桑比克、卢旺达、赞比亚等经济欠发达地区却生产和消费包括音乐、舞蹈、手工艺品在内的大量文化产品。②

因此,非洲创意产业的发展路径是以地方特质文化为载体,适度试点推进。在对非洲国家的音乐产业进行分类的过程中,联合国教科文组织的文化多样性全球联盟(UNESCO Global Alliance for Cultural Diversity)为

---

① UNDP & UNCTAD, Creative Economy Report, 2010, p. 44.
② 同上,第39页。

进行研究而发展出了一种基于音乐产业的发展阶段的分类法,包括处于成长期的音乐产业国家、处于萌芽或初创阶段的音乐产业国家、音乐生产和消费处于手工作坊阶段的国家等(见表1-12)。研究表明,音乐表演产业牢固根植于一条包含分工细致的唱片刻录的产业链。现场表演产业要拥有表演艺术家、经理人、代理人、促销人员、管理人员、声光电工程师、设备租赁和管理等诸多内容。这不仅带动了一条产业链,还蕴藏着文化氛围、管理组织等诸多内容。这些综合起来,对非洲整体经济的发展具有重要意义。目前,有7个国家建立了表演产业,仅有南非、津巴布韦2个国家拥有比较完整的音乐产业链。因此,非洲发展音乐产业的空间还很大。

表1-12 非洲音乐产业的发展阶段及国家分布一览表

	已建立音乐产业	处于萌芽或初创阶段的音乐产业	处于成长阶段的音乐产业	处于手工作坊阶段的音乐产业	缺乏明晰数据的音乐产业
表演产业	刚果等7个国家	博茨瓦纳等11个国家	贝宁等8个国家	安哥拉等7个国家	布隆迪等12个国家
唱片刻录产业	南非、津巴布韦	赞比亚等10个国家	贝宁等13个国家	加蓬等5个国家	毛里求斯等14个国家

资料来源:根据 UNDP & UNCTAD, Creative Economy Report, 2010, p.41 整理。

第 2 章
创意城市的缘起、发展与测度评价

"创意城市"(Creative City)的概念是伴随创意产业而产生的。当今世界,"创意城市"已成为城市转型发展、提升城市竞争力和知名度的代名词。一些学者对创意城市作了相关理论研究(Hall,1998；Landry,2000；Hospers,2003；Gertle,2004；Scott,2005、2006、2007；O'Connor,2006 等)。① 欧洲、北美、东南亚等许多城市通过各种创意项目进行创意城市的实践。

2.1 城市变迁与创意城市的兴起

世界正在经历一场人口由农村大规模涌入城市的变迁。目前,世界上约 15 亿人口生活在 600 多个大城市中,占全球人口的 22%,创造了超出全球 GDP 一半以上的财富,其中前 100 位的大城市创造了全球 38% 的财富。② 与由集而市、围廊为城的早期城市相比,今天城市发展的理念、方式、模式都发生了深刻变化。

2.1.1 城市变迁与"创意城市"理念的产生

城市是人类文明的结晶,是文化诞生的摇篮。社会、文化、经济的沿

---

① 褚劲风:《国外创意产业集聚的理论视角与研究系谱》,载《世界地理研究》2009 年第 1 期。
② Mckinsey Global Insititute, Urban World: Mapping the Economic Power of Cities, 2011.3, http://www.mckinsey.com.

革、变迁与转型,都会反映在城市的规划理念与发展模式上。现代社会几乎所有创造性成果都与城市相关。

中世纪,城市为吸引最好的教堂建筑师、娴熟的工匠而相互竞争。文艺复兴时期,城市以吸引到最好的画家、雕塑家、园林设计师而显示其财富与地位。[①] 工业化时代,劳动密集型、规模化的生产成为主要的特征。城市规划主要是由上而下制定、推进的,本质上被视为城市工程,与道路、铁路、港口等公共设施建设一样。随着时间的推移,这种城市规划成为官僚化与封闭式、专业化与集中式的规划系统。这种规划系统的重点放在应对汹涌而来的城市化浪潮上。尤其是伴随城市郊区化进程的加快,在从中心城区向郊区延伸的地理空间中,住宅、医院、学校、商业网点、公共交通等基础设施成为规划的重中之重。这种做法尽管有一些弊端,但也使得城市规划具有参与性,为日益社区化的开放性规划系统创造了条件。规模较大的城市为了进一步蓬勃发展,都会力求在各种舞台上展现城市特质。一般的规律是:从城市所在区域开始,经由高一层次区域到全国层面,再跃上全球性的平台。[②] 在这个变迁过程中,规划目标、城市策略以及城市社会各个利益体的立场往往是不尽相同的。比如,其中某一方需要停车场,或者是公共交通网络;另一方则需要机场,以便客流、货流能通往全球各地,从而加入战略性、全球性生产网络。从城市居民考察,无论是本地居民,还是全球性流动人口,都希望有高质量的城市环境与基础设施。城市本身也需要吸纳国际性人才,以增强城市活力。在这种情况下,两者的需求开始一致起来,开放性规划系统逐步变得可行。这也逐步改变了传统规划的思维范式,"创意城市"理念应运而生。

2.1.2 创意与创意城市的认知

创意城市描述了不同类型的文化创意活动作为城市经济和社会运行不可分割的组成部分的城市综合体。[③] 创意城市多以强大的社会和文化设施为基础,拥有相对高密度的创意岗位,同时也因为其良好的文化设施和文化环境而吸引了更多的外来投资。查尔斯·兰德利认为,人才是城

---

① KEA, The Economy of Culture in Europe, 2006.11.
② 〔英〕查尔斯·兰德利:《创意城市:如何打造都市创意生活圈》,杨幼兰译,清华大学出版社 2009 年版,第 12—13 页。
③ UNCTAD, Creative Economy Report 2010, 2010.12.

市的重要资产,市民是城市的关键资源。①

城市对创意的认知由来已久。彼得·霍尔(Peter Hall)(1999)分别对公元前 5 世纪的雅典、14 世纪的佛罗伦萨、莎士比亚时期的伦敦、18 世纪晚期和 19 世纪的维也纳、1870—1910 年的巴黎以及 20 世纪 20 年代的柏林进行了历史性研究,探讨了这六座城市的共同特征:① 这些城市虽然规模差异巨大,但均是所在时代中的重要城市;② 这些城市当时都处于急剧的经济和社会变革之中;③ 这些城市都是大的贸易城市,并且除雅典以外,其他城市在所在区域都是最富有的;④ 这些城市几乎都是世界性的,吸引着来自四面八方的天才;⑤ 天才的成长需要特殊的土壤,创意城市应是社会和意识形态剧烈动荡的中心,这些城市皆是如此;⑥ 这些城市的政策像磁石一般吸引着天才的移民和财富的创造者等。他认为,高度保守、极其稳定的社会,或者所有秩序已消失殆尽的社会,都不是产生创意的地方。拥有高度创意的城市在很大程度是那些旧秩序正遭受挑战的城市。②

理查德·佛罗里达(Richard Florida)有关创意阶层的主张,不仅与"创意城市"的概念息息相关,更是创意城市的重要组成部分。他认为,创意阶层包括设计师、科学家、艺术家和脑力劳动者,也就是一般意义上需要用创意从事自身工作的人。这部分人最关心的是地方质量(quality of place),其中考虑较多的包括:第一,这一地区有什么? 是否具有人工环境与自然环境的结合? 是否拥有创意生活的适当环境? 第二,这一地区有哪些人? 各种各样的人能否彼此互动? 是否能够营造人人都能加入并在其中创造人生的社区? 第三,这一地区的环境是怎样的? 无论是街头生活的活力、咖啡馆文化、艺术、音乐还是户外活动等,一切是否都是积极的、令人兴奋并富有创意的? 理查德·佛罗里达认为,创意时代的城市经济应该实现三个转变,即从以企业为中心,转向以人为本;从人才找工作,转向企业寻找人才;从城市重视基础设施建设,转向重视人文环境、商业氛围的建设。③

无独有偶,欧盟的一项研究表明,④创意城市通常需要提供以下产品:① 文化设施(提供良好的、多样化的文化基础,比如多样化的文化场

---

① 〔英〕查尔斯·兰德利:《创意城市:如何打造都市创意生活圈》,杨幼兰译,清华大学出版社 2009 年版。
② Peter Hall, Cities in Civilization, London: Phoenix, 1999.
③ Richard Florida, Cities and the Creative Class, New York: Rouledge, 2005.
④ KEA, The Economy of Culture in Europe, 2006.11, pp.166—177.

馆);② 高科技设施(提供高科技的"两极",即学术研究和商业);③ 国际开放(有利于国际学生交流以及外国公司的建立)。

由于全球化进程加速,当今世界的许多城市面临着日新月异的转型过程。各地区的城市转型各有特点。比如,亚洲地区的城市在成长和发展过程中,旧的工业正在消失,创意城市的增值更多地不是通过制造业而是通过将知识资本运用于生产、加工和服务业之中完成。① 因此,"创意城市"的概念要求规划者扩大视野,富有想象力,也要与城市生活经验有机地结合起来。同时,城市要鼓励市民想象力和创造力的发挥。为此,要创造持续发展、生气勃勃、经济繁荣的城市,需要有建筑设计师、景观设计师等通晓、从事、维护规划的专门人才,也需要懂得城市运营的决策者,还需要专业性的城市建设人才,包括医护人员、教育人员、经济学家、文化艺术人员、工程技术人员、公务员、警察等。在此基础上,包容性愿景(Inclusive Visioning)、团队合作、领导力、管理能力以及变革能力,对于城市的发展来说也日益重要。这样,城市规划与城市战略就变得比较像一个旨在为促进互动、活力和宜居性创造条件的过程。② 麦肯锡咨询公司预测的2025年全球前25位城市中,多半是创意型的城市(见表2-1)。

表2-1　2025年全球热点城市排名预测

排名	国内生产总值	人均生产总值	生产总值增长率	总人口	15岁以下人口数	总住户数	年收入超过2万美元的家庭
1	纽约	奥斯陆	上海	东京	金沙萨	东京	东京
2	东京	多哈	北京	孟买	卡拉奇	上海	纽约
3	上海	卑尔根	纽约	上海	达卡	北京	伦敦
4	伦敦	澳门	天津	北京	孟买	圣保罗	上海
5	北京	特隆赫姆	重庆	新德里	加尔各答	重庆	北京
6	洛杉矶	布里奇波特	深圳	加尔各答	拉戈斯	纽约	巴黎
7	巴黎	华城郡	广州	达卡	新德里	伦敦	莱茵-鲁尔
8	芝加哥	牙山	南京	圣保罗	墨西哥城	孟买	大阪
9	莱茵-鲁尔	圣何塞	杭州	墨西哥城	纽约	新德里	莫斯科
10	深圳	丽水	成都	纽约	马尼拉	墨西哥城	墨西哥城

---

① 〔英〕查尔斯·兰德利:《创意城市:如何打造都市创意生活圈》,杨幼兰译,清华大学出版社2009年版。
② 同上书,第13页。

(续表)

排名	国内生产总值	人均生产总值	生产总值增长率	总人口	15岁以下人口数	总住户数	年收入超过2万美元的家庭
11	天津	卡尔加里	武汉	重庆	东京	莱茵-鲁尔	洛杉矶
12	达拉斯	**伦敦**	卡拉奇	开罗	巴黎	圣保罗
13	华盛顿	**爱丁堡**	洛杉矶	金沙萨	拉合尔	加尔各答	**首尔**
14	休斯敦	夏洛特	佛山	**伦敦**	圣保罗	拉戈斯	芝加哥
15	圣保罗	旧金山	台北	拉各斯	喀布尔	大阪	米兰
16	莫斯科	达勒姆	新德里	开罗	**布宜诺斯艾利斯**	达卡	孟买
17	重庆	蔚山	莫斯科	马尼拉	罗安达	天津	开罗
18	兰斯塔德	华盛顿	新加坡	**深圳**	伦敦	深圳	香港
19	广州	波士顿	圣保罗	洛杉矶	洛杉矶	莫斯科	台北
20	墨西哥城	贝尔法斯特	东京	**布宜诺斯艾利斯**	科伦坡	**成都**	兰斯塔德
21	大阪	纽约	沈阳	里约热内卢	巴格达	开罗	**深圳**
22	费城	格兰德维多利亚	西安	天津	**上海**	里约热内卢	伊斯坦布尔
23	波士顿	堪培拉	东莞	巴黎	巴黎	武汉	新德里
24	旧金山	西雅图	孟买	雅加达	雅加达	洛杉矶	**布宜诺斯艾利斯**
25	香港	苏黎世	香港	伊斯坦布尔	伊斯坦布尔	**布宜诺斯艾利斯**	马德里

资料来源:McKinsey Global Institute, Urban World: Mapping the Economic Power of Cities, 2011, p.3.

说明:黑体字标识的城市为加入创意城市网络的城市。

2.1.3 创意城市战略及全球浪潮

伴随着区域发展由工业化时代向后工业化时代或服务经济时代转型,人们的消费模式也逐渐由物质型消费向精神型或文化型消费转变。在这一过程中,创意、创新成为经济发展的重要资源,成为现代经济新的增长点。

20世纪90年代以来,世界上许多国家或地区开始重视并促进创意产业的发展,许多城市纷纷提出创意城市战略。2008年,英国在1997年提出创意产业战略的基础上,又提出"创意英国"纲要。意大利、西班牙、丹麦等国也都提出发展创意产业的国家战略。柏林优先加强文化创意中小产业的建设。1997年,芬兰在其"文化产业最终报告"中不提工业标准,转而强调内容生产,突出创意发展。近年来,瑞典媒体、音乐、设计等行业的就业比例不断增加。2005年,纽约提出了"创意纽约"的计划。亚太地区的国家更是把创意产业作为积极的产业部门优先加以发展,诸如日本的"酷日本"计划、韩国"设计国度"的打造、新加坡的创意产业发展战略国策、澳大利亚的"创意国度"战略等。创意兴邦成为许多国家或地区转型发展的选择,创意潮流席卷世界。

综观世界著名城市的创意城市战略,共同点有两方面:一是强有力的城市发展政策的支撑,二是推动创意产业和其他产业之间的协同发展。

以单个城市为例:伦敦是全球创意之都,是世界创意城市的优秀代表之一。为了重点发展创意产业,伦敦形成了一个全面的"政策构架"(参见第四章),其中包括不同行政部门之间的合作以及机关、事业单位和私营部门之间的合作。1998年,英国政府整合文化、媒体和体育部,着力推动创意产业发展。2002年12月,伦敦创意产业委员会成立,进行伦敦创意产业的主要评估。该委员会在2004年提出"创意伦敦"规划,其目的旨在让伦敦成为一个具有领先水平的国际金融创意中心,提升伦敦的声誉,吸引更多的创新型企业入驻伦敦。通过伦敦发展署(London Development Agency,简称"LDA"),"创意伦敦"开始支持多项措施,其中包括伦敦"十大创意中心"的发展。这些创意中心在地理空间上构成创意网络,其目标在于发展当地具有远见和战略性的创意产业,并支持其他部门的发展。创意中心特别关注四个关键的问题:

① 人才:支持新兴的人才,增加人才就业和企业揽才的机会;
② 企业:提供业务支持,拓宽投资和融资渠道;
③ 物业:在创意企业生命周期内,提供适当价格的工作区域;
④ 展示:促进伦敦当地创意才能的涌现,提高本国和国际创意水平,并积极促进和支持出口。

以上四个方面正是各个部门协同发展的关键所在,也体现了创意中心施政的重点。"创意伦敦"战略在2012年伦敦奥运会开幕式上得到淋漓尽致的展现。

2.2 创意城市与创意城市网络

"创意城市"的概念越来越广泛地为世人接受,甚至成为观察城市发展的一种方法。但是,也有学者认为,"创意城市"不是一个学术概念,更多地是城市发展的一种模式。①

2.2.1 创意城市的理论溯源

如前所述"创意城市"的概念是伴随创意产业而产生的。一些学者从不同角度对创意城市作了相关阐述。

(1) 创意城市是市民社会中文化与科技的渗透与融合

彼得·霍尔(1998)在《城市文明:文化、科技和城市秩序》中阐述了城市和新事物之间持久的动力关系。他在大量城市个案研究基础上提出,城市的创造力依赖于某个地方的某一群人。不同人群在城市聚集交流,不断创造着新事物。他们中有企业家、艺术家、知识分子、学生和行政管理人员,来自不同地区和不同民族,不同文化在城市中交流融合、相互碰撞,创新层出不穷。彼得·霍尔认为,21世纪真正的创意城市是多方面领先的,且建立在艺术和技术的融合之中。有创新特质的城市往往处于经济和社会的变迁中,大量的新事物不断涌入、融合并形成一种新的社会,且时间和机遇对城市来说十分重要。创意城市永远是不稳定的城市。由此,高度创意城市往往是"那些旧秩序受到挑战或被推翻的地方"②。

(2) 创意城市是在人才资源基础上对各种有形资本与无形资本的综合运筹

查尔斯·兰德利被认为是创意城市的倡导者。他(2000)指出,城市的发展动力和世界城市体系发生了巨大的变化,不能用19世纪的办法探讨研究21世纪的城市问题,而是要启用"思想库"(Ideas Bank)释放创新,创意是城市发展的血脉。他没有直接给出创意城市的定义,而是从对巴塞罗那、悉尼、西雅图、温哥华、赫尔辛基、格拉斯哥等大量城市个案研究入手,提出了创意城市共同的成功点:富有想象力的个体、创意组织机构和有明晰目标的政治文化。③ 他以思考创意(Thinking Creative)、规划

---

① 厉无畏、王如忠主编:《创意产业——城市发展的新引擎》,上海社会科学院出版社2005年版。

② Peter Hall, Creative Cities and Economic Development, Urban Studies 37(4), 2000, pp. 639—649.

③ Charles Landry, The Creative City: A Toolkit for Urban Innovators, London: Earthscan, 2000.

创意(Planning Creative)、行动创意(Acting Creative)为主线,提出"文化正进入中心舞台",尽管城市一般遵循着一条已决定但不完全确定的路径发展,但文化元素可以使城市摆脱已有发展轨迹的束缚。这种关于文化对城市创造作用的观点在此后的研究中更加鲜明。[①] 他提出,成功的城市会积累一切资本,这些资本包括:人力资本、社会资本、文化资本、智慧资本、科学与技术资本、创意资本、民主资本、环境资本、领导资本、金融资本等。[②]

艾伦·斯科特(Allen Scott,2005)认为,城市是互补的,它们因相互交换专业化的产品而紧密联系在一起;同时,城市也是相互激烈竞争的,表现在每一个城市社区都关注有限资源条件下其自身的集体利益。"城市是人们活动和持续产生创意源泉的公共产品集合区,这种集合区为创意领域的持续发展提供了条件。"城市的可见外观通常包括繁华的街景、完备的购物配套设施和良好的居住社区,后者常常与内城绅士化的邻里相一致,与创意阶层共同成为创意城市的组成要素。他认为,创意城市应放在新经济条件和全球化背景下讨论,影响创意城市的因素是生产者网络(Producer Network)、地方劳动力市场(Local Labour Market)、创意场域(Creative Field)。[③④]

(3)创意城市是丰富想象力与创意共鸣、现实与认知共同构成的综合体

默瑞克·格特勒(Meric Gertler,2004)探讨了什么是创意城市和创意城市怎样对地方经济起作用等问题。他认为,创意城市可增加地方经济动力并提高生活质量,主要是通过3C(Creativity:创造力;Competitiveness:竞争力;Conhesion:凝聚力)的相互关系提高城市经济活力。即创意城市的成功在于保持创造力和城市经济驱动竞争力,而创造力和竞争力在很大程度上是依靠地方和团体的特征和作用发展起来的。原因在于,地方基本组成要素之间的强烈联系可提升社会强大的凝聚力。创意城市中的

---

① Charles Landry, The Art of City Making, First Published by Earthscan in the UK and USA in 2006.
② 〔英〕查尔斯·兰德利:《创意城市:如何打造都市创意生活圈》,杨幼兰译,清华大学出版社2009年版,第33—34页。
③ Allen Scott, Creative Cities: Conceptual Issues and Policy Questions,汤茂林译,载《现代城市研究》2007年第2期,第70页。
④ Allen Scott, On Hollywood, The Place the Industry, Princeton University Press,2005.

各种团体间相互作用而形成"创意鸣"(Creative Buzz),对创造力的产生和创意产业园区的形成有很大的贡献。其中,以因文化活动的消费而形成的艺术创意鸣的作用最为重大。①

欧康纳(O'Conner,2006)总结了过去25年内创意城市使用过的相关概念,提出"创意城市"概念经历了三个由低到高的发展阶段:第一阶段是以文化为主的城市拆建概念;第二阶段是以文化为主的城市再生概念;第三阶段主要表现为城市创意对各个行业的渗透而形成创意产业,从而提高城市竞争力,超越了以往的文化产业范畴。②

综上所述,创意是全球化时代、后工业化时期城市全面发展的主题,"创意城市"发展战略是城市摆脱传统发展路径,寻求融合文化元素、适合本地特征的新发展途径。同样,与创意产业的概念相似,创意城市可以跨越城市化的阶段性,城市选择适合的产业部门、产业政策,促进城市自身的发展与繁荣。

2.2.2 创意城市的发展阶段

创意城市理念认为,激发城市内部个体和机构的创新活力是城市发展的永动力。在此基础上,查尔斯·兰德利(2000)将创意城市的发展划分为从停滞、萌芽、起飞到最终形成自我更新的完整创意系统等十个阶段(见表2-2)。

表2-2 查尔斯·兰德利的创意城市发展阶段理论

阶段	过程描述
第一阶段	在停滞阶段,创意未被看作属于城市发展循环周期的某个特定阶段,在社会经济中仅存在非常简单的创意活动或极为微弱的创意意识。
第二、三阶段	城市决策者开始意识到创意的重要性,但缺乏总体战略性的考虑,城市创意处于萌芽阶段,城市留不住创意人才的现象仍然非常明显。
第四阶段	产业界和公共机构开始关注创意,城市可能出现另类文化,这是创意真正的起飞阶段,人才的流失和回归开始趋于平衡。

---

① Meric Gertler, Creative Cities: What Are They for, How Do They Work, and How Do We Build Them? Canadian Policy Research Networks(CPRN), http://www.cprn.org.

② J. O'Connor, Creative Cites: The Role of Creative Industries in Regeneration, http://www.renew.co.uk/articleimages/2006411_Creative_industries_FINAL.pdf.

(续表)

阶段	过程描述
第五、六阶段	创意开始由局部走向普遍,创意人才开始回流。
第七、八阶段	公共和私人部门都意识到创意动力的重要性,城市表面上已经能够培养"创意人才",但是仍然缺乏一些高级的人力资源。
第九阶段	城市利用自身优势吸引大量创意人才及专业人士,成为全国甚至国际知名的创意中心,大批重要研究机构和创意公司在此设立。
第十阶段	城市已建立起高效的自我更新、自我批评和反思的发展循环周期。城市是创意人才的"磁石",可以提供所有类型的必要专业服务。此时的城市能够在国际层次上与任何城市进行同等竞争。

资料来源:根据 Charles Landry, The Creative City: A Toolkit for Urban Innovators, London: Earthscan, 2000 整理。

2.2.3 创意城市网络的构架

伴随着创意产业的快速发展,世界上许多城市日益感受到创意产业在本土经济和社会中扮演的重要角色,但并没有清楚地看到如何挖掘这一发展潜力,或者如何在城市发展中发挥创意产业的合理作用,或者未能找到在世界舞台上共享成果的路径。为此,联合国教科文组织于 2004 年发起"创意城市网络"行动,该网络是世界创意产业领域最高层次的非政府组织。当年 10 月,联合国教科文组织第 170 届执行理事会根据联合国教科文组织的文化多样性全球联盟的倡议,决定设立创意城市网络。创意城市网络的基本宗旨与构架是:在经济和技术全球化的时代语境下,倡导和维护文化多样性,希望并鼓励联合国教科文组织成员国家的城市自愿提出申请,将本国城市在社会、经济和文化发展中的成功经验、创意理念和创新实践向世界各国城市的管理者和市民开放,从而使全球的城市之间能够建立起一种学习和交流的关系,推进发达国家和发展中国家的城市社会、经济和文化的发展。

加入创意城市网络的城市被分别授予"设计之都""文学之都""电影之都""音乐之都""民间艺术之都""媒体艺术之都"和"美食之都"七种称号(见表 2-3)。创意城市网络为其成员城市提供展示、交流文化资源的全球平台,从而使各成员城市获得更多的技术、信息和经验。根据联合国创意城市网络的评选方法,一个城市只能选择申报一种称号,每一种称号有其相应的标准。例如,设计之都的标准条件包括:要求申报城市拥有设计产业,尤其是具有设计驱动的创意产业等(如建设和室内设计、时尚服装设计、珠宝设计、互动设计、城市设计等),这些设计要体现在城市的文化景观和城市环境上(如建筑、城市规划、公共空间、遗迹、交通、符号信息系统、印刷等设计行业等);要求申报城市拥有设计学校和设计研究中心,拥有国家级水平或本地水准的创意人员、设计师队伍;要求申报城市能够经常举办专业设计类会展活动;要求申报城市为设计师和城市规划者提供可以充分利用本地资源和发挥设计才能的机会。

表2-3 创意城市网络

类别(7类)	城市(34个)	加入时间
设计之都 (11个)	布宜诺斯艾利斯(阿根廷)	2005-08-24
	柏林(德国)	2005-09-02
	蒙特利尔(加拿大)	2006-05-12
	名古屋(日本)	2008-10-16
	神户(日本)	2008-10-16
	深圳(中国)	2008-11-19
	上海(中国)	2010-02-10
	首尔(韩国)	2010-07-20
	圣埃蒂安(法国)	2010-11-22
	格拉茨(奥地利)	2011-03-14
	北京(中国)	2012-06-17
文学之都 (6个)	爱丁堡(英国)	2004-10
	墨尔本(澳大利亚)	2008-08-28
	艾奥瓦(美国)	2008-11-19
	都柏林(爱尔兰)	2010-07-27
	雷克雅维克(冰岛)	2011-08-02
	诺维奇(英国)	2012-09-20
电影之都 (2个)	布拉德福德(英国)	2009-06-08
	悉尼(澳大利亚)	2010-11-22
音乐之都 (5个)	博洛尼亚(意大利)	2006-05-29
	塞维利亚(西班牙)	2006-03-30
	格拉斯哥(英国)	2008-08-21
	根特(比利时)	2009-06-08
	波哥大(哥伦比亚)	2012-03-07
民间艺术之都 (5个)	圣达菲(美国)	2005-07-13
	阿斯旺(埃及)	2005-07-13
	金泽(日本)	2009-06-08
	利川(韩国)	2010-07-20
	杭州(中国)	2012-04-10

(续表)

类别(7类)	城市(34个)	加入时间
媒体艺术之都 (1个)	里昂(法国)	2008-07-02
美食之都 (4个)	波帕扬(哥伦比亚) 成都(中国) 厄斯特松德(瑞典) 全州(韩国)	2005-08-11 2010-02-28 2010-07-20 2012-05-15

资料来源：根据联合国教科文组织官方网站整理，整理时间截至2013年7月15日，网址为：http://portal.unesco.org/culture/en/ev.php-URL_ID=35257&URL_DO=DO_TOPIC&URL_SECTION=201.html。

2.3 创意城市的影响要素与发展策略

创意城市的发展具有一定的共通之处，但是也呈现出不同的个性差异。由于研究者考察视角的不同，对于创意城市的影响要素与发展策略的认识也不尽相同。

2.3.1 创意城市的影响要素

对于创意城市的构成要素，一些学者作出了相关阐述，如格特-杨·霍斯帕斯(Gert-Jan Hospers,2003)的"三因素"说、理查德·佛罗里达的"3T"说、爱德华·格莱泽(Edward Glaeser,2004)的"3S"说以及兰德瑞(2000)的"七要素"说。

(1) "三因素"说

格特-杨·霍斯帕斯认为，集中性(Concentration)、多样性(Diversity)和非稳定状态(Instability)三个要素能增加城市创意形成的机会。集中性能够带来人们信息交流和社会交互所必需的集聚效应，使得城市中产生创意的可能性大大增加。集中性不仅仅体现在人口数量上，交互的密度更为重要。多样性不仅仅是城市居民的个体差异，还包括他们不同的知识、技能和行为方式，甚至扩展到城市不同的意象和建筑。多样性能够带来动力，使城市生活更加繁荣，是创意城市产生的丰厚土壤。此外，格特-杨·霍斯帕斯发现，一些处于危机、冲突和混沌时期的城市却展现出极大的创意。因此，非稳定状态也是引发创意的不可或缺的基本因素。

(2)"3T"说与"3S"说

理查德·佛罗里达认为,构建创意城市的关键要素是技术(Technology)、人才(Talent)和包容度(Tolerance)。即为了吸引有创意的人才,产生创意和刺激经济的发展,一个创意城市必须同时具备这三个要素。技术是一个地区创新和高科技的集中表现;包容度可以定义为对所有少数民族、种族和生活态度的开放、包容和多样性;人才则指那些获得学士学位以上的人,即所谓的"创意阶层"(Creative Class)。但是,爱德华·格莱泽认为理查德·佛罗里达的"创意资本"理论就是传统的人力资本理论,并否认后者提出的"波西米亚效应"。他坚持认为,对于构建创意城市真正有效的因素是"3S",即"技能、阳光和城市蔓延"(Skills, Sun and Sprawl)。

(2)"七要素"说

查尔斯·兰德利认为,至少有七组因素(包括一系列指标)有利于创意城市的发展,分别是:① 人员素质;② 意志与领导力;③ 人种多样性与获得不同人才;④ 组织文化;⑤ 地方认同;⑥ 城市空间与基础设施;⑦ 网络动力。通过这些要素,才能营造出查尔斯·兰德利所谓的"创意环境",让创意在最适宜的环境中成长繁盛。

2.3.2 创意城市的发展策略

格特-杨·霍斯帕斯认为,人为地制造创意或者"构建"知识密集型城市只是一种幻想。① 汉斯·默默斯(Hans Mommaas,2004)也指出,许多著名的创意地区,如巴黎的蒙马特(Montmartre)和左岸(Rive Gauche)、纽约的苏荷区(SOHO),它们从来都不是规划出来的。但是,人们可以通过以下一些策略培育创意环境,增加创意产生的机会,从而促进创意城市的形成。

(1)文化产业策略

创意与文化密不可分,查尔斯·兰德利就认为文化机构是创意的来源。目前,许多城市的"创意城市"策略与规划,其内容都与加强艺术和文化的品质有关。这些城市将注意力放在培养创意产业上,例如广告、建

---

① Gert-Jan Hospers, Creative Cities: Breeding Places in the Knowledge Economy, Knowledge, Technology & Policy, 2003, pp.143—162.

筑、艺术、工艺、设计、时装、电视、广播、电影、录像、休闲互动软件、音乐、表演艺术、出版与软件设计等。同时,查尔斯·兰德利还指出,这些文化与艺术策略并不是"创意城市"的全部项目,只不过是其中的一部分。事实上,规划师如果将艺术思考自行结合到交通工程与城市设计中,将会是一件很棒的事。

(2) 创意氛围策略

在当今开放的全球化市场中,人才与资本的流动性都大大增强,如何吸引并留住具有创意才能的人是各个城市日渐关注的议题。所谓"创意氛围策略",就是根据创意人才的需求,加强基础设施和便利设施建设,为创意人才提供舒适、安全、生态的人居环境,丰富的文化设施和城市公共生活,富有特色而又精致的城市建筑和空间,以及便捷的信息网络等。

(3) 空间认知策略

格特-杨·霍斯帕斯(2003)指出,城市形象在知识经济时代成为吸引企业和人才的关键因素,即使某个城市拥有了创意的基本要素,但它最终只有被人们认可才能成为创意城市。积极的形象建设策略如城市营销、城市标识等,能够显著地提高城市的声誉和知名度。[1] 莱斯利(Leslie,2005)也指出,在新自由主义和城市竞争加剧的时代,各大都市和城市争相标识自己为"创意城市",以显示自己的与众不同并推销自己。越来越多的城市认识到,不仅要投资基础设施,还要努力加强对外交流,提高城市声誉,发挥城市的吸引力、创造力和影响力。

2.4 创意城市的特征及类型

创意城市的共性特征在于,它是一个整体上充满想象力的地方,既有富有创造性的政府,也有拥有创新精神的个人、组织、大学、机构等。公共组织、个人和社会通过鼓励创意并合理合法地运用想象力,将极大丰富解决城市问题的可能和潜在方案的智力库。[2] 格特-杨·霍斯帕斯认为,霍尔的研究说明创意城市是属于每个时代的一种现象,但没有一个城市总

---

[1] Gert-Jan Hospers, Creative Cities: Breeding Places in the Knowledge Economy, Knowledge, Technology & Policy, 2003, pp.143—162.

[2] UNCTAD, Creative Economy Report 2010, 2010, p.12.

能永久展现创意。根据经济与城市发展的历史进程,格特-杨·霍斯帕斯总结出两大分类体系,其中各包括四种类型的创意城市。

2.4.1 以创意城市实践为基础的感性分类

(1) 以艺术和文化为图象的创意城市

创意城市实践多与健全和培育文化和艺术组织有关,政策驱动上多表现为扶持艺术与艺术家,配套各种制度化基础设施。

(2) 以创意经济为主导的创意城市

相当一部分城市培育创意经济的核心领域涉及艺术和文化遗产、媒体和娱乐产业、创意服务(B2B)。尤其是创意服务,可以使每一项创意得以增值。设计、广告、娱乐作为现代服务经济最活跃的创新动力,塑造了所谓的"体验经济"。

(3) 以"创意阶层"为同义词的创意城市

在新经济背景下,获取成功的城市大都是具有多样性、宽容和自由的地方。创意阶层在创意时代扮演了创造性的角色。理查德·佛罗里达在《创意阶层的崛起》一书中,关注"地方的品质",强调创意时代经济的三个转变。

(4) 以培植创意场域为导向的创意城市

创意城市是一个多组织机构的综合体,也是个人、社区、公共文化的混合体。查尔斯·兰德利倡导的创意城市的关键资源是市民。

2.4.2 以创意城市理论为基础的理性分类

(1) 技术创新型城市

这类城市多为新技术得到发展的地方,甚至是技术革命的发源地。一般是由一些具有创新精神的企业家,即约瑟夫·熊彼特所谓的"新人"(New Men),通过创造既相互合作又专门化分工并具有创新氛围的城市环境,促进城市的繁盛。

(2) 文化智力型城市

与技术创新型城市相反,这类城市偏重于"软"条件,例如文学和表演艺术,通常都是出现在现存的保守势力和一小群具有创新思维的激进分子相互对峙的紧张时期。主张改革的艺术家、哲学家、知识分子的创造性活动引起了文化艺术上的创新革命,随后形成了吸引外来者的连锁反应。

(3) 文化技术型城市

这类城市兼有以上两类城市的特点,技术与文化携手并进,形成了所谓的"文化产业"。相应地,彼得·霍尔(2003)也曾提出"艺术与技术的联姻",认为这种类型的创意城市将是21世纪的发展趋势。将互联网、多媒体技术与文化有机地结合在一起,文化技术型城市将会有一个美好的未来。

(4) 技术组织型城市

这类城市的特征是,在政府主导下,政府与当地商业团体公私合作,推动创意活动的开展。人口大规模聚居给城市生活带来了种种问题,比如城市生活用水的供给,基础设施、交通和住房的需求等,针对这些问题的具有原创性的解决方案造就了技术组织型创意城市。

2.5 创意指数与创意城市的测度

理查德·佛罗里达(2002)指出,经济增长的关键不仅在于吸引创意阶层的能力,还在于将潜在的优势转化为以新观点、高新科技商业为形式的创意经济的产出和区域增长。这些能力可以被称为"创意能力"。

2.5.1 创意指数及其组成

理查德·佛罗里达(2002)提出了"创意指数"的概念,对城市的创意能力进行衡量。创意指数由四个具同等权重的因子组成:① 创意人才指数,即从事创意产业的人员占全体劳动力的比例。② 创新指数,按人均专利权数统计。③ 高科技指数,包含两部分:一是份额指标,即城市高科技产出量占全国高科技产出量的比例;二是区位熵指标,即城市高科技经济占全区经济的比例与全国高科技经济占全国经济的比例。④ 多样性指数,有时以同性恋指数作参考数,以衡量一个地区对于各种人和思想的开放度和包容度。

(1) 美国创意指数

2002年,理查德·佛罗里达对美国的城市进行了创意评估与排名的研究,提出了美国创意评估体系的架构,以反映美国城市的创新能力(见表2-4)。

表 2-4　美国创意指数

创意指数 一级指标	创意指数二级指标及衡量依据
人才指数	创意阶层:统计创意产业从业人员 人力资源指数:统计年龄在 24—64 岁的人群中拥有学士或以上学位的人口
技术指数	创新指数:统计每百万人口中拥有专利的数量比重 高科技创新指数:统计每百万人口中拥有高科技专利的数量
宽容指数	同性恋指数:以同性恋人口作为间接反映一个地区的开放性和包容性的依据 波西米亚指数:以从事艺术创作的相对人口作为该地区艺术财富创造规模的直接依据 人口混杂指数:统计一个地区内外来人口的比重,它反映了该地区对外来人员及移民的开放度

资料来源:根据 Richard Florida, The Rise of Creative Class, New York: Basic, 2002 整理。

(2) 欧洲创意指数

欧洲创意指数包括欧洲技术指数、欧洲创意人才指数、欧洲包容指数(见表2-5)。该指数与美国创意指数有一定的相似性,但在二级指标即具体的量化指标方面有差异。

表 2-5　欧洲创意指数

一级指标	二级指标	计算方法
欧洲技术指数	创新指数:人均申请专利数	统计每百万人口中拥有的专利的数量
	高科技创新指数:对地区的技术相关产业的规模和集中度进行衡量,如软件业、电子业、生物医药产品、工程服务等	统计每百万人口中拥有的高科技专利的数量
	研发指数:研究与发展新型概念的高端就业阵容与规模,以及创意阶层在一个地区的相对集中度	统计在研究与发展中的投入占 GDP 的百分比

(续表)

一级指标	二级指标	计算方法
欧洲创意人才指数	创意阶层指数：以从事创意产业相关工作的创意阶层人口数量作为评判的依据，一个地区的核心竞争力取决于其吸引、保留和发展创意人才的能力	统计创意职业（数据来源于国际劳工组织欧洲国家数据库）
	人力资源指数：参照一个地区拥有学士或以上学位的人口占总人口的百分比，衡量创意人才资源情况	统计年龄在24—64岁的人群中有学士或以上学位的人口比重
	科学才能指数：研究创意生产力、经济增长和国家竞争力之间的动态关系	统计在1000名工人中研究人员和工程师的数量
欧洲包容指数	态度指数：以大多数人对少数人群的态度作为一项间接反映一个地区的社会开放性和包容性的依据	如通过统计同性恋人口分析一个地区人们对异样事物的宽容度
	价值指数：运用众多的其他学科如人类学、社会学、经济学等，建立文化价值指数系统，诸如多样性、创造力、社区、全球化、参与和文化产业、创意产业等	调查一个地区人们对如宗教、民族、执政当局、家庭、女权、离婚以及堕胎等问题的取舍和价值取向
	个性表达指数：人们对自我表达、生活品质、民主、休闲娱乐、文化的心理感受和行为表现	调查地区内大学演讲、企业论坛、演唱会、展览展销会、艺术品拍卖会、竞选周期、选民意识、社会设施等的次数和规模
	波西米亚指数：旨在提供一个地区文化和艺术财富创造者规模的直接依据，并暂定这一人群是生活方式丰富、创意活动活跃的代表	统计一个地区内从事艺术创作的相对人口
	人口混杂指数：反映一个地区对外来人员及移民的开放度，人口的到来和融合可以被视为经济增长新的驱动力	统计一个地区外来人口的相对比重

资料来源：根据 Richard Florida & Tinagli, Europe in the Creative Age, 2004 整理。

(3) 中国香港创意指数

2004年，中国香港特别行政区政府委托香港大学文化政策研究中心为香港创意指数设计一个模型框架。当年11月，有关成果以"香港创意指数研究"(A Study on Hong Kong Creativity Index)为题发表。这个框架界定了香港创意指数的范围，引入了相关重要概念，并按逻辑结构把它们组织起来(见表2-6)。

表 2-6　香港创意指数

资本形态	基本特点	具体内容
结构/制度资本	一个社会的制度和环境能够提供许多条件以促使创意发生；这些条件也决定其他资本形式的利用和分配	法律制度；言论自由；为文化发展所作的国际承诺；信息传播技术形成系统的各个部分结构；社会和文化形成系统的各个部分结构；企业家能力和金融结构
人力资本	人力资本是经济增长的关键；在一个社会里，人力资本的大量流动更加容易促成文化交往、技能和知识的传递以及新思想的产生	为知识资源发展提供良好环境的程度；人力资本和人口的流动，包括流动劳动人口中的暂住人员数、外国工作人员数和在国外学习的留学生人数；其他指标，包括到达居民、离开居民和移民的人数
社会资本	信用、互惠、合作和充足的社会网络，有利于丰富集体福利，活跃社会表达机制和市民承诺机制；所有这些，反过来又使个人和集体的创意能力兴盛起来	广义上的信任；制度上的信任；互惠机制；功效感；合作；对少数民族的态度；自我表达的机制；社会活动的参与
文化资本	关于文化、艺术和创意的活动和特殊品质；一个有利于文化参与活动的社会环境能产生新思想和新主见，从而有利于创意的形成	从事艺术和文学发展的公共部门和法人的资源占有量；对创意、艺术、艺术教育和知识产权保护的文化和价值标准；一个社会参与文化活动的广度和水准；在艺术和文化方面的公共开支，对艺术和文化的总体态度；特殊艺术教育人口与普通人口在不同文化活动中的参与率

资料来源：根据香港特别行政区政府中央政策组：《香港创意产业基线研究报告》，http://sc.info.gov.hk 整理。

2.5.2　创意能力评价

理查德·佛罗里达认为，美国创意指数反映了创意阶层的集中度和创新经济的状况，比单一的创意人才指标能更好地评估一个城市潜在的创意能力，可作为城市创意能力评价的指标体系。美国运用该指标体系，对 50 万人口以上的 81 个大都市区和 50 个州进行了创意能力评价。澳大利亚地方政府协会运用这一指标体系评价了国内城市经济和产业集群发展的潜力。英国新经济基金会也对国内 40 个城市进行了评估。

查尔斯·兰德利在《创意城市》中提出了"城市活力"与"生命力"两个重要的概念。他认为，城市活力是城市天然的力量和源泉。创意是活力的催化剂,活力是创意过程的重心。生命力指的是长期的自足、永续性、适应能力和自我再生。对一座城市而言,城市活力需要得到集中以形成生命力。在创意经济时代,可以透过创意过程开发城市的活力与生命力。

创意活力包括活动程度、使用程度、互动程度、沟通程度、再现程度等。要测度城市的创意活力,查尔斯·兰德利认为需要兼顾经济、社会、环境和文化四方面的因素,并提出了九项指标以评估一个城市的创意活力(见表2-7),即临界人数(Critical Mass)、多样性(Diversity)、可达性(Accessibility)、安全和保障(Safe and Security)、认同和个性(Identity and Distinctiveness)、革新(Innovativeness)、联系和协同(Linkage and Synergy)、竞争力(Competitiveness)、组织能力(Organizational Capacity)。

表2-7 城市创意活力评价

测量内容	基本描述	标准
经济活力	人群集中地区的就业,收入与生活水准等的状况,每年观光客和访客人数,零售业的表现,财产和地价	临界人数、多样性、可达性、安全和保障、认同和个性、革新、联系和协同、竞争力、组织能力
社会活力	可以用社会互动与活动的程度以及社会关系的性质检验;一个有社会活力与生命力的城市具备下列特色:剥削的程度低,强大的社会凝聚力,不同社会阶层间良好的沟通和流动,市民的优越感和社区的精神,对不同生活风格的容忍,和谐的种族关系,以及充满生气的市民社会	
环境活力	注重两个方面:一是生态可持续发展的变量,包括空气、噪音污染,废弃物利用和处理,交通阻塞,绿色空间;二是城市设计方面,包括易读性,地方感,建筑特色,城市不同部分在设计上的衔接,街灯的质感,以及城市环境的安全、友善与心理亲近的程度	
文化活力	对城市及其居民固有的一切的维护、尊重和庆祝,它包括身份认同、记忆、传统、社区庆典,以及能够表现城市鲜明特色的产品、人工物与象征等的生产、分配和消费	

资料来源:根据 Charles Landry, The Creative City: A Toolkit for Urban Innovators, London: Earthscan, 2000 整理。

总之，创意城市作为一种概念、一种理念或一种模式，关键是一个摆脱固步自封的过程。从本质上看，城市是一个复杂适应系统，而系统性的创造力是一种方法论，在整个社会中起到杠杆作用。这种环境创造了城市的氛围与文化，而这也正是创意城市的目标指向。

第3章
大型节事活动对创意城市转型发展的国际比较

过去二十多年以来,国内外各大城市对以世博会、奥运会、足球世界杯为代表的重大节事活动(Mega-event)日渐关注,这主要是因为重大节事活动可以给主办城市带来诸多有形与无形、直接与间接、当下与潜在的收益[1]。本章将以世博会为主,探讨重大节事活动对国外大城市的影响,以此为上海等国内大城市提供借鉴。

自20世纪90年代以来,关于重大节事活动对城市的影响这一主题,研究成果颇多,各学科的学者从不同视角出发,阐述过不同的观点。索拉(Sola,1998)认为,重大节事活动对主办城市的影响体现在四个方面:(1)重大节事活动直接和间接促进游客数量的增长;(2)游客的消费带动地方贸易;(3)游客对主办国的文化有了进一步的认识,主办国的正面形象得到提升;(4)基础设施的改善带动城市的进一步发展。[2] 弗伦奇(French,1997)认为,重大节事活动可以给城市带来四种效益:(1)为城市营建各种公共建筑与设施;(2)短期经济收益迅速增长;(3)为城市营销带来机会;(4)促进城市复兴。[3] 郭自成(Guo Zicheng,2009)认为,重大节事活动的辐射效应是逐步产生的,经过了重大节事活动—城市空间

---

[1] Johan Fourie and Maria Santana-Gallego, The Impact of Mega-events on Tourist Arrivals, Working Paper, http://www.econrsa.org/papers/w_papers/wp171.pdf, 2010.

[2] F. E. Sola, The Impacts of Mega-events, Annals of Tourism Research, 1998, 25(1):241—245.

[3] Steven P. French and Mike E. Disher, Atlanta and the Olympics: A One Year Retrospective, Journal of the American Planning Association, 1997, 63(3): 379—392.

结构—会展业与经济—城市营销等序列过程(见图3-1)。①

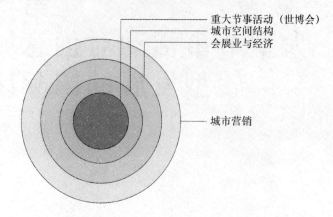

图 3-1 重大节事活动对城市影响的主要要素关联示意图

在阅读、研究国内外大量文献的基础上,笔者认为,重大节事活动对城市发展存在空间波及效应、文化示范效应、经济拉动效应三大效应(见图3-2),

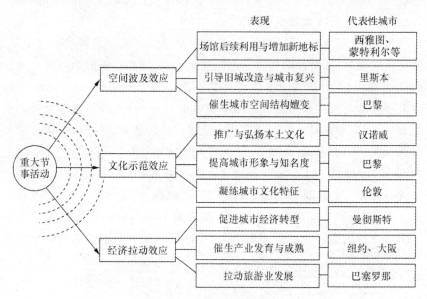

图 3-2 重大节事活动的三大效应

---

① Guo Zicheng, Impacts of Mega-events in Urban Development: A Case Study of World 2010 Shanghai China, Hong Kong University Master Thesis, 2009.

并从城市空间、城市经济、社会文化三个方面编制重大节事活动对城市的影响模型(见图3-3)。在此基础上,下文将以世博会为例,具体分析其给城市发展带来的重大影响。

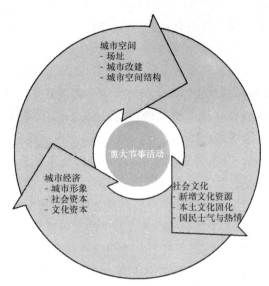

图 3-3　重大节事活动对城市的影响模型

3.1　空间波及效应:重塑城市空间,提升城市能级

世博会对城市空间的影响体现在场址本身、带动城市复兴与城市改建、促进城市空间结构演化三个层面(见图3-4),三个层面的空间范围逐步扩大,波及整个城市空间。

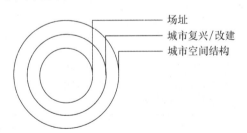

图 3-4　世博会对城市空间的影响

3.1.1 世博场馆及其后续利用,增加城市新的地标

世博会场馆的后续利用途径较为多元化。世博会之后,可以为城市留下公园、会议厅、表演厅、博物馆甚至是住宅。即便是未留下任何建筑,世博会也可以作为改善城市交通问题的桥梁,通讯系统的升级、垃圾处理设施的完善、步行区的修建等都会给城市带来诸多好处。①

世博会设施的处理途径有三种:拆除、转作他用、继续使用。② 世博局通常会要求拆除各国场馆或者运回原国,因此许多建筑都采用临时性构架,容易被拆除。日本爱知世博会后,即把场址恢复为绿地,通过对许多环境影响低的绿色足迹设计达到这一目标。世博会建筑还可以转作商业用途或者居住用途。世博会举办前通常要修建一定数量的住宅供参展人员使用,结束之后这些住宅可以流入城市的住宅市场。例如,里斯本在筹备世博会时专门为世博会修建了一个住宅项目 Expo Urbe,在其规划时即被设计为混合使用的居住街区,供后续开发使用。③ 2008 年西班牙萨拉戈萨世博会后,把大部分展览空间转为商务用途,形成一个商务园区。2000 年德国汉诺威世博会场址修建在贸易广场上,世博会后把展会设施转作贸易和会展设施。还有许多世博会的展馆和设施展后仍然继续使用(见表 3-1、3-2),如 1998 年里斯本世博会修建的水族馆与剧院至今仍在使用中。总之,世博会场馆与设施的非长期性以及世博会本身的性质使世博会建筑与设施的后续利用途径较为多元化,公园、旅游休闲、商业等都是较好的选择。

表 3-1 部分世博展馆后续利用表

年份	主办城市	后续利用的设施	对城市影响
1873	维也纳	场址原为皇家狩猎场,主体建筑改造为粮食交易所	奠定了城市空间的基本机构
1876	费城	艺术馆被作为纪念大厦永久保存,几经变更,现为娱乐中心和费蒙特公园委员会的办公地	对城市影响较小

---

① H. H. Hiller, Mega-events and Urban Social Transformation, in C. Persson, T. Andersen and B. Sahlberg (eds.), The Impact of Mega-events, Ostersund: Midsweden University, 1998.

② M. Wilson, Event Engineering: Urban Planning for Olympics and World's Fairs, In Brunn. S. D. (Ed) Engineering Earth: The Impacts of Megaengineering Projects, Dordrecht: Springer, 2010.

③ M. Wilson and L. Huntoon, World's Fairs and Urban Development: Lisbon and Expo98, International Review of Comparative Public Policy, 2001, 12:373—39.

(续表)

年份	主办城市	后续利用的设施	对城市影响
1879	悉尼	主体建筑作为博物馆,场址恢复为皇家花园	形成城市公共活动空间
1880	墨尔本	主体建筑改为会议中心,停车场改为墨尔本停车场	成为举办各类展览的场所
1889	巴黎	标志性建筑——艾菲尔铁塔,工业展览馆(后被拆除)	奠定城市空间结构特征,成为巴黎的标志
1893	芝加哥	美术宫殿是唯一被保留下来的建筑,后来作为科学和工业博物馆使用;场址作为公园;电气火车带动了地区的地铁建设	现为芝加哥重要的公园和博物馆区
1900	巴黎	耗资巨大的奥德赛火车站1939年关闭,1977年改建成印象派美术馆;建设了巴黎第一条地铁线;亚历山大三世大桥成为塞纳河上的重要景观;作为永久展馆建设的大宫、小宫成为城市博物馆	奥德赛成为城市重要的美术馆,为巴黎基础设施建设作出重要贡献
1904	圣路易斯	一半场址恢复为森林公园,只保留一栋建筑即 Gass Gillbert 美术馆,现为圣路易斯艺术博物馆;另一半有一栋政府大楼、一家银行、一家医院、一个媒体中心和七座教堂	奠定城市未来的空间基础
1929	巴塞罗那	德国馆保留,体育场成为1992年巴塞罗那奥运会会场	奠定城市的发展方向
1933	芝加哥	有三座建筑被暂时保留下来,但后来均被拆除	未产生很大影响
1937	巴黎	以战神广场和忒伽德罗广场附近为中心,主体建筑成为博物馆群	是对城市空间结构的深化
1939、1940	纽约	选址原为垃圾堆,后改造成绿带和 Flushing Meadow-Corona 公园	成为城市重要的开放空间
1958	布鲁塞尔	大部分建筑和构筑物被拆除,200个场馆建筑只有五个被保留下来,之后部分建筑被重建;真正存留下来的原子球每年约有30万参观者	世博会基地至今仍是世博会广场,经过多年建设,增加了新的设施,成为一个集商业、游乐和文化于一体的基地
1962	西雅图	华盛顿州大剧院被用作城市的大型公共娱乐场所;太空针塔、Alweg轻轨以及很多其他当时的建筑都被保留下来,例如现在被称为"太平洋科学中心"的美国馆、大型露天运动场、歌剧院、跑马场、广场和绿地等	成为大型综合性城区,也是美国西北太平洋沿岸地区首屈一指的聚集地,经常举办大型活动

(续表)

年份	主办城市	后续利用的设施	对城市影响
1967	蒙特利尔	留下道路设施、人工岛、艺术博物馆、地铁等,将主要展馆改建为博物馆	加宽了圣母院的堤防,并延伸至西特半岛
1970	大阪	大部分建筑被拆除,园区改为万博公园,国际展览馆改为不同内容的儿童运动场;原有的日本馆、钢铁工业展馆和日本民间艺术馆以及太阳塔作为永久的建筑设施被保留	成为城市公共活动空间
1974	斯波坎	三个永久性大型建筑被保留下来;美国馆、华盛顿州馆被改造成为会议中心和歌剧院,斯波坎城市馆成为古董旋转木马的家	改善了斯波坎河水岸状况,建成的城市公园成为城市生活的一部分
1998	里斯本	绝大部分建筑被保留,场馆重新使用率达到 90%;世博园区改建成公园	路网完善,全面的能源和环境计划中的环境干预政策卓有成效;周边进行商业居住等建设,每年吸引约 1200 万游客

资料来源:根据历届世博会举办城市相关网站整理。

表 3-2 1980 年以来国外城市世博会场馆的后续利用

年份	主办城市	后续利用
1982	美国诺克斯维尔	世博会公园、会议中心、Sunsphere
1985	日本筑波	科学城
1986	加拿大温哥华	混合利用
1988	澳大利亚布里斯班	Southbank 公园、住宅、休闲中心
1992	西班牙塞维利亚	研发中心
1993	韩国大田	休闲公园、科学博物馆(2008 年被拆除)
1998	葡萄牙里斯本	住宅、休闲
2000	德国汉诺威	Hannover Messe,贸易用地
2005	日本爱知	绿地
2008	西班牙萨拉戈萨	公园、商业

资料来源:M. Wilson, Event Engineering: Urban Planning for Olympics and World's Fairs, In Brunn. S. D. (Ed), Engineering Earth: The Impacts of Megaengineering Projects, Dordrecht: Springer, 2010.

3.1.2 世博选址与旧城改造,助推城市复兴和持续发展

自20世纪90年代以来,西方城市经历了快速经济增长,但同时城市内部的社会分化、社会不公等问题日益加剧。这就使西方城市的管理陷入一种新的困境,一方面需要创造条件以保证国际资本的不断流入,保证经济的稳定增长;另一方面又需要创造条件以使城市经济增长的收益能够流向各阶层的人群,尤其是贫困阶层。为了把城市开发与这一社会目标连接起来,城市复兴(Urban Renewal, Urban Regeneration, Urban Revitalization)就成为城市政策的重点。在这一背景下,重大节事活动成为城市大规模复兴的重要契机。已有研究认为,西方城市参与重大节事活动竞争的重要目的之一就是进行城市复兴。[①] 重大节事活动对重塑城市空间起到重要作用。城市由于某项盛事而成为全球的焦点,重大节事活动驱使城市进行大规模改建,使城市景观与基础设施发生变化。卡尔森与泰勒的研究可以恰当地解释重大节事活动与城市复兴的关系。他们以曼彻斯特2002年举办英联邦运动会为例,构建了重大节事活动与城市复兴的关系模型(见图3-5)。尽管运动会与世博会的内容存在差异,但其对城市的影响与世博会类似,可供借鉴。

国外多个城市利用世博会带动城市复兴,都取得了较好的成果。例如,1986年温哥华世博会场址就是建立在一片废弃的铁路站场之上,通过把几个小规模的、未被充分利用的地块转为大片用地,并对污染区进行清理,引入交通设施以提高可达性,从而把这片废弃用地转化为世博会址,后来又出售给私人开发商进行混合开发。

此外,里斯本也是借世博会契机成功实现城市改造与城市复兴的典型城市。城市复兴是1998年里斯本世博会的主要目标之一,世博会的总体规划包括整个城市重建地区,具有明确的后续利用计划。如今,世博会保留的核心区域已经成为里斯本的公共活动中心和旅游景点。海洋馆成为欧洲最大的水族馆,每年吸引约100万游客;葡萄牙国家馆成为政府办公场所;乌托邦馆成为里斯本的多功能活动中心,举办了各类世界级体育

---

① Steven P. French and Mike E. Disher, Atlanta and the Olympics: A One Year Retrospective, Journal of the American Planning Association, 1997, 63(3): 379—392. J. Carlsen and A. Taylor, Mega-events and Urban Renewal: The Case of the Manchester 2002 Commonwealth Games, Event Management, 2003, 8: 15—22.

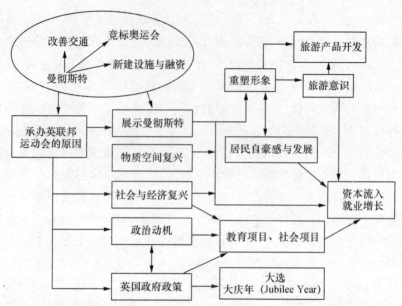

图 3-5 西方城市重大节事活动对城市复兴的影响——以英国曼彻斯特为例
资料来源：J. Carlsen and A. Taylor, Mega-events and Urban Renewal: The Case of the Manchester 2002 Commonwealth Games, Event Management, 2003, 8: 15—22.

比赛和文艺表演；北部的国际联合展馆成为里斯本展览中心，每年举办约30场展览，参观人次达到约80万。同时，世博会场址周边地区的办公楼和住宅建设已进入高潮时期，大部分区域已经建成，一些跨国公司（如BMW, Mitsubish, Ford, Sony, Schindler 等）相继入驻。在临近交通转换枢纽的世博会西侧入口广场，一个大型购物中心已经落成，汇集了约160家商店和餐馆，每年吸引约150万人次。

世博会和地区重建计划耗资约20亿欧元，主要来自国家投资和欧盟资助，其余分别来自土地出售、商业运作、门票收入和企业赞助。重建地区在空间上形成融居住、商务和休闲为一体的综合功能地区，包括8000套住宅和61万平方米办公建筑，可以容纳约215万居民和提供约212万个就业岗位，成为里斯本的城市发展极核之一。

借助1998年的世博会，里斯本重建地区的交通条件、基础设施、环境品质、景观风貌和公共设施等方面都得到了根本性改善，达到其他欧洲城市的相应水准。同样重要的是世博会带来的空间效应，它实质性地推进了地区的城市复兴。

从以上实例可以看出,大型节事活动具有一定的时效性,其短期高峰效应并不是最终目的,将其转化为城市发展的长期动力,成为推助城市永续发展的有益催化剂,才是城市重大事件成功的标志。政府对世博会效应的激发举足轻重,尤其对世博会长期效应的发挥起主导作用。

3.1.3 世博会及其放大效应,催生城市空间结构嬗变

城市空间结构包括土地利用、交通网络和各环境要素之间的关系。[1] 世博会对城市空间结构的影响表现在短期和长期两个方面。短期影响体现为交通设施的延伸带动城市空间的拓展。当然,这种影响的程度主要取决于投入资本的多少。长期影响体现为由世博会带动的城市营销导致城市的国际地位上升,进一步促进城市空间结构的演化。然而,城市空间结构的长期演化还受到其他多种因素的影响,因而对于长期影响进行详细的论述存在较大的难度。

塞维利亚为1992年世博会修建了通往马德里的高速铁路,里斯本、悉尼、伦敦都修建了新的公路和地铁线路,亚特兰大为奥运会新建了高速公路。新交通线路引发了城市空间结构的重构,使城市空间出现新的扩展轴线。例如,在世博会结束之后,里斯本总体的空间形态发生了巨大变化。[2][3]

以巴黎为例,1855—1937年,这座城市大约每隔11年就要举办一次世博会,历次世博会的选址都以塞纳河沿岸为中心,基本奠定了巴黎城市中心的基本格局(见图3-6)。7次世博会给巴黎留下了许多永久性建筑,1889年世博会修建的艾菲尔铁塔、1900年世博会修建的大皇宫与亚历山大三世大桥、1937年世博会修建的城市现代艺术博物馆等都是今天巴黎热门的旅游景点。此外,巴黎为历次世博会修建了轨道交通网络,基本奠定了城市空间结构的基本格局。值得一提的是,巴黎历次世博园区的规划都处于城市大规模改建的历史背景下,园区规划及基础设施更新与当

---

[1] Guo Zicheng, Impacts of Mega-events in Urban Development: A Case Study of World 2010 Shanghai China, Hong Kong University Master Thesis, 2009.

[2] M. Wilson and L. Huntoon, World's Fairs and Urban Development: Lisbon and Expo98, International Review of Comparative Public Policy, 2001, 12:373—39.

[3] L. Huntoon, Innovations in the Sustainability of the Built Environment at Lisbon 1998, Bulletin de Bureau International des Expositions, 2007, pp.181—199.

时的城市规划完美地结合起来,是世博会能够有效引导城市空间的重要保障。巴黎的世博会建设与城市规划的关系可以归纳为三点:第一,原有的城市发展规划为世博会提供基本架构;第二,世博会为后续的城市规划提供基本的空间结构;第三,世博会的建筑及绿地在后续的城市规划中被赋予重要的职能。

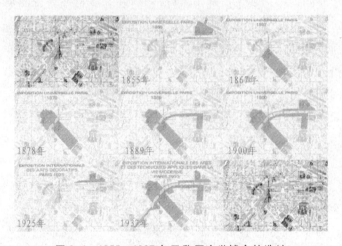

图 3-6　1855—1937 年巴黎历次世博会的选址

图像来源:M. A. den Ruijter and S. Nijhuis, World Expositions in Urban Planning, In G. Bruyns, A. Fuchs, M. J. Hoekstra, V. J. Meyer and A. Van Nes (eds.), 4th International Seminar on Urbanism and Urbanization, The European Tradition in Urbanism and Its Future, International PhD Conference, Delft: IFoU, 2007, pp. 103—106.

大型节事活动对城市空间的影响在城市规划领域已得到认可,且已被作为城市长期规划的战略之一。事实上,大型节事活动对空间的"短时使用"已成为城市规划的新概念与新手段。[1]

3.2　文化示范效应:繁荣城市文化,提升城市内涵

关于重大节事活动对城市的文化影响这一主题,已有研究主要集中在重大节事活动对城市复兴、城市形象、地方营销的影响上,鲜有学者对

---

[1]　F. Haydn and R. Temel (eds.), Temporary Urban Spaces, Concepts for Use of City Spaces, Basel, Birkhauser, 2006.

重大节事活动的文化影响进行研究。① 重大节事活动与现代化的进程亦步亦趋,发展到今天已处于全球化这一文化背景下。② 结合西方城市的实践,笔者认为,在全球化背景下,世博会对城市文化的影响体现在以下几个方面:

3.2.1 世博会展示世界文明,推广举办城市的本土文化

近年来,文化的重要性在各城市得到广泛认可,多样化的文化活动可以提高居民的生活质量,使休闲时间过得更为充实。艺术、烹饪等各种文化产业的发展有利于实现多个目标,③例如提升城市声誉,进而带来经济发展的机会。在研究领域,地理学更是出现了"文化转向"④。在西方,这种认识逐渐影响到城市文化政策。城市文化政策的主要目的是实现可持续发展,重点放在两条轴线上:文化产业⑤和创意产业⑥。

世博会是文化交融的平台,历届世博会都会宣扬与时代背景相关并为世界所认可的主题(见表3-3)。相应地,主办城市成为展示这些文化主题的场所。同时,世博会是主办城市对外展示本土文化的平台,也是其实施文化政策的重要契机。本土文化是打造城市文化品牌、进行城市营销的基础,是世博会能否带动旅游业发展、促进资本流入的重要方面。在这一方面,汉诺威利用2000年世博会强化本地产业品牌,成为成功案例。

---

① A. Deffner and L. Labrianidis, Planning Culture and Time in a Mega-event: Thessaloniki as the European City of Culture in 1997, International Planning Study, 2005, 10(3): 241—264.
② M. Roche, Mega-events and Modernity: Olympics and Expos in the Growth of Global Culture, Routledge, London, 2000, pp.1—30.
③ A. Pratt (ed.), Theme Issue Cultural Industries, Environmental and Planning A, 1997, 29(11).
④ S. Naylor, J. Ryan, I. Cook and D. Crouch (eds), Cultural Turns/Geographical Turns: Perspectives on Cultural Geography, Harlow, Pearson Eduction, 2000.
⑤ A. Deffner, The Combination of Cultural and Time Planning: A New Direction for the Future of European Cities, City, 2005, 9(1): 125—141.
⑥ C. Landry, Creative City: A Toolkit for Urban Innovators, London, Earthscan Publications, 2000.

表 3-3 世博会相关主题一览表

年代	国家	城市	主题	关键词
1867	法国	巴黎	劳动的历史	劳动
1900	法国	巴黎	新世纪的发展	发展
1933	美国	芝加哥	一个世纪的进步	进步
1935	比利时	布鲁塞尔	通过竞争获取和平	和平
1937	法国	巴黎	现代世界的艺术与技术	艺术、技术
1939	美国	纽约	明日新世界	新世界
1958	比利时	布鲁塞尔	世界人口文化	人口
1962	美国	西雅图	太空时代的人类	人类
1964	美国	纽约	通过理解走向和平	和平
1967	加拿大	蒙特利尔	人类与世界	人类
1968	美国	圣安东尼奥	美洲大陆的文化交流	交流
1970	日本	大阪	人类的进步与和谐	人类
1974	美国	斯波坎	明天无污染的环境	环境
1975	日本	冲绳	海洋：未来的希望	海洋
1982	美国	诺克斯维尔	能源——世界的原动力	能源
1985	日本	筑波	居住与环境——人类家居科技	环境
1986	加拿大	温哥华	交通与运输	交通
1988	澳大利亚	布里斯班	科技时代的休闲生活	休闲
1990	日本	大阪	人类与自然	自然
1992	西班牙	塞维利亚	发现的时代	发现
1992	意大利	热那亚	哥伦布——船与海	海洋
1993	韩国	大田	新的起飞之路	起飞
1998	葡萄牙	里斯本	海洋——未来的财富	海洋
2000	德国	汉诺威	人类、自然、科技	科技
2005	日本	爱知	自然的睿智	自然
2008	西班牙	萨拉戈萨	水与可持续发展	水
2010	中国	上海	城市，让生活更美好	城市

资料来源：根据世博会举办城市相关网站整理。

2000年汉诺威世博会后，汉诺威的城市影响力随之扩大，连带汉诺威工业博览会的知名度大大提升，汉诺威逐步成为世界第一会展城市。汉诺威在世博后的再发展与其办博模式密切相关。在世博会历史上，汉诺威首次充分利用既有设施，世博会场址的2/3是德国展览股份公司的展会设施，世博会以后仍然保持展会用途，从而有效促进了城市会展业的迅速发展。世博广场的周边用地在世博会结束之前已经出售。除了世博剧场和基督教堂被搬迁到其他地方外,其余建筑都被保留下来。会演中心作为欧洲最大的多功能馆,仍是大型活动场所。SAA旅馆继续为道路西侧的展会提供住宿服务。其他多数建筑为信息、通讯、多媒体、艺术和设计领域的教育、研究和企业所用。东部国际展区的部分展馆已经出售,有些展馆被搬迁到其他地方。

汉诺威世博园区的发展目标是成为信息、通讯、多媒体、艺术和设计领域的教育、研究和企业的综合体,借助世博会带来的区位和环境条件的改善以及知名度的提升,逐渐走上自我发展的良性循环,吸引更多的机构和企业入驻,形成"地区优势中心"。

3.2.2 世博会留存标志建筑,提高举办城市的知名度

世博会给城市留下的部分重要建筑与设施本身就是一种重要的文化资源(见表3-4)。例如,1962年西雅图世博会的太空针塔今天已成为西雅图的象征,是西雅图最热门的旅游景点之一。巴黎的艾菲尔铁塔经过了一百多年,至今仍是世界著名的地标,吸引大量游客参观。

表3-4　部分世博会给主办城市带来的文化资源

年份	主办城市	建筑名称	目前用途
1962	西雅图	Seattle Center Space Needle	艺术中心 城市地标
1965	纽约	Unisphere	城市地标
1968	蒙特利尔	Habitat 67 Montreal Biosphère	标志性建筑 博物馆
1986	温哥华	Science World BC Place Canada Place	科学博物馆 运动场 会议中心
1993	大田	Daejeon Museum of Art	艺术博物馆
2005	爱知	My Neighbor Totoro	观光景点

资料来源:根据历届世博会举办城市相关网站整理。

很显然,这些文化资源一方面可以丰富城市的文化内涵,是城市辉煌历史的见证;另一方面可以改变城市文化产业的空间结构。

3.2.3 世博会促进城市营销,增强举办城市的文化软实力

如前所述,世博会影响城市复兴或改建。在全球化背景下,复兴和改

建的准则往往是宏扬本土文化,并以此达到城市营销的目的。霍尔提出,对旅游目的地内在特性的营销也是重大节事活动的一个组成部分。[①] 理查兹(Richards,1999)认为"游客是文化开发战略成功与否的关键,尤其是对文化资本节事活动",亦认为城市文化资本的数量与质量在很大程度上决定着文化旅游需求。[②] 在重大节事活动投标、筹备、举办的过程中,城市营销是发展都市旅游的关键,[③]而本土文化以及以本土文化为依据进行的城市改建是城市营销的重要基础。

此外,世博会带来的国民自豪感是珍贵的社会资本。史蒂芬·艾塞克斯和布莱恩·乔克利(Stephen Essex & Brian Chalkley,1998)认为,重大节事活动可以强化区域传统与价值观,激发民众的自豪感与城市精神。此外,举办全球盛事使居民有途径接触各种他国地域文化,并对这些文化产生接纳与包容心理。这种对多元文化的包容以及世博会带来的国民士气、自豪感都将成为珍贵的社会资本,有利于吸引资本的流入,并促进经济的发展。

3.3 经济拉动效应:推动城市经济,提升城市实力

世博会对城市经济的影响体现在短期和长期两个方面。短期影响体现为门票收入、由节事活动带来的商业收入、就业、游客消费等内容,本章对此不作论述。长期影响体现为世博会能提升城市形象,为城市营销带来契机,增强城市竞争力,进而吸引资本的流入,促进经济的进一步发展。

3.3.1 吸引投资资本

城市形象是城市吸引资本的重要因素。奈杰尔·摩根与安妮特·普里查德(Nigel Morgan & Annette Pritchard,1998)把城市形象比喻为"文化货币",而世博会是这种文化货币的一种特殊而重要的形式,尤其是世博

---

① C. M. Hall, The Definition and Analysis of Hallmark Tourist Events, Geojournal, 1989, 19 (3): 263—268.

② G. Richards, Cultural Capital or Cultural Capitals? In L. Nystrom and C. Fudge (eds.), City and Culture: Cultural Processes and Urban Sustainability, Karlskrona, Swedish Urban Environmental council, 1999, pp.403—414.

③ S. Page, Urban Tourism, London and New York: Routledge, 1995.

会具有较强的形象效应。① 波顿·本尼迪克特(Burton Benedict,1983)的描述很恰当地概括了世博会对城市文化、城市形象的影响:"世博会不仅仅展示商品,还对外展示思想:国际关系的思想、弘扬教育的思想、科学进步的思想、城市形态的思想、国民生活、艺术空间。"② 霍尔(1992)指出:"很明显,重大节事活动对主办城市或主办国具有塑造形象的作用,可以使外人对其获得好感。"③ 这种效应使得重大节事活动成为提升形象的重要工具,尤其对大城市更是如此。④ 例如,东京举办了1964年奥运会之后,日本很快加入了国际货币金融组织;巴塞罗那于1986年获取主办1992年奥运会的资格,同年西班牙就加入了欧洲经济共同体;汉城获得主办1988年奥运会的资格之后,韩国很快就推行了政治自由化。

以谢菲尔德为例,1980年之后,由于工业衰退给城市发展带来阴影,失业问题严重。为改变城市的传统形象,谢菲尔德通过发展运动、休闲与旅游业等措施重塑城市形象。因此,承办大型节事活动就成为它的重要手段。谢菲尔德通过竞标成功承办了1991年世界大学生运动会,这项盛事给其带来了1.39亿英磅的投资,主要用于修建各种体育设施;还吸引了6亿英磅的资金,用于建造各种休闲与文化设施。这些措施使谢菲尔德的形象大为改观,城市地位不断提升。⑤

3.3.2 助推产业发展

随着生产的全球化,管理职能与生产服务职能向伦敦、纽约、巴黎、东京等世界级城市集中。这些城市不仅具备坚实的后工业经济基础,同时还希望其在经济上的成功得到全球的认可。⑥ 它们在成为世界级城市的进程中,都曾有举办奥运会、足球世界杯、世博会等重大节事活动的历史,并由此促进这些城市经济的发展。可以说,重大节事活动成为大城市吸

---

① N. Morgan and A. Pritchard, Tourism, Promotion and Power: Creating Images, Creating Identities, Chichester: John Wiley and Sons, 1998.
② B. Benedict (ed.), The Anthropology of World Fairs, London: Scolar Press, 1983.
③ C.M. Hall, Hallmark Tourist Events, London: Belhaven Press, 1992.
④ B. Holcomb, Re-visioning Place: De-and Reconstructing the Image of the Industrial City, In G. Kearns and C. Philo (eds.), Selling Places, OXFORD: Pergamon Press, 1993, pp.133—143.
⑤ M. Malfas, E. Theodoraki and B. Houlihan, Impacts of the Olympic Games as Mega-events, Municipal Engineer, 2004, 3(9):209—220.
⑥ G. Richards and J. Wilson, The Impact of Cultural Events on City Image: Rotterdam, Cultural Capital of Europe 2001, Urban Studies, 2004, 41(10): 1931—1951.

引资本、提高竞争力的催化剂。①

1939—1940 年纽约世博会的会期超过 11 个月,共有约 4493 万名观众参加。纽约世博会的"明星"是通用汽车馆,名为"Futurama",即"未来世界",主题是"高速公路与地平线",共吸引约 2700 万名参观者。著名设计师诺曼·贝尔·基迪斯(Norman Bel Geddes)在 3300 平方米展区内,通过一个缩微景观模型营造了 20 年后的未来世界,也就是 1960 年美国的生活场景,特别是拥有先进的公路交通系统以及自动化高速公路和城郊。参观者坐在装有嵌入式个人声音系统的可移动椅子上,看到并亲身体验通畅的 7 车道超级高速公路和每小时可达 160 公里的车速。坦荡的高速公路支脉纵横,层叠的立体交通井然有序,5 万辆模型汽车如鱼得水,在现代化城市、乡村间川流不息。这是对美国公路发展最生动形象的建言献策,也是对未来决策最深入人心的舆论导向。

世博会结束后,1940 年,美国建造了 262 公里长的宾夕法尼亚 Turnpike 高速路,成为高速公路的"样板路"。其他州纷纷仿效,自筹资金,开始修建高速公路。1944 年,美国国会出台了《联邦资助公路法案》,以联邦和州立法形式对高速公路建设予以保障,规定凡列入国家规划的高速公路建设都能得到联邦政府的资金援助,由此加快了全美高速公路的建设步伐。道路网的延伸,进一步促进了汽车产业的扩张与发展。

3.3.3 带动旅游经济

重大节事活动可以带动旅游业的发展。迪芒什(Dimanche,1996)以 1984 年新奥尔良世博会为例,探讨了世博会对旅游业的带动作用(见图 3-7)。②

由图 3-7 可以看出,重大节事活动在短期内会带动旅游业的迅速增长,而这种影响是否可以延续则取决于城市营销、旅游营销是否成功。

在考虑世博会对主办城市的影响这一问题时,考虑其长远影响与无形影响比短期收益更有意义。因此,如何持续利用世博会带来的无形资源,进而实现长期收益更为重要。只有将世博会植入城市的经济社会发

---

① Anne-Marie Brouehous, Spectacular Beijing: The Conspicuous Construction of an Olympic Metropolis, Journal of Urban Affairs, 2007, 29(4):383—399.

② F. Dimanche, Special Events Legacy: The 1984 Louisiana World Fair in New Orleans, Festival Management and event tourism, 1996, 4(1),49—54.

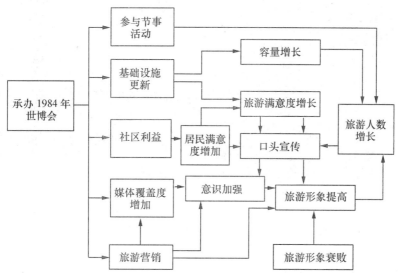

图 3-7　世博会对旅游业的影响机制——以 1984 年新奥尔良世博会为例
资料来源：F. Dimanche, Special Events Legacy: The 1984 Louisiana World Fair in New Orleans, Festival Management and Event Tourism, 1996, 4(1): 49—54.

展规划之中，充分利用好世博会的有形和无形资源，才能把世博会转化成为一笔永久的城市财富，获得相应的长远收益，推动城市的长足发展。所有这些积极影响，亦将为创意产业提供更好的发展空间和文化氛围。

　　作为综合型的国际大城市，上海完全不必拘泥于国外某个城市、某个领域的实践经验，更应该全方位、多维度地推进城市可持续发展，呈现既区别于国外大城市又站在国外大城市"肩膀上"的，具有高起点、深层次、跨领域、宽视野的大城市特征，凭借世博后续效应，经过若干年的发展与积累，目标指向纽约、伦敦、东京等全球城市。上海可借鉴国外大城市在城市空间、城市文化、社会经济等多方面的经验，在各个方面寻找突破点，建立增长点，合成各个城市的创新实践，创新上海发展路径。

第4章
伦敦创意产业及其公共平台的服务化

创意产业源于国际经济中心城市,又繁荣、集聚于国际经济中心城市。一般认为,英国是世界上最早确立"创意产业"这一概念的国家,其首都伦敦被公认为世界"创意之都"。伦敦位于英格兰东南部的平原上,跨泰晤士河,距离泰晤士河入海口88公里。伦敦的行政区划分为伦敦城和32个市区,伦敦城外的12个市区称为"内伦敦",其他20个市区称为"外伦敦"。伦敦城、内伦敦、外伦敦构成大伦敦市。伦敦在从一个港口贸易城市发展为世界级的国际经济中心城市的过程中,吸纳历次产业革命的成果,率先寻求在产业经济、城市管理、服务配套、资本市场等方面的创新路径,推进城市产业结构的演替,提升城市的综合竞争力。长期以来,伦敦因其在社会文化、经济贸易、科技发明等诸多领域的卓越贡献而成为全世界最具影响力的城市之一。"创意伦敦"是新近转型发展的典型案例,伦敦创意平台的专业化、精细化、服务化在世界创意产业领域独树一帜,成效斐然。

4.1 伦敦创意产业发展概况

20世纪末,人们通过伦敦复兴城市的创意计划开始了解"创意产业"这个概念。1997年,英国成立了"创意产业特别工作组"。该工作组于1998年和2001年两度发布研究报告,分析英国创意产业的现状,并提出发展战略。2003年,伦敦公布了《伦敦:文化资本——市长文化战略

伦敦莫顿国际剧场艺术节

草案》,提出文化发展战略是维护和增强伦敦作为世界卓越的创意和文化中心的主要途径,并要把伦敦建设成世界级的文化中心。① 伦敦设立了一个专门评估创意产业的委员会。这个委员会在伦敦发展局的领导下,聚集了来自创意产业的企业执行官、政府官员和文化艺术组织的领导,他们共同评价城市创意产业的经济发展潜力,以及可能阻碍其未来发展的主要障碍。包括伦敦艺术界、商界、高等教育机构和政府部门在内的所有与创意产业相关的最高层面人士都积极参与协调支持创意产业的工作。②

4.1.1 全球创意之都,引领世界创意的风向标

2012年伦敦奥运会将这座世界上唯一举办过三次奥运会的城市的创意表现得淋漓尽致。创意之都表现在创意经济的发展、创意阶层的集聚以及创意文化的多元化发展等多个方面。英国是欧洲创意产业发展最好的国家,也是世界上创意产业GDP最高的国家。创意文化产业在经济生活中发挥着越来越重要的作用,占到整个金融服务产业的7.3%左右,

---

① 褚劲风:《世界创意产业的兴起、特征与发展趋势》,载《世界地理研究》2005年第4期,第16—21页。

② 褚劲风、崔元琪、马吴斌:《后工业化时期伦敦创意产业的发展》,载《世界地理研究》2007年第3期,第23—44页。

在每雇用的100万工作人员中就有约80万从事创意产业领域的工作。[1]作为三个最著名的全球城市代表之一,伦敦世界级城市的地位在21世纪更反映在创意产业的中心地位上。如今的伦敦不仅是世界的经济、金融、贸易中心,且日益成为引领世界创意潮流的创意中心。

伦敦创意产业产值位居英国之首。从整个英国范围看,伦敦作为全球的创意之都,创意产业的各个方面与其他区域相比都有较大优势(见表4-1)。

表4-1　2011年英国各个地区在创意产业领域的产值(单位:百万英镑)

区域	东北部	西北部	约克郡	西米德兰兹	英格兰东部	伦敦	东南部	威尔士	苏格兰	北爱尔兰
广告	350	1,650	940	1,000	1,540	4,820	2,950	290	620	210
建筑	290	1,020	710	800	1,110	2,920	1,900	380	1,100	440
艺术古董	100	340	280	280	320	500	540	160	260	90
手工制品	—	—	—	—	—	—	—	—	—	—
设计	330	1,080	870	950	1,460	4,300	2,560	340	700	230
时尚	20	70	60	60	100	280	170	20	50	20
影视摄像	140	570	350	360	730	5,280	1,660	280	440	150
音乐表演艺术	390	1,610	1,160	1,170	2,540	13,460	5,160	710	1,120	200
印刷出版	140	510	390	450	880	2,380	1,540	230	470	150
软件电子印刷	30	140	110	140	210	360	430	40	100	10
数字媒体	10	30	10	20	40	110	100	10	20	10
电视录音	90	400	220	270	520	4,120	1,250	240	310	110
总计	1,890	7,420	5,100	5,500	9,450	38,530	18,260	2,700	5,190	1,620

资料来源:根据2011 Creative Industry Economic Estimates Report 整理。

从创意产业规模看,伦敦创意产业发展迅速,在英国创意产业领域所占份额较高。英国约32%与创意产业相关的工作都分布在伦敦,26%分布于东南部其他城市,42%分散于其他城市。[2] 1995—2001年,伦敦创意产业增长远远高于其他金融及服务业,并占到总就业的20%—25%,产出年均增速达到8.5%,超过其他各行业;创意产业产值总和达到25亿英镑,产业增加值占GDP的比例超过5%。2001年,伦敦创意产业的总产值达到210亿英镑,占英国创意产业总产值的1/4。2002年,英国的创意

---

[1] Staying Ahead: The Economic Performance of the UK's Creative Industries, 2007, p. 6.
[2] London's Creative Sector: 2007 Update, GLA Economics, 2007.

产业实现出口 115 亿英镑,约占英国外贸出口总额的 4.2%。伦敦创意产业人均产值为 2500 英镑左右,几乎是英国创意产业人均产值 1280 英镑的两倍。① 短短十几年时间,创意产业作为增长最快的产业,其产出和就业量仅次于金融服务业,成为伦敦的主要经济支柱之一。

就创意产业就业情况而言,2000 年,伦敦创意产业从业人员为 52.5 万人,容纳就业人口数居伦敦各产业第三位,并且创意产业新增就业量以每年 5% 的速度递增。② 2005 年,占伦敦整个城市 12% 的工作者,即约 55.4 万人从事创意工作。2007 年,有 59.9 万人从事创意工作,其中从事创意产业的有 38.6 万人(见图 4-1)。③ 2009 年,创意产业的总从业人数增至 59.9 万。2010 年,创意产业就业人数突破 60 万大关,增至 65.8 万人。④

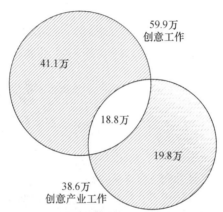

图 4-1　2007 年伦敦从事创意产业人员、与创意工作相关人员构成示意图
　　资料来源:根据 London's Creative Sector: 2009 Update, GLA, 2009, p.5 整理。

伦敦拥有"全球重要的传媒中心""世界三大电影制作中心之一""全球三大广告中心之一""全球著名的演艺中心""世界五大时尚中心之一"等众多美誉,是名副其实的全球创意之都。伦敦还拥有众多世界著名的

---

① 褚劲风、崔元琪、马昊斌:《后工业化时期伦敦创意产业的发展》,载《世界地理研究》2007 年第 3 期,第 23—44 页。
② 同上。
③ London's Creative Sector: 2009 Update, GLA Economics, 2009.
④ London's Creative Sector: 2011 Update, GLA Economics, 2011.

博物馆,每年举办约 3 万多场现场音乐会等创意文化活动。① 伦敦集中了英国 1/3 的演艺公司、70%的唱片公司、90%的音乐活动、75%的广播与电影收入、46%的广告从业人员。伦敦每年要吸引近千万的国内外访问者参观博物馆、公共图书馆、英国文化遗产景观,以及观摩音乐、戏剧、舞蹈、时装表演等。② 伦敦得到伦敦市政厅的财政支持,定期举办伦敦设计节、伦敦设计周以及伦敦电影节等一系列的文化活动、节事活动(见表4-2),吸引了来自世界各地的游客,扩大了英国文化产业的影响力。

表 4-2 伦敦部分创意节事活动一览表

名称	概况
伦敦时装周	由英国时装协会发起,其间有超过 50 场官方表演以及多场非官方表演,众多明星设计师集聚交流
伦敦设计节	始于 2003 年,旨在支持及推广伦敦及整个英国的创意设计发展
伦敦艺术展览会	成立于 1988 年,展示了英国艺术精华,汇集了大量的艺术家及创意人
英国时尚大奖	与美国设计师协会的时尚大奖齐名,为备受世界瞩目的时尚盛会
生活设计展	每年 6 月在国际会展中心举办
皇家艺术学院夏季展	每年 6—8 月在皇家艺术学院举办
菲列兹艺术展	每年 10 月在伦敦娱乐休闲中心举办
理想家具展	每年 3 月在爵士庭院酒店举办
伦敦国际音乐展	每年 6 月 11 日至 14 日在国际会展中心举办
英国国际车展	每年 7 月在国际会展中心举办
特纳奖获奖作品	每年 10 月在泰特英国美术馆举办
伦敦船展	每年 1 月 9 日至 18 日在国际会展中心举办
切尔西花展	每年 5 月 19 日至 23 日在国际会展中心举办

资料来源:根据卞向阳主编:《国际时尚中心城市案例》,上海人民出版社、格致出版社 2010 年版,第 134—136 页整理。

大伦敦政府还制定了创意之都的文化发展战略,以各种形式促进伦敦的创意文化生活,保持伦敦文化生活的多元化、动态化发展(见表4-3)。一方面,伦敦的文化展览回顾了伦敦创意文化的发展历程,使人们

---

① The Mayor of London Annual Report 2010—2011.
② 褚劲风:《世界创意产业的兴起、特征与发展趋势》,载《世界地理研究》2005 年第 4 期,第 16—21 页。

了解伦敦的历史文化特色；另一方面，举办大型文化艺术活动并鼓励伦敦市民积极参与其中，使创意文化融入市民的生活，体现了建设创意之都的意义。另外，伦敦不仅关注本国文化，还接纳并举办活动庆祝国外节日，兼容并蓄地将英伦文化与世界文化结合，增强了文化的包容性，体现了创意之都文化的多元化，丰富了发展创意之都的真正内涵。

表4-3 伦敦部分公共文化活动一览表

活动	内容
伦敦故事	旨在于探寻伦敦在过去几个世纪中在技术、科学、文化、社会进步等方面的故事
伦敦韵律	展示伦敦多元的音乐、娱乐生活
大舞台	伦敦 Legacy Trust UK 项目与英格兰艺术委员会合作，超过100万人参加到850多项活动中，展示舞蹈艺术的多元化及伦敦生活的创意化
伦敦爵士音乐节	由 BBC 创作，不仅在伦敦市区举办，也在外伦敦区传播
烟花节	通过壮观的烟花燃放庆祝新年及中国的春节，以及光明节①、丰收节②及皇室婚礼等节庆活动

资料来源：根据 The Mayor of London Annual Report 2010—2011, p.39 整理。

4.1.2 欧洲科技增长之极，支撑创意涌动喷发

伦敦是世界发明和技术革新的城市典范。作为世界性商业中心，伦敦拥有种类广泛的支持技术革新的风险资本，也是欧洲顶尖高等学府的集中地。伦敦把知识转变为生产力的实践已经进行了数百年。

2002年，作为伦敦市政府下属的非营利机构，伦敦科技联盟（London Technology Network）获得了英国中央政府的资金，欧盟、伦敦、英格兰东南部与东部的三个地方发展性机构和一些大学也成为其赞助者。伦敦科技联盟的任务旨在收集整理有效的数据源，并建立相应的人才和机构数据库，作为企业与企业之间、企业与学术之间以及学术与学术之间的信息平台。到2002年末，伦敦科技联盟已经在英格兰东南地区的180多个主要研究部门中培养了众多研究网络发展的科学家。在截至2006年5月的23个月中，伦敦科技联盟进行了超过2500个公司和研究专员、科学家之

---

① 光明节是犹太人的一个庆祝光明的节日。
② 丰收节，也叫"庞格尔节"，在公历3月中左右，盛行于南印度。节日期间，家家户户要打扫卫生，人们要穿戴一新，举行敬牛仪式，牵牛游行或举办赛牛会等。

间的磋商,其中 580 个合作项目(占总数的 23%)被落实。①

坐落于伦敦东部、由时尚街区肖迪奇延伸至奥林匹克公园的伦敦科技城是一个集合科技、数码和创意等产业的区域,目前已经有超过 600 家企业进驻(见图 4-2)。借助 2012 年伦敦奥运会的筹备,英国首相卡梅伦在 2010 年提出"伦敦科技城发展计划",希望把伦敦东岸打造成有影响力的科技中心之一。

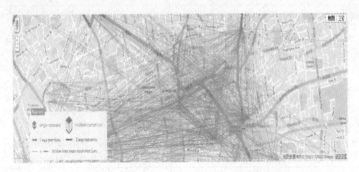

图 4-2　伦敦科技城科技活动空间联络示意图
资料来源:http://www.techcityuk.com/#!/recenthighlights.

伦敦科技城靠近金丝雀码头金融区,临近四所顶尖大学(伦敦大学、牛津大学、剑桥大学、帝国学院),人才源源不绝;同时,因为临近奥运主场馆,还能享受到奥运基础配套设施。②

目前,伦敦软件和 IT 企业的数量比欧洲其他任何一座城市都多出三倍以上。伦敦也是美国之外全球具有风投资本背景的公司的最大聚集地。庞大的市场、便捷的交通、丰富的人力资源,以及拥有世界级的电影、广告和时尚等创意产业,都是伦敦吸引数字经济产业的关键因素。

对于全世界视频游戏的出版商来说,由于成本上升,用获得知识产权许可证的方式经营比较保险。但是,英国的游戏工作室却证明,创新思维总能赚钱。英国是名副其实的游戏制作中心,它不仅是世界第三大游戏市场,也是世界第三大游戏生产国。英国独立游戏开发商协会(TIGA)是英国和欧洲游戏开发商的行业协会。在英国,大约有 150 间游戏工作室(游戏企业)。这些工作室拥有一些游戏业内最具才华的团队,为个人电

---

① http://www.ltnetwork.org/.
② http://www.techcityuk.com/#!/recenthighlights.

脑、游戏主机、掌上型和便携式平台开发游戏。但是,仅有天才团队并不能保证成功。比如,2005年秋季,游戏业推出了三个新一代主机:任天堂Wii、索尼PS3和微软Xbox 360。要充分运用这些新技术、新设备,就需要有比目前大得多的开发团队。较小规模的工作室因不愿也不敢冒风险,所以不会为单一项目投放大量人力。大游戏开发商也对新技术、新产品持谨慎态度。为降低风险,他们倾向于依靠持有知识产权的许可证经营,也就是获得已经在游戏或其他市场表现良好的产品的经销权。这些工作多是依靠网络完成的(见表4-4)。[1]

表4-4 伦敦部分网络游戏以及相关网站

游戏平台	简介	主要功能	网址
英国游戏企业网站	代表英国游戏产业的非营利组织机构,致力于使英国成为世界游戏产业最发达的地区	为英国游戏产业提供国际及国内的技术、产品、人才,使产业保持竞争力,并提供策略文件、基金运行、项目工作咨询等	http://www.tiga.org/
Skillset协会	创意产业技能培训委员会的一部分,致力于保障产业的国际竞争力		http://www.skillset.org/games/
Nitrome	始建于2004年的英国游戏公司,总部位于伦敦市中心,前期专门制作手机游戏	专门制作像素游戏,曾帮BBC、MTV等做过游戏,代表作是Four Play	http://www.nitrome.com/
IncGamers	英国人气最旺的视频游戏网站,创建于2001年,覆盖了整个大西洋地区的游戏市场,每个月的读者达到两百万;是Gamerush.com的副产品,后者是一家于1996年创建的游戏网站	发布各种与游戏相关的信息	http://www.incgamers.com/

---

[1] 褚劲风:《创意产业集聚空间组织研究》,上海人民出版社2009年版,第51—52页。

(续表)

游戏平台	简介	主要功能	网址
Pocket Gamer	英国知名的游戏评测网站,不仅有新闻资讯,还有对行业高管的深度访谈,以及行业的会议和活动的内容	致力于提供推动游戏开发企业发展的行业、研发流程、技术与交易等方面的评议及对移动游戏衡量标准的详细分析;发布游戏,比如"混沌之戒"、"植物大战僵尸"、"猴岛2特别版"等	http://www.pocketgamer.co.uk/
AppSpy	一个iPhone游戏评论网站,用户每天可以在网站上找到最新的游戏应用程序的相关信息以及免费的应用程序介绍	主要发布最新的iPhone游戏相关信息,推荐实用的应用程序,并对所有的游戏进行排名,根据用户提交的评论、市场反响等相关信息进行判定	http://www.appspy.com/
游戏驿站英国	美国游戏驿站(GameStop)公司在英国的官方网站	主要经营网购业务Gamestop和EBGames,还自己出版了名为"Game Informer"的电视和电脑游戏专业杂志	http://www.gamestop.co.uk/

资料来源:根据 http://www.lvse.com/yingguo/youxi/及相关网站整理。

4.1.3 全球创意聚落,激发创意人才走向世界舞台

伦敦作为世界创意城市,集聚了大量的创意人才,吸引了越来越多的创意人才就业。伦敦拥有英国85%以上的时尚设计师、超过2/3的电影工作者,其创意产业就业人数远远高于英国其他地区(见图4-3)。从就业规模看,伦敦创意产业的就业规模也逐年扩大(见图4-4)。

近几年,伦敦创意人员在各行业中的分布逐年有所变化(见表4-5、4-6)。总体上,创意产业从业人员数量呈稳步上升趋势(见图4-5)。伦敦创意产业就业人数2009年增至42.83万,2010年继续增至43.53万。① 其中,广告设计从业人员迅速增加;手工艺品、音像制品从业人员呈下降趋势;其他行业虽逐年波动,但总体上呈上升趋势。

---

① London's Creative Sector: 2011 Update, GLA Economics, 2011.

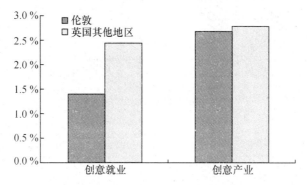

图 4-3　1995—2002 年伦敦创意就业与创意产业人数在英国的比例

资料来源:根据 London's Creative Sector: 2004 Update, p.6 整理。

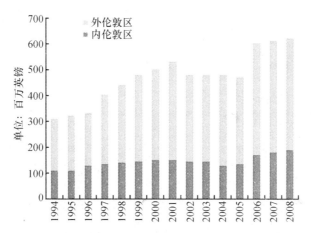

图 4-4　1994—2008 年伦敦创意产业的就业规模变化

资料来源:根据 London's Creative Sector: 2009 Update, GLA, 2009 整理。

表 4-5　2002 年伦敦创意产业从业人数分布一览表

伦敦	从事创意产业人数(单位:人)
广告业	69,900
建筑业	19,800
(艺术)	—
手工艺品	24,900
设计	28,800
时尚	11,700
休闲交互软件设计	87,600
影音	14,700

第 4 章　伦敦创意产业及其公共平台的服务化 | 77

(续表)

伦敦	从事创意产业人数(单位:人)
广播、电视	26,900
音乐与行为艺术	48,200
出版印刷	37,500
总计	370,000

资料来源:根据 London's Creative Sector: 2004 update. GLA, 2004, p.21 整理。

表 4-6　2009 年/2010 年伦敦创意产业各行业就业比较表　(单位:人)

	2009 年			2010 年		
	雇员	自雇①	小计	雇员	自雇	小计
广告业	55,900	6,400	62,200	65,400	7,600	73,000
建筑业	17,400	6,500	23,900	23,000	5,600	28,600
艺术品、古董	—	—	—	—	—	—
手工艺品	7,800	4,300	12,100	6,700	8,100	14,800
设计	31,000	27,600	58,500	26,900	27,600	54,500
时尚	600	400	1,000	500	500	1000
数字媒体娱乐	—	—	—	—	—	—
音乐视听表演	23,500	44,300	67,700	17,800	42,600	60,400
出版业	32,300	11,500	43,800	38,800	8,800	47,600
广播、电视	21,700	7,600	29,400	19,000	9,800	28,800
软件、电子出版	103,100	12,900	115,900	100,800	13,100	113,900
音像、电影与摄影	9,900	3,800	13,700	8,500	4,200	12,700
总计	303,200	125,300	428,200	307,400	127,900	435,300

资料来源:根据 London's Creative Sector: 2011 Update, GLA, 2011, p.6 整理。

此外,伦敦的产业雇佣率总体上也高于英国平均水平(见图 4-6)。例如,伦敦的产业雇佣率仅从 2006 年的 1.2% 下降至 2007 年的 1.1%,而整个英国的雇佣率则从 2006 年的 1.3% 降至 0.9%。[2]

伦敦每年吸引了大量海外人才集聚,比例远高于英国其他区域(见图 4-7)。伦敦海外来访人才以每年 0.6% 的比例增长,2006 年到访人才约占全国 8% 左右。自 2007 年起,英国约有一半海外来访人才都来到伦敦,

---

① 自雇,或称"自雇人士",其工作的雇主就是自己。此类劳务提供者承担商业风险,不受劳动法律所保障,不能享受员工福利、有薪公众假期、工伤赔偿、退休金等。自雇者要申报营业牌照,并为其收入申报利得税、营业税。有些自雇人士是自由职业者。公司、商店的老板也是自雇人士的一种,但他们不算是自由职业者。

② London's Creative Sector: 2007 Update, GLA Economics, 2007.

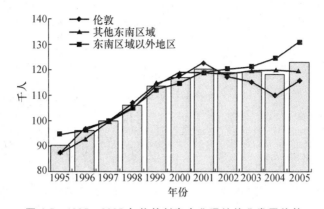

图 4-5　1995—2005 年伦敦创意产业吸纳就业发展趋势

资料来源：根据 London's Creative Sector: 2009 Update, GLA, 2007 整理。

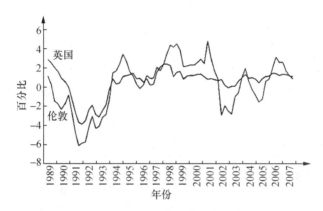

图 4-6　1999—2007 年伦敦及英国产业雇佣率比较

资料来源：根据 London's Creative Sector: 2007 Update, p.7 整理。

使到访人数增至 12% 左右。① 伦敦成为闻名遐迩的全球创意聚落。

伦敦的创意人才不仅集中于创意产业的 13 个领域，还涉及创意经济发展的其他领域（见表 4-7），包括公共服务、物流管理、金融社保服务以及服务型制造业等创意产业链上的其他行业类型。自 2007 年以来，约有 41.1 万个创意工作分布在相关创意产业领域内。② 也就是说，伦敦的创意人才不局限于创意产业领域，还涉及其他更为广泛的产业领域。

---

① London's Creative Sector: 2007 Update, GLA Economics, 2007.
② London's Creative Sector: 2009 Update, GLA Economics, 2009.

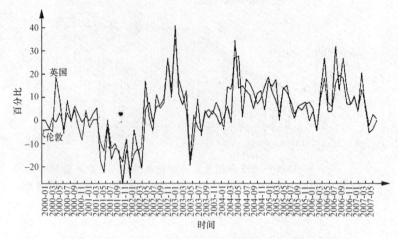

图 4-7　2000—2007 年伦敦及英国海外人才来访比例

资料来源：根据 London's Creative Sector: 2007 Update, p.8 整理。

表 4-7　2008 年伦敦创意产业外的其他产业部门中创意工作岗位的分布

	产业总人数 （单位：人）	从事创意工作人数 （单位：人）	创意 集中度
公共管理、教育、保健	1,006,000	20,000	2%
物流、酒店、餐饮管理	593,000	17,000	3%
运输、仓储、通讯	313,000	13,000	4%
建筑结构	266,000	21,000	8%
银行、金融、社保	1181,000	133,000	11%
制造	297,000	50,000	17%
除创意产业外的产业类型	4,207,000	427,000	10%

资料来源：根据 London's Creative Sector: 2009 Update, p.15 整理。

伦敦良好的文化环境为年轻创意人才的培养、学习、实验以及激发创意提供了良好的条件。伦敦成为创意人才的聚落，不仅因为其创意产业发展吸引了大量人才从事创意产业的各种工作，还在于伦敦政府本身重视对创意人才的培养教育。大伦敦市长计划在 3 年内投入 2300 万英镑到教育、培训中。伦敦市政府积极鼓励年轻人才参与到创意文化活动中。2011 年，大伦敦基金会为年轻的音乐家提供了 200 万英镑的基金支持。2012 年，大伦敦政府又为伦敦学校的学生提供了 12.5 万张伦敦奥运会免费门票,鼓励他们关注创意文化节事活动。① 因此,伦敦能够成为创意人才的聚落,一方面在于其集聚了大量的创意人才,另一方面也在于其对年轻创意人才的大力培养。典型的案例是:2012伦敦奥运会开幕式上,火炬由7位不到20岁的年轻火炬手共同点燃,再一次呼应了奥运会"激励下一代"的口号,体现了激励青年的精髓。另一个精彩案例是:著名包袋设计师安雅·希德玛芝(Anya Hidmarch)2007年凭借一款5英镑的环保包袋"I Am Not A Plastic Bag"风靡全球,并成功地将其同名品牌推向世界各地。

从地理空间分布考察,受历史文化因素、经济因素的影响,伦敦创意聚落集中于伦敦西区。② 随着时间的推移,伦敦创意产业的空间分布逐渐发生变化,且不同地区的集聚变化程度有所不同(见图4-8)。

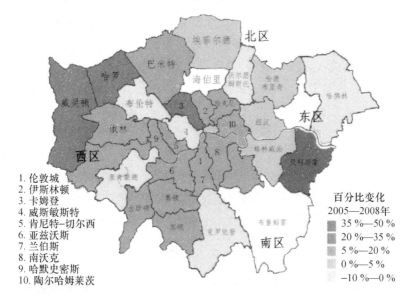

图 4-8　2005—2008 年伦敦创意产业空间分布变化
资料来源:根据 London's Creative Sector: 2009 Update, GLA, 2009, p.36 整理。

2005—2008 年,伦敦创意产业在原先基础较差的伦敦外围区发展起来。例如,埃菲尔德是大伦敦北缘的自治市,以前没有发展创意产业的基础,现在创意产业逐渐在此兴起。另外,在伦敦西区的威斯敏斯特附近,特别是在伊斯灵顿自治市、肯辛顿、哈默史密斯、刘易舍姆、卡姆登等区

---

① The Mayor of London Annual Report 2010—2011.
② 褚劲风:《创意产业集聚空间组织研究》,上海人民出版社2009年版。

域,创意产业发展尤为迅速。威斯敏斯特自身的创意产业呈现增长缓慢的发展态势,这与中心城区租金较高、压力较大有关。

4.2 平台对于创意产业的重要作用

创意产业作为新兴产业,近年来飞速发展,呈现一种空间集聚的发展态势。创意产业的发展需要经济、社会、文化、制度等因素共同作用,其发展的主要动力包括创意人才、地方文化、创意氛围、新经济政策激励作用等。[1] 换言之,产业服务平台对于创意产业的发展起着至关重要的作用。

平台是一种实体或虚拟空间,可以导致或促成双方或多方客户之间的交易。[2] 服务平台是为了区域经济和文化的发展,针对公共需求,通过组织整合、集成优化各类资源,提供可共享共用的基础设施、设备和信息资源共享的各类渠道,以期为此类用户群体的公共需求提供统一的辅助解决方案,达到减少重复投入、提高资源效率、加强信息共享的目的。[3] 在现代社会,公共产业服务平台一般建有为远距离客户提供金融贸易或其他方面及时信息的网络虚拟空间。[4] 包括软件、门户网、媒体以及支付系统在内的网络产业服务平台对经济市场参与者都有一定影响。[5] 这种网络虚拟平台的建设增强了新产业技术的竞争,[6]进而增强了创意产业的竞争力。一般而言,产业服务平台对于创意产业发展具有以下重要的作用:

4.2.1 有利于政府跨部门施政合作的协调性

政府服务平台是一种新型的服务平台,主要是通过收集信息及技术数据为政府提供决策依据,其最终目的是扩大政府与居民间的相互交流,加强和改善产业发展的基础设施建设,进而引导产业的发展。[7] 伦敦市

---

[1] 肖雁飞、廖双红:《创意产业区——新经济空间集群创新演进机理研究》,中国经济出版社 2011 年版。
[2] 徐晋、张祥建:《平台经济学初探》,载《中国工业经济》2006 年第 5 期,第 40—47 页。
[3] http://baike.baidu.com/view/3239848.htm.
[4] Willian M. Randle, Bank-Centric Service Platform, Network and System, Taylor Francis.
[5] Jean-Charles Rochet, Jean Tirde, Platform Competition in Two-sided Markets, European Economic Association, 2003, p.990.
[6] Timothy F. Bresnahan, Shane Greenstein, Technological Competition and the Structure of the Computer Industry, The Journal of Industrial Economics, 1999(3):1—40.
[7] Infrastructure for E-government Web Services, IEEE Xplore Digital Library.

政府为文化创意产业的发展进行了系统的政策规划,其扶持政策主要包括发布战略草案、建立伦敦文化战略委员会、进行人才汇聚与培养、民间协调与金融支持以及打造创意产业"四大平台"等内容(表4-8)。[①] 同时,伦敦市政府为创意产业发展提供了专门的网上服务平台,实现了服务平台的虚拟化发展,进而最大化地实现了政府服务平台对创意产业的引导与推动作用。

表4-8 伦敦文化创意产业政策

发布战略草案	① 2003年,公布《伦敦:文化资本——市长文化战略草案》,提出12项措施,致力于把伦敦建设成世界级的文化中心;② 2008年,公布《文化大都市》草案,从12个方面对伦敦未来3年文化发展进行了政策上的明确规定。
建立伦敦文化战略委员会	① 1999年,成立文化战略委员会,规划协调伦敦各类文化机构,负责实施伦敦文化发展战略;② 2000年,委员会提出从教育扶持个人创意等方面推动市民发展并享受创意;③ 2001年,发布《创意产业路径文件》;④ 2002年,出台《伦敦创意产业研究报告》,就伦敦创意产业对城市的贡献进行探讨;⑤ 2010年,发布"文化大都市——伦敦文化发展战略",推动伦敦对该产业的支持投资;⑥ 发布"伦敦文化及2012——激励市民投入2012"手册,鼓励人们参与到2012年伦敦奥运会中。
进行人才汇聚与培养	2008年,公布《文化大都市——伦敦市长2009—2012年的文化重点》,总结了伦敦成为文化创意中心的原因,具体政策包括:① 支持高等教育发展,培养高水平人才;② 投资文化基础设施,扩大公共文化空间;③ 鼓励市民参与,支持草根文化发展。
民间协调与金融支持	① 2004年,成立"创意伦敦"协调小组,与民间机构合作,广泛收集与文化创意产业有关的各种建议,并对创意产业发展提出具有针对性的意见;② 2005年,设立"创意之都基金",为有才华及创意的个人提供资助,激励他们发挥创意潜力,以服务于伦敦经济社会的发展。
打造创意产业"四大平台"	伦敦设计节、伦敦时装周、伦敦国际电影节、伦敦游戏节,它们发挥了汇聚创意、文化交流、产学研互动、对外展示的重要作用,是各自领域具有世界影响力的国际盛会。

资料来源:根据徐井宏、张红敏:《转型——国际创新型城市案例研究》,清华大学出版社2011年版,第9页整理。

---

① 杨帆:《区域经济增长中的地方政府投融资平台效应研究》,载《煤矿机械》2010年第7期,第252—255页。

4.2.2 有利于建立创意阶层与用户需求信息的对称性

创意产业的发展离不开创意阶层,具有创新思维的人才为创意产业的发展提供了不竭的动力。在创意产业的发展过程中,存在着创意阶层与用户需求信息不对称的问题,即如何将创意阶层的创新思维应用到实践中并与市场结合的问题。在这方面,高校作为培养创意人才的主要服务平台,发挥着不可或缺的作用。高校服务平台通过推进创意思维产业化,即实现产学研的结合,实现创意与金融的有机结合,为创意产业的发展提供不竭的动力。① 伦敦的高校服务平台为创意产业的发展提供了人才培养的服务,通过整合教育培训资源,实现了高校教育设施的共用及创意信息的交流共享。这样的高校服务平台具有海外人才比例高、研究创新能力强、与产业联系紧密的特点,为创意产业的发展奠定了坚实的人才基础。此外,伦敦市政府鼓励高等教育平台吸收多元化的海外人才,与各产业加强互动,并鼓励文化艺术的创意阶层以实习生、学徒、志愿者等多种身份走到文化创意产业中去,强化实践,②克服了创意产业中创意阶层与用户需求信息不对称的瓶颈,实现了产业的快速发展。

4.2.3 有利于实现创意信息分享的即时性

平台作为一种多方位、交互式的服务渠道,一方面通过各种途径获取创意产业发展的信息、资源并进行整合,另一方面通过总结信息、资源得出产业发展中存在的问题并提出相应的解决方案,从而实现有效产业信息、资源的共享。例如,伦敦的文化媒体运动服务平台(DCMS)就分模块获取与文化、媒体、运动等相关的各种信息及活动,在对这些信息进行整合后,通过 DCMS 将信息发布;同时,还建有信息公共讨论模块,对文化产业存在的问题进行公开讨论。这样的信息交互平台通过网络融合,使产业活动信息在不同的平台之间自由转换,实现了信息的无障碍交流及共享。通过信息服务平台,一方面,能够有效地将政府的相关产业政策与创意企业、创意阶层黏合起来,从而促进经济转型升级,实现创意产业的跨

---

① 杨帆:《区域经济增长中的地方政府投融资平台效应研究》,载《煤矿机械》2010 年第 7 期,第 252—255 页。
② 同上。

越式发展；另一方面，可以为创意产业专利权的保护进行宣传，实现对创意知识产权的保护，从而营造良好的创意产业发展环境。

除了实体平台之外，网络虚拟平台是建立在信息高速公路基础之上，与人类生活息息相关的，为国际贸易提供便捷联系的可视、有形的电子数据空间平台。① 它可以突破地理空间的限制，更直观、快捷地传递创意信息。随着高新技术的发展，大部分文化创作都是以数字化方式创作、生产、传播的，它们在有形的物理空间的集聚已经不像传统产业那么明显了。不少文化产品采取的是基于版权的一种授权经营，版权创作出来以后，通过互联网传输。② 可以说，创意产业是一种高度依赖网络信息技术传播交流的产业，其发展要依赖网络传播交流信息。因此，建立全国性网络媒体交流平台，可以实现创意信息的共享，从而推进其文化创意产业的可持续发展。③ 例如，创意产品的网络虚拟销售平台就是一种依靠网络的新型销售模式，与传统的销售模式相比，具有以下四个方面的服务属性及特征（见表4-9）：

表4-9 网络虚拟销售平台的服务属性及特征

服务属性	特征
"最短路径"模式	不再需要传统的中介人，商品或服务可以在互联网上直接向生产者购买
注册会员式子网模式	B2B电子商务，可以保证高水准的服务和安全性
电子中介人模式	基于互联网的第三方电子物流渠道成为供应商和消费者联系的纽带，中介人必须与制造商和物流配送公司之间保持紧密的电子联系
新营销渠道模式	传统营销媒介将集成为以互联网为基础、以消费者为中心的电子媒介

资料来源：根据刘卫东：《论我国互联网的发展及其潜在空间影响》，载《地理研究》2002年第3期，第347—356页整理。

总而言之，建立包括政府、高校、科研机构和经济组织在内的一体化平台，能将产业发展的政、产、学、研要素结合，建成创意产业长效服务机制。④

---

① 赵晴、陈沁蓉：《构筑服务平台助推经济发展》，载《中国记者》2010年第4期，第8—10页。
② 花建等：《后世博文化遗产与上海文化产业发展研究》，载《科学发展》2011年第6期，第26—41页。
③ 高小康：《创意产业园区应超越地理空间》，载《中国社会科学报》2011年3月8日。
④ 张晓东、李成：《构建政产学研合作平台 探索服务地方经济建设新途径》，载《中国高校科技与产业化》2010年第5期，第54—56页。

这样的平台建设是创意产业发展不可缺少的组成部分,对加速自主创新进程及完善创意产业链具有重要的意义。[①]

4.3 伦敦创意产业服务平台类型

伦敦创意产业包括广告、建筑、艺术品和古玩交易、计算机软件、时尚设计、音乐视听表演、出版、广播电视以及录像电影等门类。[②] 与产业类型相联系,创意产业服务平台也呈现多样化发展趋势,服务于创意产业链的各个层级,成为创意文化产业化的重要助力。

4.3.1 政府主导的服务平台

2004年,伦敦发展局创立了"创意伦敦"[③]工作协调小组,以促进伦敦创意产业的发展。"创意伦敦"能推动产业飞速发展,得益于大伦敦市政府的支撑。就伦敦市而言,大伦敦市长主要负责制定创意产业发展方针。[④] 其他部门直接向大伦敦市长负责并相互合作,共同服务于英国创意产业发展的各环节(见图4-9)。

大伦敦市政府为了更好地实现各部门之间的信息及政策交流,建立了多个不同的网络服务平台。其中,大伦敦经济组织(GLA Economics)主要负责通过网络虚拟空间对创意企业数据进行统计及提供决策方针;伦敦文化媒体体育部(DCMS)主要负责发布与文化、媒体、体育等相关的规划文件,并对创意产业经济进行评估;伦敦发展研究机构(LDA)主要负责对创意产业涉及的数据及创意智能框架进行调查研究;伦敦国家统计办公室(ONS)负责发布关于伦敦创意区最新产出量的调查数据;伦敦劳动力调查机构(LFS)通过网络调查,将创意产业中受雇与自雇人员信息进

---

① 陆莹、陈红喜、袁瑜:《教育、科技、经济一体化平台运行绩效评价体系研究》,载《江苏高教》2011年第4期,第51—53页。
② 赵晴、陈沁蓉:《构筑服务平台助推经济发展》,载《中国记者》2010年第4期,第8—10页。
③ 伦敦市政府不仅以创意伦敦作为都市发展目标,还建立了以此为名的协调机构,由伦敦发展局管理,以政府和民间合作的方式运作,旨在促进和发展伦敦创意产业的多样性与活力,解决创意产业面临的从投资到房地产和人才开发等多种障碍。
④ 王可:《文化创意产业之都——伦敦》,http:// ip. people. com. cn/GB/10786830. html, 2010年1月20日访问。

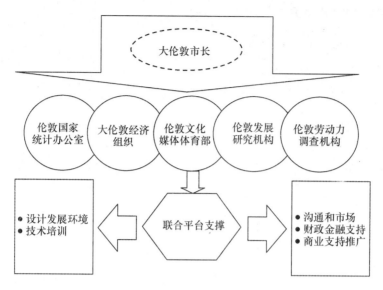

图 4-9 伦敦市政府服务创意产业平台组织图

资料来源:根据卞向阳主编:《国际时尚中心城市案例》,上海人民出版社、格致出版社 2010 年版,第 77—92 页整理。

行整理,并对产业可能提供的就业机会进行预测。

就国家范围而言,伦敦文化媒体体育部与英国税务及海关总署、英国贸易投资总署、英国外交与联邦事务署以及英国文化协会等进行相关领域的合作,共同制定产业发展政策,并通过网络平台发布政策(见图4-10)。与此相关的服务平台主要包括英国艺术理事会、英国科技艺术基金,它们为伦敦市文化创意产业的发展提供基金支持。英国产业技术协会一方面进行创意产业技术交流,另一方面对产业发展中存在的技术问题进行讨论并予以解决;英国电影理事会发布最新的影视娱乐产业的信息;英国时尚协会及时发布时尚产业的节事活动信息等。

4.3.2 非政府组织搭建的服务平台

伦敦创意产业要实现文化及创意思维的产业化,需要产业链上的各平台协同发展,其中非政府组织服务平台尤为突出。非政府组织服务平台包括多种类型,涉及创意产业链的各个层级。按照平台的主要服务类型,可以将其分为产权及安全保护平台、金融支撑平台、教育服务平台、社会服务平台、媒体服务平台、创意销售平台等。

第 4 章 伦敦创意产业及其公共平台的服务化

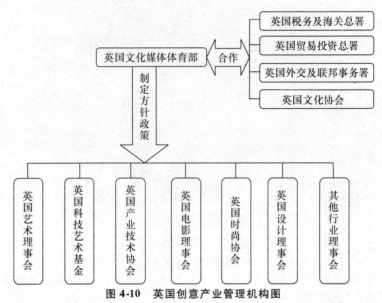

图4-10 英国创意产业管理机构图

资料来源:卞向阳主编:《国际时尚中心城市案例》,上海人民出版社、格致出版社2010年版。

产权及安全保护平台包括欧洲产权在线服务平台(EPO)、文化版权服务组织(IPO)以及家庭网上安全保护机构(FOSI)等。2011年,EPO在布达佩斯分5个主要领域为15项杰出发明举办了欧洲投资第六届年会,涉及创意产业、中小企业、科研、非欧洲国家产业状况、终身成就等多个方面。这些方面与伦敦不同领域的创意产业发展有多方面的联系。[①] IPO作为文化版权服务组织,对知识产权的定义及保护进行了宣传,协助创意阶层选择适合自己创意产品的版权保护类型。同时,它通过网络虚拟空间,将最新的知识产权保护政策及实施信息发布,以便于创意阶层及时了解创意产业当下的发展状况,也便于产权的申请。

教育服务平台主要包括创意伙伴教育培训平台、伦敦艺术大学教育服务以及西部焦点中小企业高校合作机构等。其中,创意伙伴教育培训平台是专门将艺术家、科学人才等创意阶层引入高校的组织机构,通过这种活动带动并激发年轻一代的创意灵感,刺激创意思想的产生。社会服务平台包括产业匹配的组织,如国家艺术基金组织(NESTA)委员会等;

---

① EPO, European Patent Office, http://www.epo.org.

媒体服务平台包括创意媒体产品制作服务平台、媒体宣传平台等,如创意英格兰影视制作资金支持、BFI影视媒体宣传平台;创意销售平台主要包括创意设计企业、时尚销售企业等。

4.4 伦敦创意产业服务平台主导功能

伦敦创意产业服务平台采用实虚网络结合的方式,有效地避免了自然区域条件的制约,使个人的创意突破了地理空间的限制,实现了创意的全球化发展。

4.4.1 政府对创意产业、企业及服务平台的规制

政府服务平台负责制定伦敦创意产业发展的相关政策(见表4-10),为创意产业发展提供主要数据统计,对产业投资状况进行分析,并对创意产业层级进行专业划分。

表4-10 伦敦政府对创意产业的相关扶植政策

	政策	具体举措
产业相关政策	加强产业基础研究	2000年发布《下一个十年》;2001年发布《创意产业图录报告》;2004年公布创意产业产出、出口、就业人数统计等数据
	培养创意生活、创意环境	开放博物馆,推进数据档案数字化,创造公民与创意接触的机会
	重视数字化研究	1998年发起"多媒体革命";2000年研究数字对音乐消费的影响;2002年研究数字科技对影视产业的影响
	探索国际合作交流	以平等互利为原则,加强与其他国家和地区的交流,2005年与中华台北举办创意城市国际论坛
	为中小企业筹资	2005年培育了12万家创意企业,推出创业投资计划,投资者可免税1000英镑
	将英国建成"创意文化中心"	2005年发布"创意经济计划";2006年提出建设创意经济中心
扶持设计师	BFC基金	2008年成立,支持包括新百通、柏帛丽集团等,给设计师提供20万英镑奖金及商业支持等
	学院理事会	成立于1993年,是产业界与教育界的桥梁,为学生提供举办活动及赛事的机会
	时尚前沿奖	由伦敦发展局支持设立,帮助处于事业起步阶段的设计师发展

(续表)

	政策	具体举措
扶持设计师	NEWGEN	由英国时装理事会成立于1993年,为设计师提供展会所需费用,是世界上第一个新兴设计师帮助计划
	NEWGEN MEN	帮助新兴的男装设计师筹资
	普林格设计大赛	设计类学生申请参加,赢取奖金以支持自己的事业发展
	IYEE	理事会设立奖项,褒奖活跃于时尚产业的创意从业者

资料来源:根据卞向阳主编:《国际时尚中心城市案例》,上海人民出版社、格致出版社2010年版,第94—99页整理。

相关调查研究表明,伦敦产业发展战略性投资服务平台(以下简称"LDA")为伦敦成为世界最具机遇、最具活力的创意经济城市提供了有力的资金支撑及项目规划。2011年,英国政府将大批资金投入到创意产业发展的各门类中(见图4-11)。以举办2012年奥运会为契机,LDA制定了"伦敦奥运遗产补给指导计划"(Olympic Legacy Supplementary Planning Guidance, OLSPG),为2012奥运会的区域规划进行相关的数据分析及资金支持。首先,该计划对土地利用状况进行分析,认为通过与伦敦东部利河谷(Lower Lea Valley)机会区域(Opportunity Area)进行开放式空间及产业雇佣人员的交流,新的大都市产业中心将集中于斯特拉特福镇(Stratford Town)。其次,该计划对伦敦地上与地下交通的空间状况进行了相关的数据分析,并与其他几个区域进行对比研究,得出结论:伦敦东

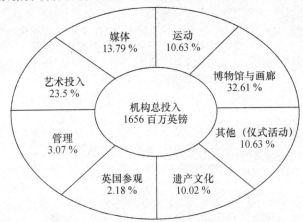

图4-11 2011年伦敦文化产业投入情况示意图
资料来源:根据伦敦政府官网:http://www.london.gov.uk/整理。

部地区的交通流更为密集,高密度区具有较强的住宅、商业以及服务产业的融合,并通过分析对伦敦城市交通、产业发展等方面作出调整。[①] 上述规划及调整政策有效改善了伦敦社会环境,促进了创意产业及其他创新产业的发展。对创意产业层级的评定及划分也是大伦敦官方服务平台的主要职能,通过对创意产业行业类型与产业层级进行精准的划分,明确了产业分类,促进了创意产业未来的发展。

4.4.2 创意产品专利申请与保护

产权及专利保障平台是创意产业服务平台的重要组成部分。其中,比较典型的是 EPO 在线服务平台,它为伦敦创意产业申请专利保护提供更快捷的网络服务,实现申报引导、网上填报、网上支付等过程,并通过网络查询已存在的专利,为创意产品的专利权保护提供更便捷的申请通道,有效地保护了创意产品的知识产权。另外,该平台每年对伦敦及整个欧洲的企业专利申请情况进行数据统计[②](见图 4-12),并对近几年产业专利申请情况进行对比[③](见表 4-11),使大伦敦市政府、企业、创意设计人员及时掌握专利申请的具体情况与发展趋势。虚拟网络专利平台具有高时效性,其方便快捷的优势不可否认,但虚拟空间的信息传输具有一定风险。因此,网络服务平台还建有完善的网络安全保障子平台;保护创意阶层的网络申请安全。如家庭网上安全保护机构(FOSI)专利申请保障平台,对创意阶层网上产权申请过程中涉及的信息进行安全保护,通过对用户相关信息及工具方法的认证实现,确保了进入该网络平台用户的信息安全。

---

① GLA, Olympic Legacy Supplementary Planning Guidance Strategic TransportStudy, http://www.london.gov.uk/publication/olympic-legacy-supplementary-planning-guidance, 2011-12.
② EPO: Annual Report 2011-European Patent Applications, 2012(3).
③ EPO: Annual Report 2011-Five-Year Review, 2011(3).

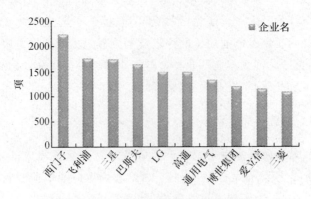

图 4-12　2011 年欧洲专利申请前十位企业

资料来源：根据 EPO 官方网站统计数据整理：http://www.epo.org/about-us/office/annual-report/2011/download-centre.html。

表 4-11　2007—2011 年欧洲专利申请情况统计　　　　（单位：项）

	2011	2010	2009	2008	2007
欧洲申请	62,537	71,393	55,949	62,737	62,646
专利合作条约组织	181,900	164,307	155,405	163,238	159,926
欧洲专利申请总计	244,437	235,700	211,345	225,975	222,572
欧洲专利申请许可	62,112	58,108	52,446	59,810	54,700
被拒绝的申请	2,945	2,766	2,695	2,840	3,293
涉及申请人数	6,726	6,778	6,816	6,685	6,499
涉及检查人员	3,949	3,952	3,965	3,856	3,664

资料来源：根据 EPO 官方网站统计数据整理：http://www.epo.org/about-us/office/annual-report/2011/download-centre.html。

4.4.3　提供融资服务与金融支持

在英国创意产业发展过程中，一度存在着企业发展规模较小、创意人才发展资金不足的状况。[①] 各领域的创意人才面临资金短缺、研发投入不足等瓶颈，需要相应的基金支撑平台为其提供资金支持。杰森·罗伯茨基金会通过与圣乔治大学、巴西专业投资公司、足球基金等共同融资，支持年轻的创意阶层。开放社会基金通过政府融资，为高校毕业生提

---

① 王可：《文化创意产业之都——伦敦》，http://ip.people.com.cn/GB/10786830.html，2010 年 1 月 20 日访问。

供资金支持。网球基金则主要通过与劳伦网球基金进行资金合作,并得到大伦敦政府的资金支持,为伦敦运动竞技交流提供支持。

在众多基金服务平台中,比较典型的是国家艺术基金组织(NESTA)。作为重要的国际捐赠基金平台,它不仅独立进行资金搜集,还与包括政策制定平台、社区服务平台、教育及个人创意平台等创意平台进行合作,共同集资,为具有创新点子的个人提供发展资金,更为与创意产业发展相关的科技研究、艺术设计提供资金支持。该平台发布了一系列与创新相关的活动,旨在增强英国的创造力。其投资主要集中在企业发展前期,涉及相关政策实施及鼓励文化创新等方面。①

近几年,随着低碳经济、绿色环保产业的兴起,伦敦创意产业顺应并引导了这一发展趋势。大伦敦政府发展平台 LAD 将大量资金用于发展低碳产业,2010 年投资 2300 万英镑用于减少伦敦碳排放的项目,节约了城市的能源应用,推动了新型创意产业的发展。另外,该平台还投资建立了伦敦绿色基金,使伦敦的部分商业投资转为对环境项目的投资。在这种大环境下,其他各服务平台也都以绿色环保的创意发展作为其发展的基本理念。如网络准入平台,在为 2012 奥运会选择入驻商户时,就将低碳环保理念作为重要的匹配标准。

4.4.4　培训创意人才,助推产、学、研结合

推动创意产业的发展,人才是第一资源、第一要素和第一资本。人才总是向扶持政策更为完善、服务环境更为便利、文化氛围更为活跃的地方集中。创意人才为创意产业发展提供了不竭的发展动力。伦敦在推动创意产业发展的过程中,十分重视创意人才培训平台的建设,不断加强创意人才与高等院校、创意企业等人才教育培训平台的交流,建立了完善的创意教育服务平台(见表 4-12)。

---

① NESTA, Soft Innovation—Towards a More Complete Picture of Innovative Change, http://www.nesta.org.uk/publications/reports/assets/features/soft_innovation, 2009-7.

表 4-12　伦敦主要艺术大学及其特色学科

伦敦各艺术大学特点		
院校名称	特色学科	网址
布鲁内尔大学	艺术与表演艺术	www.brunel.ac.uk
伦敦城市大学	艺术媒体设计	www.city.ac.uk
布莱顿大学	艺术设计、表演艺术	www.brighton.ac.uk
牛津布鲁克斯大学	艺术与人文	www.brookes.ac.uk
伦敦艺术大学	时装、设计、传播	www.arts.ac.uk
诺森比亚大学	艺术设计、影视设计	www.northumbria.ac.uk
金斯顿大学	艺术设计、风景园林设计	www.kingston.ac.uk
史塔福郡大学	艺术设计	www.staffs.ac.uk
德蒙福特大学	艺术设计	www.dmu.ac.uk
密德萨斯大学	多媒体设计	www.dum.ac.uk
威斯敏斯特大学	传媒、建筑、时装设计	www.wmin.ac.uk
东伦敦大学	传媒研究、时装设计	www.uel.ac.uk
鲁钝大学	创意艺术与技术	www.luton.ac.uk
萨里大学	艺术设计	www.le.ac.uk
伦敦大学金史密斯学院	艺术设计、人文科学	www.goldsmiths.ac.uk

资料来源:卞向阳主编:《国际时尚中心城市案例》,上海人民出版社、格致出版社 2010 年版,第 142 页。

在伦敦,文化创意产业是最具活力的产业之一。[①] 要使文化创意产业化,就要形成完整的创意产业链,实现创意产业上下游的网络连接,并建设服务于创意产业产、学、研各环节的服务平台。伦敦不仅有众多培养专业人才的高校服务平台,还有产业技术协会平台,包括技能培训协会、创意与文化技能协会、创意抉择服务(Creative Choices)平台及英国产业技术协会(Skillfast-UK 协会)等。这些平台与政府平台及全国各地的行业平台合作,为企业提供有针对性的战略方案,满足产业发展的技能及业务需求。[②] 另外,这些产业技术协会平台也与高校平台进行合作,共同培养创意人才。英国文化创意产业研究服务平台(RCCIL)由伦敦市政府产业研究机构建立,并与伦敦城市大学文化政策管理学院进行联合,不仅建立了自己的网络服务平台,还进一步建立了新的产业组织"创意委员会",旨在将小型创意企业及组织联合起来,形成创意产业企业联盟,更好

---

① 花建:《文化产业的集聚发展》,上海人民出版社 2011 年版。
② 卞向阳主编:《国际时尚中心城市案例》,上海人民出版社、格致出版社 2010 年版。

地应对未来创意产业发展中可能存在的问题,并为产业研发的高校教育平台提供研究的数据支撑。作为文化及创意产业领域独立的数据研究机构,RCCIL的数据反过来为政府平台的产业政策制定提供参考依据,为创意产业这一特定领域内的市场供应商提供参考信息。

伦敦还建有学院理事会服务平台,为专业性人才提供举办展览活动及比赛的资金支持,以连接人才教育与产业发展。除此之外,伦敦中介服务平台将伦敦西部的高校平台、社团及创意企业平台紧密结合,使它们形成合作伙伴关系,通过创新思维、技术、市场信息的交流,促进文化产业化的实现。

4.4.5 促进创意产业链空间整合

创意产业链发展需要各环节的服务平台进行匹配,才能将产、学、研几个环节紧密结合。伦敦时尚产业服务平台中,除了生产销售平台,还包括政府、高校、媒体宣传等产业推广平台(见图4-13),基本涵盖了纵向产业链的各个环节。高校服务平台服务于纵向创意产业链上游的设计环节,为创意人才进行相关培训及教育,促进了创意阶层的形成及创意品牌设计的产生;产品生产及物流运输服务平台服务于创意产业链中游的生产环节,为产品生产提供相应的劳动力及运输服务;媒体宣传平台通过举办节事活动及发布会等,服务于创意产业链的宣传销售环节,为产业链下游的市场销售进行前期的宣传推广。这样完善的平台服务实现了创意产业链的纵向空间整合。

更重要的是,伦敦创意产业平台构筑起广泛的横向产业链,积极促进跨区域的合作交流。伦敦政府服务平台加强与其他国家创意产业领域的合作,实现不同国家创意产业从业者之间的交流,促进了本区域创意产业的发展。除此之外,大伦敦市政府平台与下设的地方政府平台乃至各区的创意委员会都有着广泛的区域内部合作,并设有自己的虚拟平台。例如,创意委员会不仅在伦敦本区拥有服务平台,在东南部的布莱顿和布里斯托尔等、中部的德比郡、西南部的康沃尔、西部的威根以及威斯敏斯特行政区和约克镇等都设有相关的委员会。各区域平台相互协作,通过网络虚拟平台共享各区域的产业信息,在大产业背景指导下,依据自身的发展条件,制定适合自己的发展策略,促成了英格兰各地创意产业协同发展的势头,为伦敦创意产业的发展营造了良好的产业大环境,使跨区域产业

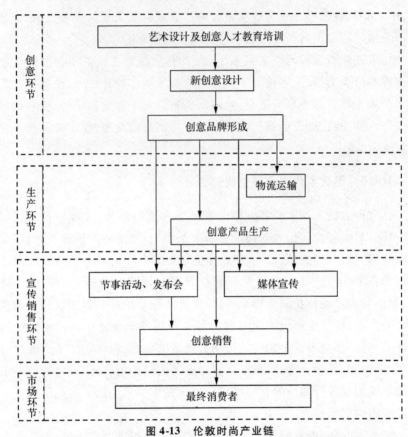

图 4-13　伦敦时尚产业链

资料来源:根据卞向阳主编:《国际时尚中心城市案例》,上海人民出版社、格致出版社 2010 年版,第 77—92 页整理。

平台协同效应发挥到极致,客观上促进了伦敦创意产业的蓬勃发展。

4.4.6　强化媒体宣传,举办节事活动

在打造创意产业"四大平台"总体规划政策的指导下,伦敦会定期举办一些设计展、艺术展以及音乐会等时尚节事活动,借此搭建创意产业媒体宣传平台,进一步扩大时尚创意设计的影响力,真正实现创意的生活化。媒体宣传平台是创意产业发展的重要组成部分,通过平台的搭建可以进一步实现对创意作品的宣传,有助于进一步促进创意的市场化。例如,英国创意影视制作公司搭建了英国影视文化基金服务平台(Creative England Film Culture Fund Co.),作为创意影视作品的媒体宣传平台,致

力于为观众提供更有内涵、更符合市场需求的创意影视作品。另外,英国影视协会作为影视作品的制作平台,一方面与国家博彩基金平台联系以获得金融支持,实现金融支持平台与媒体宣传平台之间的合作;另一方面致力于相关创意作品的制作,在创意产品产生后,对其进行相应的网络宣传,助其实现产业化。

第5章
美国版权产业主导下纽约创意经济的兴盛

纽约时代广场

纽约市是美国第一大都市和第一大商港,是世界著名的经济中心,与伦敦、东京并称"世界三大金融中心"。纽约市位于纽约州东南哈得逊河口,濒临大西洋。全市总面积1214.4平方公里,其中水面428.8平方公里。纽约市由5个区组成:曼哈顿、布鲁克林、布朗克斯、皇后、斯塔滕岛(见图5-1)。① 纽约便利的陆海空交通运输系统与美国各地和全世界形成紧密的联系,奠定了其全球重要航运交通枢纽及欧美交通中心的地位。

一个多世纪以来,作为联合国总部所在地的世界级城市②,纽约不仅

---

① http://www.nyc.gov.
② 世界级城市(Global City),又称"全球城市"或"国际大都会",指在社会、经济、文化以及政治层面直接影响全球事务的城市。

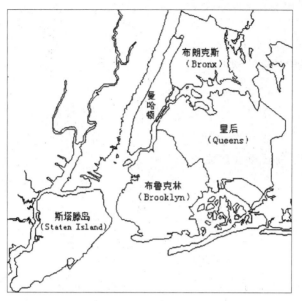

图 5-1　纽约行政区划图

在商业和金融方面对全球有举足轻重的影响,也直接影响全球的媒体、娱乐与时尚界,是创意产业高度发达的城市之一。纽约拥有众多的博物馆和艺术画廊,文化娱乐产业发达,[①]创意产业对纽约经济的贡献率也在不断增长。在纽约,影视业对经济的贡献已经从1993年的47.35亿美元上升到2000年的83.23亿美元,文化艺术为纽约创造的收入在1995年已达到134亿美元。近年来,计算机模拟技术开始被大量运用于电影、广告、出版等行业,新媒体产业发展迅速。纽约市政府从1997年起就将新媒体产业作为纽约未来的主导产业加以扶持,出台了多项优惠扶持政策。纽约新媒体产业1995年至1999年期间收入的年复合增长率达到45%,从业人数年均上升37%。纽约的新媒体产业成为20世纪90年代当地经济领域最有活力、发展最快的产业,年收入增长率高达45%,1999年产值已经达到170亿美元。[②] 鉴于纽约创意产业的主体是媒体出版业,而版权保护在媒体产业发展过程中具有极其重要的地位,美国及纽约政府也在版权制度方面作出了艰辛的努力,因此本章将纽约的创意经济放在美国

---

① 卞向阳主编:《国际时尚中心城市案例》,上海人民出版社、格致出版社2010年版。
② http://www.wipo.int。

版权产业的大背景下审视,并着重研究其版权制度,以期为我国的创意产业发展提供有益的经验。

5.1 美国版权产业简史及概要

5.1.1 美国版权产业简史

为了保护创意产业的发展,美国的版权制度根据国内经济、科技和社会发展的实际需要不断进行调整和完善。美国大力加强国内外的知识产权保护,通过各种方式支持包括创意产业在内的版权产业发展,在其经济复苏和发展过程中发挥了重要作用。

美国1787年《宪法》第1条第8款规定:"为了促进科学与实用技术的进步,国会有权赋予作者和发明者各自对其文字作品和发明享有一定期限的专有权。"1790年,国会正式颁布了第一部统一的联邦《版权法》。[①] 美国的版权制度完全以保护本国的社会文化事业的发展和经济利益为标准,所以版权制度的发展具有鲜明的美国特有的实用主义色彩。美国早期的版权制度与当时代表世界水平的欧洲版权制度相比,是有条件的、低水平的版权保护制度。美国不对作品实行自动保护,而必须先登记注册,然后保护。美国版权法只保护作者和其他版权所有人的财产权,不保护其精神权利。此外,美国长期实行版权保护的单边主义,一直不对外国的作品提供版权保护。为了实现这一目标,美国通过"印制条款"阻止外国版权产品的流入,强化对本国印刷业的保护。这项条款后来被移植到美国的《版权法》中,一直沿用到1986年。[②] 随着文化产业的逐步发展,美国《版权法》于1831年、1856年和1865年先后在版权作品的序列中增加了音乐作品、戏剧作品和摄影作品,在版权主体类别中增加了音乐作者、剧本作者和摄影作者,扩大了版权保护受益者的权利。此后,《版权法》分别于1873年、1891年、1909年和1976年进行了4次比较大的修改。特别是1976年《版权法》的制定和修改,使得美国版权制度对文化产业的保护不断强化,与国际版权保护的发展趋势保持一致,并逐步

---

① 包海波:《试析美国版权战略与版权业发展的互动》,载《科技与经济》2004年第6期。
② 凌金铸:《版权与美国文化产业》,载《皖西学院学报》2005年第3期。

达到国际领先的水平。1976—2000 年,《版权法》先后又进行了 46 次修改和补充,其中出台了一些重要的版权制度(见表 5-1)。

表 5-1 美国重要版权制度一览表

时间(年)	版权制度名称
1980	《计算机软件保护法》
1984	《唱片出租修正法》
1988	《伯尔尼公约实施法》
1990	《视觉艺术家权利法》
1992	《版权重罪法案》
1994	《乌拉圭回合协议法案》
1995	《录音制品数字化表演权利法案》
1997	《反电子盗版法》
1998	《跨世纪数字版权法》
2005	《家庭电影法案》

资料来源:根据 http://www.copyright.gov/laws 整理。

通过对《版权法》的修改和完善,美国的版权制度已经成为世界各国版权法中规定较为详尽、立法技术较高、保护范围较为广泛的知识产权制度之一。美国的版权保护制度曾经长期游离于国际版权保护体制之外。随着美国电影、广播、电视业的发展,美国逐渐变成了文化产品的出口国。20 世纪 70 年代以后,美国的版权产业获得了巨大的发展,国际版权保护对美国经济的意义也迅速提升。① 在美国文化产品出口的推动下,美国变消极为积极,开始谋求加入国际版权保护体系(见表 5-2)。在加强版权立法的同时,美国大力推动版权保护的国际化进程,将其与国际贸易挂钩,促进其创意产业占领国际市场。

表 5-2 多边区域版权/贸易网站

组织名称	网址
世界知识产权组织(WIPO)	http://www.wipo.int/portal/index.html.en
世界贸易组织(WTO)	http://www.wto.org
经济合作与发展组织(OECD)	http://www.oecd.org
世界海关组织(WCO)	http://www.wcoomd.org/ie/index.html
欧盟国际在线(Europa)	http://www.europa.eu.int

① 张昌兵:《美国版权产业保护政策的历史演变与启示》,载《中外企业家》2010 年第 14 期。

(续表)

组织名称	网址
美洲自由贸易区(FTAA)	http://www.ftaa-alca.org
亚太地区经济合作组织(APEC)	http://www.apec.org
南部非洲发展共同体(SADC)	http://www.sadc.int
联合国教科文组织(UNESCO)	http://www.unesco.org
国际知识产权咨询项目之国际法美国分会	http://www.americanbar.org/groups/international_law/initiatives_awards/international_ipr_advisory_program.html

资料来源:根据国际知识产权联盟网站:http://www.iipa.com/resources.html 相关资料整理。

5.1.2 美国版权产业概要

一般认为,英国是世界上最早确立"创意产业"概念的国家。1997年,英国成立创意产业特别工作组,制定创意产业政策。也有学者认为,美国实际发展创意产业的时间早于英国。[①] 不同于英国的是,美国采用以版权产业为主的分类方法统计这一产业对美国整体经济的贡献。版权产业涵盖的行业部门与英国提出的创意产业的13个行业部门基本吻合。1990年,美国国际知识产权联盟(IIPA)[②]第一次调查与版权保护有关的产业对经济的影响以及在国际贸易中的地位,第一次将美国版权产业的不同组成部分归为一类。此后,IIPA每一年或两年发表美国版权产业系列报告。2004年,为便于各国之间版权产业的比较分析,美国进一步扩大版权产业范围,采用世界知识产业组织(WIPO)界定的核心版权产业、交叉版权产业、部分版权产业、边缘版权产业(见表5-3)。[③]

---

① 王晓红:《国外版权产业发展概况及借鉴》,载《经济体制改革》2008年第5期。
② IIPA,International Intellectual Property Alliance,美国国际知识产权联盟,也称"国际知识产权联盟"。
③ 褚劲风:《世界创意产业的兴起、特征与发展趋势》,载《世界地理研究》2005年第4期。

表 5-3　美国版权产业分类表

序号	范围	行业部门
1	核心版权产业	为了便于受版权保护的作品或其他成果的创造、生产与制造、表演、宣传、传播、展示或销售的产业。 包括：出版与文学；音乐与剧场制作、歌剧；电影与录像；广播与电视；摄影；软件与数据库；视觉艺术与绘画艺术；广告服务等。
2	交叉版权产业	为了促进有版权作品的创造、生产或使用的设备的产业。 包括：电视机、收音机、录像机、CD 机、DVD、录音机、电子游戏设备及其他相关设备，以及这些设备的批发与零售。
3	部分版权产业	有部分产品为版权产品的产业。 包括：服装、纺织品与鞋类；珠宝与钱币；其他工艺品；家具；家用物品、瓷器与玻璃；墙纸；玩具与游戏；建筑、工程与测量；室内设计；博物馆。
4	边缘版权产业	为了便于受版权保护的作品或其他物品的宣传、传播或销售等的产业。 包括：版权产品的一般批发与零售；大众运输服务；电讯与因特网服务。

资料来源：褚劲风：《世界创意产业的兴起、特征与发展趋势》，载《世界地理研究》2005 年第 4 期。

根据 IIPA 的经济学家调查，在 1990 年之前，仅有英国、瑞典、德国、澳大利亚等少数国家曾经评估过它们的版权产业。美国自 1990 年发布第一份版权产业报告开始，对版权产业的关注日益增强。在过去的二十多年时间里，IIPA 和其他相关组织为美国的版权事业做出了巨大的贡献，既增加了收益，又创造了就业，并使版权产业成为全美排名第一的出口项目。①

根据《美国经济中的版权产业：2003—2007 年报告》与《美国经济中的版权产业：2011 年报告》提供的数据，2003 年美国 GDP 为 109,608 亿美元，到 2010 年上升到 146,604 亿美元。② 作为附加值高的核心版权产业产值于 2010 年达到 9,318 亿美元，占美国 GDP 的 6.36%（见表 5-4）。美国所有版权产业产值在 2010 年上升到 16,269 亿美元，占美国 GDP 的 11.1%。

---

① http://www.iipa.com/.
② Stephen E. Siwek, Copyright Industries in the U.S. Economy: The 2003—2007 Report, 2009.

表 5-4　2003—2011 年美国版权产业产值与美国 GDP 一览表

单位（亿美元）

	2003	2004	2005	2006	2007	2008	2009	2010
核心版权产业产值	7,000.5	7,576.5	7,904.8	8,372.8	9,043.1	9,139	9,010	9,318
所有版权产业产值	12,119	13,059.5	13,687.3	14,542.7	15,836.1	15,930	15,627	16,269
美国 GDP	109,608	116,859	124,219	131,784	140,618	143,691	141,190	146,604
核心版权产业占美国 GDP 比重	6.39%	6.48%	6.36%	6.35%	6.34%	6.36%	6.38%	6.36%
所有版权产业占美国 GDP 比重	11.06%	11.18%	11.02%	11.04%	11.26%	11.09%	11.07%	11.10%

资料来源：根据 Stephen E. Siwek, Copyright Industries in the U.S. Economy: The 2011 Report, 2011 整理。

2003 年核心版权产业就业 535.66 万人，占美国就业总人数的 4.12%（见表 5-5）。在纽约，版权产业的从业人员占该市全部就业人口的 12%。2010 年所有版权产业人数占美国就业人数的 8.19%。

表 5-5　2003—2010 年美国版权产业就业人数一览表　　单位（万人）

	2003	2004	2005	2006	2007	2008	2009	2010
核心版权产业就业人数	535.66	538.61	544.69	551.12	549.61	547.48	517.61	509.76
所有版权产业就业人数	1,120.57	1,128.45	1,143.64	1,157.89	1,155.72	1,147.38	1,081.48	1,063.22
美国就业人数	12,999.9	13,143.5	13,370.3	13,608.6	13,759.8	13,679.0	13,080.7	12,981.8
核心版权产业就业人数占美国就业人数比重	4.12%	4.10%	4.07%	4.05%	3.99%	4.00%	3.96%	3.93%
所有版权产业就业人数占美国就业人数比重	8.62%	8.59%	8.55%	8.51%	8.40%	8.39%	8.27%	8.19%

资料来源：根据 Stephen E. Siwek, Copyright Industries in the U.S. Economy: The 2011 Report, 2011 整理。

5.2 版权产业与创意经济关系分析

5.2.1 版权产业在创意经济发展中担当的角色

知识产权是指智力创造成果：发明、文学和艺术作品，以及商业中使用的符号、名称、图像和外观设计。知识产权分为两类：工业产权，包括发明（专利）、商标、工业品外观设计和产地地理标志；版权，包括文学和艺术作品，例如小说、诗歌、戏剧、电影、音乐作品，以及艺术作品，例如绘图、绘画、摄影作品、雕塑、建筑设计。与版权相关的权利包括表演艺术者对表演拥有的权利、录音制品制作者对录音制品拥有的权利以及广播组织对广播电视节目拥有的权利。①

创意经济与知识产权特别是版权之间具有天然的紧密关系。文化创意产品被推向市场的过程实质上就是版权交易过程，创意产业企业通过对其自主创意作品版权的开发、运用和交易，实现版权财产权的价值，并由此获得利润。② 版权的市场价值是创意产业企业唯一的赢利途径，对具有版权的智力成果的开发和使用是创意产业形成的基础。创意经济的发展水平在很大程度上依赖并取决于版权保护的水平。与传统产业的产品相比，创意产业的产品极易被侵害。这种高风险的特征决定了，要发展创意经济，必须加大对版权的保护力度，特别是产业链两端的版权保护。如果失去版权保护，这些产品任意被复制、使用，创意经济的发展必然丧失基础。

5.2.2 版权产业对创意经济的影响

1709 年，英国颁布了《安娜女王法令》。该法令成为了英国有关版权问题的第一部专门法律，也是世界上第一部版权法，为版权产业的形成奠定了早期法律基础。其后，经过两百多年的发展，版权最终成为独立产业是由美国在 1977 年确立，以将其纳入标准产业分类体系（Standard Industrial Classification, SIC）为标志。20 世纪 80 年代，欧美等发达国家的版权

---

① 《关于知识产权》，http://www.wipo.int/about-ip/zh/，2012 年 3 月 13 日访问。
② UNDP & UNCTAD, Creative Economy Report 2008.

产业开始兴起并快速发展,它是新经济时代的产物,是西方后工业化和后城市化转型的必然,也是可持续发展战略融入社会、经济、文化生活的具体体现。作为知识产权领域的先行者,版权产业在21世纪有了更大的发展空间。① 随着互联网的出现,美国率先提出并实施"信息高速公路"计划,推动了网络化、信息化、数字化的进程,使得美国在该领域占据了世界领先的地位。国际互联网为创意经济的发展提供了方便快捷的国际化、数字化发展的空间,版权制度的发展也进入了数字化时代。目前,欧美等发达国家的版权产业已相当发达。特别是在美国,版权产业已成为其最大、最有活力并带来巨大经济收益的产业之一(见图5-2)。

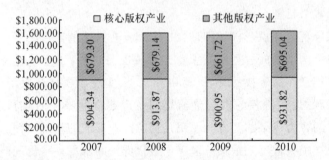

图5-2　2007—2010年美国版权产业产值(单位:十亿美元)
资料来源:根据Copyright Industries in the U.S. Economy, The 2011 Report, p.9整理。

美国最大宗的出口产品就是文化产品,著作权成为全美排名第一的出口项目,音乐制品占全球音乐市场份额的1/3。在对GDP的贡献和创造就业两方面,随着美国版权产业的崛起(见图5-3),核心版权产业成为美国整个版权产业发展的生命线(见图5-4)。

创意产业直接或间接地涉及以知识产权为基础的商业性开发,主要包括文化、信息以及娱乐产品。无形资产与知识产权的保护在这些产业中起到了基础性的作用。②

---

① 中央文化企业国有资产监督领导小组办公室:《版权产业国际比较与借鉴》,http://wzb.mof.gov.cn/pdlb/yjbg/201207/t20120704_664015.html,2012年5月3日访问。
② UNDP & UNCTAD, Creative Economy Report 2010.

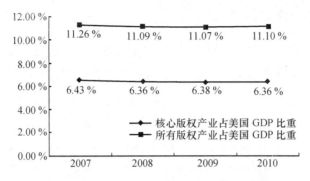

图 5-3　2007—2010 年版权产业占美国 GDP 比重

资料来源:根据 Copyright Industries in the U. S. Economy, The 2011 Report, p. 10 整理。

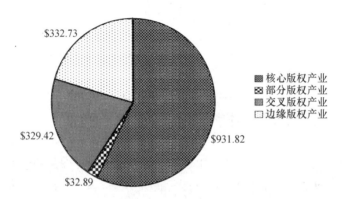

图 5-4　2010 年美国版权产业产值(单位:十亿美元)

资料来源:根据 Copyright Industries in the U. S. Economy, The 2011 Report, p. 8 整理。

5.2.3　创意经济对版权产业的作用

查尔斯·兰德利在率先研究创意城市时,提出创意经济涉及版权业、专利业、商标业和设计业四种"创意产业"的创造性产品交易(见表 5-6),①这四个方面的内容都与创意产业相关。创意经济在创造巨大价值和利润时,促进了对知识产权的保护。为了获得版权收益,加大对版权

---

① 〔英〕查尔斯·兰德利:《创意城市:如何打造城市创意生活圈》,杨幼兰译,清华大学出版社 2009 年版。

制度的制定与修改力度,政府对版权产业采取强有力的制度支持措施,有效地打击和遏制了盗版蔓延的势头,保护了美国版权产业的发展。

表 5-6　创意经济涉及的产业内容

名称	内容
版权业	诸如广告、计算机软件、摄影、电影等以著作权为主要产品的产业
专利业	诸如制药、电子、信息技术、工业设计、工程等创造或买卖专利的产业
商标业	依赖保护自身商标或品牌的各式各样的创意企业
设计业	依靠个人设计的五花八门的创意企业

资料来源:根据〔英〕查尔斯·兰德利:《创意城市:如何打造都市创意生活圈》,杨幼兰译,清华大学出版社 2009 年版,第 22 页整理。

同时,对版权的保护增强了创意阶层的积极性,促进了人才、技术与支持性基础设施的汇集,而创意氛围的营造对创意经济的发展举足轻重。[①] 两者相互作用,相得益彰。

5.3　纽约创意经济发展溯源

版权产业在纽约创意经济中占据十分重要的地位,其中核心版权产业中的出版与文学、音乐与剧场制作、歌剧、电影与录像、广播电视、摄影、软件与数据库、视觉艺术与绘画艺术、广告服务等产业是纽约创意经济发展的重要内容与增长点。

5.3.1　一战前,出版业的繁荣与音乐文化艺术的兴起

20 世纪初,文学是当时的主要艺术形式。纽约在 20 世纪头十年是作家之乡,成群的作家、新闻工作者和诗人聚集于格林威治村,形成了强大的、有政治倾向的团体。因此,出版业成为纽约举足轻重的产业。纽约城密集的出版产业催生了之后源源不断的新闻刊物,"左翼"杂志、文学期刊、诗集等使得纽约作家的思想认识能一直保持世界水准。

随着纽约文化产业的不断发展、作品的种类日益增多,其他文化产业也开始起步,最显著的是日益成形的时尚和服装制造业,百老汇大街的戏院也开始崭露头角;以布鲁斯和拉格泰姆音乐为主的音乐场所集中在锡

---

① UNDP & UNCTAD, Creative Economy Report 2008.

盘巷(Tin Pan Alley,位于百老汇和第六大道之间的西大街28号),带来了20世纪二三十年代爵士乐的繁荣。①

5.3.2 一战到20世纪60年代,流行音乐与时尚设计的勃兴

20世纪20年代是爵士乐的全盛时期,也是美国时尚的奠基时期。这一时期,纽约的音乐界和时尚界都发生了关键性的转变。著名的爵士音乐家和无数的音乐人把纽约市推向爵士乐的中心,为当时爵士乐的发展做出了贡献。1946年,雅诗兰黛(Estee Lauder)公司诞生;1942年,《纽约时报》设立"当代时装"(Fashions of the Times)专栏;1943年,纽约举办了历史上第一个时装周,当时被称作"新闻周"(Press Week);1944年,美国时装学院(F.I.T)招收了100名学生。②

随着二战的爆发,巴黎被德军占领,由于实施贸易封锁,加上担心产品在海上遭到破坏,美国那些原本忠实于法国时尚的顾客将目光转向国内,纽约涌现了一批本土设计师。另外,很多欧洲的设计师和时尚业高级人才流亡到纽约,带来了当时时尚业先进的理念和技术,再加上纽约艺术作品经营网络的建立对艺术的发展起到了积极的促进作用,提升了纽约时尚业的魅力,进一步推进了纽约文化产业的稳步发展。③

5.3.3 20世纪70年代到80年代初,时尚文化的转型

20世纪70年代的产业危机、石油危机和经济萧条让纽约深陷经济和社会危机中。经济上,财政陷入危机,大量的工人失业,房屋租金和房地产价格下降。在社会方面,从"水门事件"到越南战争,再到民权运动后遗症,整个美国在国家认同和社会价值上都存在不和谐的声音。

同时,这一时期也创造了一个让艺术家在同一街区聚集的环境。低廉的租金让他们不必再接第二份工作以增加收入,能够专注于在摇滚场地、俱乐部、画廊和咖啡馆不断地办展览和表演。如 Mickey Ruskin 于1965年创办的"麦克斯的堪萨斯城"这样的酒吧兼餐厅,现在不仅是多产

---

① 〔美〕伊丽莎白·科瑞德:《创意城市——百年纽约的时尚、艺术与音乐》,陆香、丁硕瑞译,中信出版社2010年版。
② 杨一博、宗刚:《纽约世界城市发展道路对北京的启示》,载《现代城市研究》2011年第12期。
③ 王旭:《美国城市史》,中国社会科学出版社2000年版。

的朋克音乐中心,也成为绘画、雕塑的艺术中心。废弃的工业仓库被重新利用,成为画廊、工作室和夜总会,大量的创意群体开始在这里聚集。20世纪70年代末到80年代初,纽约低廉的租金、闲置的仓库、艺术文化界限模糊的平行发展都使纽约繁荣的创意景象得以真正建立。①

5.3.4 20世纪80年代至21世纪,新媒体产业的兴盛

20世纪80年代中期,互联网的出现给纽约时尚业带来了新的机遇。纽约时尚业通过互联网的双向快速咨询渠道宣扬纽约的时尚。同时,各种已有的时尚企业也纷纷开设电子商务网站,拓展网上定制业务。互联网还催生了很多基于互联网进行运营的时尚品牌和企业。纽约逐渐成为世界时尚、音乐、艺术、设计的中心。

经过近30年的快速发展,纽约已经成为全球电视、广告、音乐、报纸和图书出版业的重镇,亦是北美最大的媒体市场(其次为洛杉矶和多伦多)。在纽约出版的《纽约时报》和《华尔街日报》是美国两大全国性的报纸,其他还包括《每日新闻》和《纽约邮报》等。当地的《乡村之音》报纸也相当有名,专门作时事评论及报道特色主题。除了本地报刊,超过200种报纸和350种杂志也在此地设立办公室,光是图书出版业就带动了25,000个就业岗位。知名的媒体企业包括时代华纳、新闻集团、赫斯特国际集团和维亚康姆,全球排名前八位的广告媒体就有7个在纽约市设立总部。此外,全球四大音乐唱片公司(EMI、新力博德曼、华纳、环球)有3家同时在纽约市和洛杉矶市设立分部。四大广播公司,包括美国广播公司(ABC)、哥伦比亚广播公司(CBS)、福克斯广播公司(FOX)和国家广播公司(NBC),都在纽约设立总部。② 电视产业对于纽约来说是相当重要的经济命脉,音乐电视网、HBO、福克斯新闻频道等有线电视频道也在此设点。③ 据资料统计,2005年有超过100个电视节目在纽约拍摄。纽约也是美国电影工业的重地,是美国第二大电影制作中心,1/3的美国独立电影在此制作。早期的前卫电影《Manhatta》(1920年)就是于此地拍摄的。另外,纽约市还拥有2,000个以上的艺术文化组织以及500个以上的艺

---

① 〔美〕丝奇雅·沙森:《全球城市:纽约·伦敦·东京》,周振华等译,上海社会科学院出版社2005年版。
② http://zh.wikipedia.org/wiki/%E7%B4%90%E7%B4%84%E5%B8%82.
③ The Creative Industries in New York City, 2005.

廊,可见其文化产业的繁荣程度。

5.4 纽约创意经济的构成与空间演进

5.4.1 纽约创意产业现状及构成

纽约聚集了以艺术产业和版权产业为主的众多企业。据统计,2005年,纽约有创意企业24,481个,就业人数达到230,899。仅在纽约的创意核心区,就有11,671个创意企业和非营利组织,就业人数占纽约总就业人数的5.7%。①

近年来,创意核心区已经成为纽约经济的主要依靠。1998年至2002年期间,创意核心区的就业增长率为13.1%,而同期纽约总就业增长率只有6.5%。2009年,纽约已拥有全国8.3%的创意人员。纽约创意企业分为6大类和22小类。② 2012年,纽约创意产业企业有65,621家,就业人数达到359,210(见表5-7)。

表5-7 2012年纽约非营利创意机构类别、个数和就业人数一览表

类别	企业数/机构数 (单位:个)	就业人数 (单位:人)
艺术学校和服务业	1,937	11,145
代理商	217	1,362
艺术委员会	116	1,020
艺术学校和教学	1,604	8,763
设计出版业	20,468	123,564
广告	3,763	55,969
建筑	4,486	25,504
设计	11,731	24,213
出版	488	17,878
电影、广播和电视	10,479	70,345
广播	623	2,225

---

① The Creative Industries in Westchester County, NY, Americans for the ARTS, 2011.
② Sharon Zukin, Laura Braslow, The Life Cycle of New York's Creative Districts: Reflections on the Unanticipated Consequences of Unplanned Cultural Zones, City, Culture and Society, 2011, p.134.

(续表)

类别	企业数/机构数 (单位:个)	就业人数 (单位:人)
电视	621	26,361
电影	9,235	41,759
博物馆与收藏	**1,349**	**16,430**
动物园和植物园	86	3,024
天文博物馆	3	58
历史学会	204	1,310
博物馆	1,056	12,038
表演艺术	**12,555**	**63,428**
音乐	5,218	29,036
电影院	307	2,230
服务、设施	2,742	16,589
歌剧	32	1,735
舞蹈	15	757
表演者(公司)	4,241	13,081
视觉艺术/摄影	**18,833**	**74,298**
工艺品	2,043	16,441
摄影	12,320	44,076
视觉	2,337	4,913
服务	2,133	8,868
总计	**65,621**	**359,210**

资料来源:根据 The Creative Industries in Westchester County, NY, Americans for the ARTS, 2011 整理。

5.4.2 纽约创意集聚区空间演进

纽约的创意集聚区最早在格林威治村萌芽。二战后,创意集聚区被复制到苏荷区(SOHO),随着租金的增长,昂贵的房价让艺术家们纷纷逃离。20世纪70年代,靠近东村的艺术学校毕业的新一代创意群体在此聚集,形成了新的创意集聚区,活跃的氛围及相对低廉的房价吸引了大量的爵士音乐家、舞蹈家、诗人等。创意集聚区促进了当地经济的发展,吸引了大量的投资者。20世纪80年代,随着人口的集聚、租金的上涨以及治安的紧张,创意群体横跨曼哈顿,第一次聚集到布鲁克林威廉斯堡以外(见图5-5)。不考虑纽约政府政策,创意集聚空间的嬗变是和当地文化

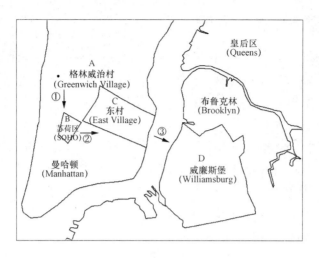

图 5-5　纽约创意集聚区空间演进图

资料来源:根据 Sharon Zukin,Laura Braslow, The Life Cycle of New York's Creative Districts:Reflections on the Unanticipated Consequences of Unplanned Cultural Zones, Ciyt, Culture and Society,2011,p.134 整理绘制。

氛围、租金、投资者以及创意阶层的迁移密切相关的。①

格林威治村是位于纽约中心城区曼哈顿区的一个富于历史、文化传统的社区。它与周边的小意大利和 SOHO 区构成纽约最具时尚和艺术风格的社区。② 从 17 世纪纽约城郊一个名不见经传的小村子,到 19 世纪上半期成为纽约城的一部分,再到 20 世纪初逐渐以其典型的波西米亚主义的文化风格闻名于世,格林威治村曾经且一直吸引着许多美国著名的文人墨客和艺术家迁居于此,成为它的"村民"。在以政治和文化的激进主义为标记的 20 世纪 60 年代,文化的激进主义以叛逆性为其基本表现,格林威治村因其特殊的地理位置和历史文化背景,成为一个在历史上和文化上被视为先锋派活动领域的地方。③ 格林威治村代表着另外一种生活方式,是美国的反文化,同时也成为二战后美国现代思想的重要来源。亨利·詹姆斯、艾伦·波、尤金·奥尼尔等都在这里写下他们的名著;摇滚

---

① 谢芳:《美国社区》,中国社会出版社 2004 年版。
② 〔美〕萨利·贝恩斯:《1963 年的格林威治村——先锋派表演和欢乐的身体》,华明等译,广西师范大学出版社 2001 年版。
③ Helene Zucker Seeman, Alanna Siegfried, SoHo: A Guide, New York: Neal-Schuman Publisher, 1978.

民歌手鲍伯·迪伦在这里唱出60年代的反叛之声:"像一块滚石";先后出演《教父》的影坛实力派明星罗伯特·德尼罗和艾尔·帕西诺都是在这里的小剧场开始出道的。在社会思想上,格林威治村也无时不反映着美国社会的发展变革。①

SOHO区所在区域在17世纪时是有少量印第安村落驻扎的荒野,后被建为农场。② 1869—1895年,美国步入工业化时代,纽约成为全美制造业中心。SOHO区的工业发展由此开始。19世纪80年代,SOHO区成为纺织品工业区,兴建了大量工业建筑。到19世纪末,几乎整个SOHO区都是按照法国第二王朝的建筑风格,将铸铁弯曲、油漆,模仿成大理石圆柱和拱形窗户铸铁工艺的铸铁建筑。SOHO区今天的建筑风貌基本形成。③

到了20世纪,纺织品工厂逐渐退出这一区域,遗留下大量曾经是囤积纺织品的仓库。30年代,欧洲社会动荡使得很多艺术家开始在纽约发展,这个时候的SOHO区开始被艺术家发现。贫穷的艺术家冲着低廉的租金,涌入SOHO区,将仓库加以改造而形成工作室兼住宅。由于仓库层高较高,艺术家们常将其隔为二层,其中一层作为工作室,另一层用来居住。这种方式因为能充分利用空间,同时满足艺术家工作、居住的需求而在SOHO区盛行,但并未引起主流社会的重视。

1960年,纽约市拟修建第一条东西向的快速路通过SOHO区。于是,居民们推举作家兼城市保护理论家简·亚格布女士(Jane Jacobs)与政府对话,要求保护SOHO区。1969年7月,纽约市市长宣布计划永远搁置,同时出台了政策和法规对SOHO区进行规划和改造。1971年,纽约市政府将这个地区重新划为居住区,并规定只有在纽约市文化局注册的艺术家才可以在此居住。两年后,由于"铸铁建筑之友"协会的努力,SOHO区的26个街区被定为历史保护区,使这个地区成为世界上最集中、最大的帕拉第奥式和意大利风格仓库、厂房区,也是世界上最大的铸铁建筑保护区。此后,越来越多的艺术家搬进SOHO区。今日的SOHO

---

① 王朝晖:《格林威治村与纽约都市文化的变迁》,载《厦门理工学院学报》2009年第4期。
② Anderson Archer, Soho: The Essential Guide to Art and Life in Lower Manhattan, New York: Simon & Schuster, 1979.
③ 王晖:《北京市与纽约市文化创意产业集聚区比较研究》,载《北京社会科学》2010年第6期。

区,特色酒吧和高档时装店为邻,艺术画廊和个性化的家居装饰品店并肩,是雅客、时尚青年和游客都不愿意放过的时尚商业区和旅游景点。①

艺术和文化的发展带来了商业利益,富于艺术性的商铺逐渐聚集。久而久之,SOHO 区从最早的画廊区逐渐成为一个以"Designer New York"为主题的纽约名牌区,完成了一个从工业到艺术再到商业的转变。如今的 SOHO 区是纽约最著名的文化和时尚街区,从名牌到一些新的设计师或是艺廊都在这里有专卖店,成为文化商业的代名词。

5.5 版权产业在创意经济中的启示

5.5.1 版权保护是实现海外版权利益的基础

美国主动融入国际主流版权保护体系,并着力推动国际版权立法,不断提高多边版权保护水平。二战后,美国出版业发展迅猛,向海外输出的作品日益增多。为维护本国的海外版权利益,美国一改以往长期游离于国际主流版权保护体系之外的做法,开始重视国内版权保护与国际接轨问题,并进一步利用国际多边谈判机制强化对本国海外版权的保护。美国于 1955 年加入《世界版权公约》,1987 年依照《伯尔尼公约》对其《版权法》进行修订,并于 1989 年正式加入《伯尔尼公约》。

对游离于国际多边版权保护体系之外的国家,美国通过与其签订双边协议,使本国的海外版权获得保护。1989 年《美国贸易法》中的"特别 301 条款"生效以后,美国"国际知识产权联盟"每年都要向美国贸易代表署(USTR)提出自己的"特别 301 条款"国家或地区名单,要求贸易代表署向有关的国家施加压力,以保护美国的海外版权。为维护与美国的正常贸易关系,避免美国的贸易报复和制裁,被列入名单的国家或地区通常都会选择与美国进行知识产权双边谈判,签署双边知识产权协议,以期将自己从名单中删除。版权保护的双边协议是国际版权保护多边公约或协议的补充,为美国版权产业进一步开拓海外市场铺平了道路。

美国通过以上一系列做法,逐步加大了在多边层面保护美国海外版

---

① 王晖:《北京市与纽约市文化创意产业集聚区比较研究》,载《北京社会科学》2010 年第 6 期。

权的力度,提高了美国海外版权的保护水平,最大限度地维护了美国版权产业在海外的版权利益。①

5.5.2 核心技术是占据版权产业链高端的关键

除了采取海外销售、出口贸易以及直接投资等传统形式进行海外扩张之外,离岸外包也是美国版权产业的主要经营方式。但是,外包的只是制作加工,目的是利用国外廉价的劳动力和资源成本,以便自己腾出更多的精力进行技术研发,从而牢牢占据版权产业链的高端。在动漫产业上,美国领先世界,拥有迪斯尼、时代华纳、梦工厂等大型垄断企业集团。早在20世纪70年代,美国动漫企业就开始将其动画制作加工外包给日本。即使在今天,美国动漫企业依然将部分高水平的动画制作外包给日本。到了80年代,美国动漫企业开始将动画加工外包给加拿大,以充分利用加拿大所拥有的世界一流动画制作技术等优势资源。此外,美国还将大量中低档次的动画制作、衍生品设计和生产发包给其他国家,同时承接世界上高水平的三维动画制作的外包业务。在软件外包市场上,美国占有全球软件外包业务总量65%左右,其中70%以整体外包方式离岸外包给印度企业。在研发外包市场上,为分散风险、节约成本、缩短研发周期、解决研发人才短缺等问题,美国一些大企业往往选择对一项复杂的研发活动进行分解,将目前代表企业核心竞争力的关键技术和将来能成为企业关键技术的新兴技术留给企业自主研发,而将其余的研发活动外包出去。

5.5.3 多元和创新是繁荣版权产业的保证

纽约的经济发展传统上主要依靠华尔街金融业的带动。2002年以后,纽约开始走上经济多元化之路。尤其是金融危机的爆发,让纽约更坚定了走这条路的决心。纽约重点关注具有发展潜力的新兴版权产业。为了保住纽约"全球媒体之都"的地位,纽约市政府提出"纽约媒体2020年计划",其中具有竞争优势的时装产业、媒体技术产业等版权产业成为纽约发展经济多元化的重要方向(见表5-8)。

---

① 张昌兵:《美国版权产业的海外扩张战略》,载《国际经济合作》2010年第12期。

表5-8 纽约媒体2020年计划

培育创业创新行动（5条）	具体描述
1. 纽约市媒体实验室	效仿斯坦福大学和麻省理工学院的模式，负责协调整合纽约1万多家媒体公司与百余所大专院校的研究与媒体数据库，成为它们沟通调研与信息的中枢。
2. 媒体技术债券项目	帮助有更新设备、进行研发需求的媒体机构获得免税的融资。新的联邦法律允许对用来生产无形资产的设备的融资免税，比如专利、版权、配方、设计等。
3. 媒体与技术学者项目	为增加初创企业在新媒体领域成功的机会，鼓励在新领域内的创新，每年资助20名媒体与技术产业界"新星"，为他们提供培训、指导、法律支持服务，帮忙寻找创投资金。
4. 纽约市创业企业采购项目	帮助本地的创业企业竞标政府采购项目，通过政府采购帮助企业成长。政府还会通过举办诸如"政府2.0技术论坛"之类的活动，把大企业比如Google和IBM，介绍给小企业，通过分包推动小企业的发展。
5. 纽约市数字化应用软件开发大赛	面向所有在纽约市的软件公司或个人，看看谁能够开发出最好的基于纽约市公共数据而使用的数字化应用软件。比赛鼓励向大家在技术信息和商业媒体各产业间进行创新，吸引并扶持各类开发人才。

（续表）

人员培训策略（2条）	具体描述
6. 媒体自由工作者支持中心	由于缺乏负担得起的工作区和专业设备，阻碍了媒体产业界中初创企业和小企业（如游戏、社交网络公司）的成长与可持续发展。为了解决这一问题，纽约市政府与下城联盟（Downtown Alliance）和鲁丁管理（Rudin Management）合作，在55号大街自由工作者支持中心。纽约市政府还把哈顿曼哈顿下城55号的百老汇大街重新装修给媒体自由工作者短期使用，为他们提供创业基金以及新闻编辑和会议场所。
7. 跃入新媒体培训（1条）	培训已经失业或是想要探索新媒体业务的初级或中层媒体业者。第一次新媒体培训计划于2010年2月启动。学员可以进入一个新媒体公司无薪实习10周，熟悉新媒体的相关技能，融入新媒体工作。公司根据学员表现，也许可以将其转为全职正式员工。还有一些经过培训的学员开办了自己的新媒体公司。

吸引顶级公司与人才策略（1条）	具体描述
8. 国内外招聘	纽约市有29家顶级的媒体公司，远远多于其他城市。但是，纽约市政府仍会和全市的媒体公司一起招募亚洲、中东、硅谷和大波士顿等新兴地区市场的媒体人才到纽约工作，以保持纽约在全球的竞争力，增加纽约在新兴市场的表现机会。

资料来源：根据MEDIA.NYC.2020:FINAL REPORT,http://www.oliverwyman.com/media_nyc_2020.htm 整理。

纽约大力推动传统媒体的转型和升级，积极鼓励数字、网络技术的运用。统计数据表明，总部设在纽约的媒体公司在杂志、书籍和广播、电视产业创造的市场份额占到全美的一半，而报纸和有线电视产业的收入占全美1/4。但是，这些传统媒体产业在纽约媒体产业中创造的市场份额还不到20%，80%以上的市场份额被数字及其他新媒体产业占有。可见，技术创新和产业升级是纽约能够维护其全球媒体技术产业中心地位的重要保证。

附录表5-1 2002年纽约创意产业企业一览表

	代码	产业名称	公司个数
出版	51111	报纸出版商	209
	51112	期刊出版商	453
	51113	图书出版商	233
	51119	其他出版商	101
电影及录像	51211	电影及录像制作	1,065
	51212	电影及视频剪辑	65
	51219	后期制作及其他电影和视频产业	309
音乐制作	51221	录制	54
	51222	综合录制及剪辑	50
	51223	音乐出版商	116
	51224	录音棚	148
	51229	其他录音产业	31
广播	51311	广播电台	107
	51312	电视广播	71
	5132	有线网络分配方案	163
	51411	新闻集团	62
建筑	54131	建筑服务	1,138
	54132	景观建筑服务	68
应用设计	54141	室内设计服务	675
	54142	工业设计服务	89
	54143	平面设计服务	1,111
	54149	其他专门设计服务	340
	541921	摄影工作室、人像工作室	323
	541922	商业摄影	488

（续表）

	代码	产业名称	公司个数
广告	54181	广告代理	751
	54185	展示广告	83
	54186	直接邮寄广告	124
	54189	与广告相关的其他服务	213
演艺	71111	剧团、晚间剧院	445
	71112	舞蹈团	104
	71113	音乐团体及艺术家	364
	71119	其他演艺公司	51
视觉艺术	45392	艺术经纪人	535
	71211	博物馆	157
其他	7115	独立艺术家、作家、表演家	1,375
以上各部类创意产业企业总数			11,671
纽约创意产业企业总数			205,350

资料来源：根据 2002 County Business Patterns, U.S. Census, p.7 整理。

附录表 5-2　2002 年纽约创意产业员工总人数

	代码	产业	企业内部员工人数	非企业员工人数（个体户）	总计
出版	5111	出版	—	3,747	3,747
	51111	报纸出版商	11,845	0	11,845
	51112	期刊出版商	22,036	0	22,036
	51113	图书出版商	13,080	0	13,080
	51119	其他出版商	1,911	0	1,911
电影及录像	5121	电影及视频产业	—	3,761	3,761
	51211	电影及录像制作	5,825	0	5,825
	51212	电影及视频剪辑	1,958	0	1,958
	51219	后期制作及其他电影和视频产业	4,204	0	4,204
音乐制作	5122	录音行业	—	908	908
	51221	录制	270	0	270
	51222	综合录制及剪辑	3,770	0	3,770
	51223	音乐出版商	904	0	904
	51224	录音棚	867	0	867
	51229	其他录音产业	158	0	158

（续表）

	代码	产业	企业内部员工人数	非企业员工人数（个体户）	总计
广播	51311	广播电台	4,332	0	4,332
	51312	电视广播	14,956	0	14,956
	5132	有线网络分配方案	16,049	0	16,049
	51411	新闻集团	2,255	0	2,255
建筑	54131	建筑服务	10,505	2,785	13,290
	54132	景观建筑服务	302	140	442
应用设计	5414	专门设计服务业	11,226	9,569	20,795
	54192	摄影服务	2,886	4,303	7,189
广告	54181	广告代理	26,765	4,745	31,510
	54185	展示广告	1,367	0	1,367
	54186	直接邮寄广告	3,458	0	3,458
	54189	与广告相关的其他服务	1,585	0	1,585
演艺	7111	演艺公司	—	1,764	1,764
	71111	剧团、晚间剧院	10,972	0	10,972
	71112	舞蹈团	1,938	0	1,938
	71113	音乐团体及艺术家	9,271	0	9,271
	71119	其他演艺公司	666	0	666
视觉艺术	45392	艺术经纪人	1,876	868	2,744
	71211	博物馆	8,053	327	8,380
其他	7115	独立艺术家、作家、表演家	3,337	46,844	50,181
创意产业从业人员总数			198,627	79,761	278,388

资料来源：根据County Business Patterns, 2002 and Non-employers Statistics, 2002, U.S. Census, p.9整理。

创意城市
CREATIVE CITIES

中 编
PART TWO

第6章
体现多元民族文化的布宜诺斯艾利斯

阿根廷首都布宜诺斯艾利斯是全国的政治、经济、文化和交通中心，也是南美最大的港口城市之一，享有"南美巴黎"的美誉。布宜诺斯艾利斯位于潘帕斯平原东南端，东连拉普拉塔河，与大西洋相通，市中心城区面积约200平方公里，人口近300万，若包括郊区，面积达4,326平方公里。2010年，布宜诺斯艾利斯人口达1,562万。[①]

布宜诺斯艾利斯非常重视文化产业的发展，是全国设计水平最高的城市。布宜诺斯艾利斯设计产业门类齐全，以珠宝设计、家具设计、服装设计、室内设计为主，创意、天赋、独创性和热情是其设计产业的特点。据《经济学家》2009年的调查数据显示，布宜诺斯艾利斯创意产业占全国创意产业总量的80%，文化产业产值超过本地总产值的10%。

设计产业已成为推动布宜诺斯艾利斯经济发展的主动力。因设计产业具有高附加值和强辐射性的特性，布宜诺斯艾利斯政府鼓励企业设计开发新产品，并积极推进与设计相关的研发工作。2007年，布宜诺斯艾利斯时尚设计产业创造了1,455,803个就业机会，其中从事纺织品设计的有17,382人，从事服装设计的有26,293人，从事皮革设计的有9,075人。

2005年8月24日，布宜诺斯艾利斯被联合国教科文组织全球创意城市网络授予"设计之都"称号，是全球第一个获此殊荣的城市。联合国给予其极高的评价："通过公私协作，布宜诺斯艾利斯的设计行业成了当地

[①] 数据来源：阿根廷国家统计局：http://www.sig.indec.gov.ar/censo2010/。

经济推动的主要元素,这座城市的时尚、建筑、工业、城市设计的生成综合了许多最新科技和专业知识,是一座依靠设计发挥灵性的城市。"

布宜诺斯艾利斯作为一个发展中国家的城市,发展创意产业面临着诸多限制。与发达国家的城市相比,它不具有外部环境优势。审视布宜诺斯艾利斯"设计之都"的发展历程,其创意产业之所以能够取得显著成绩,得益于政府充分挖掘自身的文化价值,不失时机地制定创意产业的发展政策,并从经济、社会、文化、教育等各方面为推进创意产业发展作出巨大努力。

6.1 布宜诺斯艾利斯对创意产业的界定和划分

阿根廷将创意产业视为文化产业。因此,由阿根廷主管文化事务的最高政府机构——文化国务秘书处对文化产业进行定义:文化产业是指那些在产品和服务生产两方面具有组织化、标准化和系列化的文化经济活动。按此定义,阿根廷将文化经济分为三类:第一类是传统或核心文化产业,包括视听产业、音频产业和出版业;第二类是新兴文化产业,包括广告和设计两大类;第三类是非产业的文化经济活动,包括艺术、手工艺、音乐演出和文化服务业(见表6-1)。近年来,随着信息技术的发展,多媒体和数字技术被广泛地运用到了文化产品的设计、生产和销售过程之中。因此,信息产业中的一些分支也被认定为文化产业的相关产业或附属产业。

表 6-1　阿根廷文化产业分类

分组	门类
传统文化产业	视听产业:电影、录像(包括影碟)、电视 音频产业:广播、唱片(包括CD) 出版业:图书、定期出版物(报纸、杂志)
新兴文化产业	广告 设计:服装、形象和声音、信息(软件、硬件、游戏)、图形

资料来源:根据林华:《阿根廷文化产业的发展及政府的相关政策》,载《拉丁美洲研究》2007年第29卷第4期,第19—28页整理。

6.2 布宜诺斯艾利斯"设计之都"发展的背景条件

6.2.1 城市转型构建了创意设计的经济环境

受早期殖民影响,南美洲城市化具有两个基本特点:一是城市化"超前",二是"大都市化"。① 布宜诺斯艾利斯是"大都市化"的典型代表城市,其城市化进程与阿根廷经济发展(见表6-2)密切相关,经历了三个阶段。

表6-2 阿根廷经济发展模式一览表

时间	经济发展模式
1940年以前	初级产品出口模式
1940—1982年	进口替代模式
1983—2000年	新自由主义模式
2001年以后	后新自由主义模式

资料来源:根据(1)谭融、张宏杰:《论阿根廷现代化进程中的政府角色》,载《山西大学学报(哲学社会科学版)》2011年第2期;(2)沈安:《阿根廷经济发展模式的演变与分析》,载中国拉丁美洲史研究会第七届会员代表大会暨"拉丁美洲现代化进程研究学术讨论会"论文汇编(2007)整理。

第一阶段:19世纪末20世纪初,阿根廷确立了初级产品出口经济发展模式。阿根廷地广人稀,政府出台了鼓励移民和吸引外资的政策,迅速实现了国家经济繁荣。布宜诺斯艾利斯作为当时重要的贸易港口城市和投资地,开始了城市化进程,并成为世界上最繁荣的大都市之一。第二阶段:1940—1982年,阿根廷进入进口替代经济发展模式时期。伴随着工业化进程,布宜诺斯艾利斯的工业和人口向郊区迅速扩散。1970年,大布宜诺斯艾利斯的人口达到835万,占全国总人口的36%,加入到世界特大城市的行列。第三阶段:1983—2000年,阿根廷实行了新自由主义经济发展模式。贸易自由化使初级产品和服务业成为主导产业,布宜诺斯艾利斯的产业结构也相应调整为以服务业和商业为主。但是,布宜诺斯艾利斯的大都市化也导致了诸多城市问题,如社会不公的扩大、贫困人口的增多以及地区间发展的不平衡等。布宜诺斯艾利斯的城市转型势在必行。

---

① 所谓城市化"超前",是指城市化发展超越了经济发展所达到的水平,形成与经济发展不协调的局面。所谓"大都市化",是指拉美的城市人口过分地集中于100万人口以上的大城市和500万人口以上的超大城市。

2001年经济危机后,阿根廷的失业率激增,社会矛盾激化。阿根廷急需发展高附加值、非传统性产品,以扩大出口,扭转贸易赤字,为大规模失业人口创造就业机会。在这样的背景下,创意产业被作为实现经济振兴和城市转型的政策工具,在阿根廷受到前所未有的重视。布宜诺斯艾利斯的经济和文化中心地位决定了其成为阿根廷的创意中心。阿根廷中央政府对布宜诺斯艾利斯的目标定位是:成为拉美文化大熔炉、多元文化中心、移民文化中心、创意产业中心和设计人才培训基地。在中央政府的宏观指导下,市政府与文化企业和民间团体磋商起草计划,颁布了第一个"文化十年战略计划",将创意产业作为一个战略产业,利用文化和创意经济潜力促进社会发展和就业增长,并致力于将布宜诺斯艾利斯打造成拉美的时尚设计中心。

6.2.2 文化中心地位奠定了创意设计的文脉基础

布宜诺斯艾利斯是阿根廷乃至拉丁美洲重要的文化中心。自20世纪初的"阿根廷经济奇迹"时期始,强大的经济实力带来了文化的繁荣,布宜诺斯艾利斯一跃成为拉丁美洲首屈一指的"文化之都",亦是全国的出版中心和拉丁美洲西班牙文书刊出版中心。在文化基础设施方面,布宜诺斯艾利斯集聚了全国1/3的大学,典藏丰富的各类博物馆,频繁的文艺展览活动,数百家图书馆、影剧院和文化中心,46座大型纪念碑和上千座精美雕塑。其中,博物馆有101个,影剧院有世界闻名的科隆大剧院。2011年,布宜诺斯艾利斯当选为"世界图书之都",因为"在布宜诺斯艾利斯不需寻找书籍,书籍在这里无处不在",其浓厚的文化传统和气息由此可见一斑。

布宜诺斯艾利斯还是世界著名的节庆之都,文化节庆活动贯穿全年(见表6-3)。丰富的文化节庆活动彰显了布宜诺斯艾利斯强大的文化张力。

文化和创意是推动创意产业发展的两大原动力,布宜诺斯艾利斯作为拉丁美洲文化中心的地位奠定了城市厚实的文脉,丰富的文化资源为其创意设计提供了源源不断的素材。

表 6-3 布宜诺斯艾利斯文化节庆活动一览表

时间	节日名称	网址	活动概要
1月或2月	中国城农历春节	—	在贝尔格拉诺区（Belgrano）的中国城举办热闹、多彩的春节活动，在唐人街上设有中式食物的摊位。
2月	狂欢节	www.buenosaires.gov.ar	在全市的广场和社交俱乐部举行狂欢活动、游行、嘉年华。
3月	布宜诺斯艾利斯网球公开赛	www.copatelmex.com	每年在布宜诺斯艾利斯草地网球俱乐部举行的网球公开赛。
3月至12月	歌剧节	www.teatrocolon.org.ar	在科隆大剧院上演各类高雅艺术，如芭蕾舞、歌剧、古典音乐会、钢琴演奏等。
3月	南美音乐大会	www.samc.net	为确立布宜诺斯艾利斯在南美洲舞蹈界的地位而举办的世界级的电子音乐盛会，吸引世界各地的DJ参加。
4月中下旬	布宜诺斯艾利斯国际电影节	www.bafici.gov.ar	一个广受欢迎的无好莱坞影片的电影展，亦展示本地导演的作品，受到许多著名导演和演员的支持。
4月中旬至5月	布宜诺斯艾利斯国际书展	www.el-libro.org.ar	在巴勒莫区举行的书展活动，为期3天，包括新书签售和辩论赛活动，也展出英文书籍，吸引全球各地的书迷和作家参加。
5月中旬	布宜诺斯艾利斯艺术节	www.arteba.com	拉丁美洲著名文化活动之一，为期一周，艺术家和收藏家参加，展示其艺术作品。
5月25日	五月革命纪念日	—	庆祝1810年阿根廷独立革命运动，市民聚集在市政厅前齐唱阿根廷国歌等活动。

第6章 体现多元民族文化的布宜诺斯艾利斯

(续表)

时间	节日名称	网址	活动概要
6月	探戈之王卡洛斯·加德勒纪念日	—	纪念阿根廷探戈之王卡洛斯·加德勒的活动。
7月9日	阿根廷独立日	—	庆祝阿根廷独立的节日,主要活动在自由发源地——城市西北部的图库曼举行。
7月底至8月	阿根廷农业博览会	www.exposicionrural.com.ar	阿根廷最重要的农业交易会,也是畜牧业、农业和工业国际展览会,在香格里拉乡举行。
8月中旬	布宜诺斯艾利斯探戈节	www.festivaldetango.gob.ar	世界上最盛大的探戈节,为期9天,包括探戈舞表演、免费课程、展览、露天舞会和其他与探戈有关的庆祝活动,在市各剧院和文化中心举办。
8月下旬	世界探戈锦标赛	www.tangodata.gov.ar	世界上级别最高的探戈舞比赛,在各剧院和文化中心举行。
9月初	阿根廷葡萄酒交易会	www.inasuvid.com.ar	阿根廷最大的葡萄酒展销会,为期4天,推广本土葡萄酒品牌,包括专业品酒会、研讨会和葡萄酒伴侣知识普及等活动。
9月下旬	布宜诺斯艾利斯戏剧节	www.festivaldeteatroba.gov.ar	布宜诺斯艾利斯最大的表演艺术节,包括国内外戏剧,为期两个星期,每两年举办一次,舞蹈等活动。
10月11日	布尔韦亚尔时尚艺术节	—	在雷科莱塔区阿尔韦亚尔大街举行,展示本土画家、雕塑家和摄影师的作品。
11月	布宜诺斯艾利斯马拉松赛	www.maratondebuenosaires.com	每年一次国家级别的长跑比赛,还特别设置4公里的儿童马拉松比赛。
11月1日	同性恋大游行	www.marchadelorgullo.org.ar	为同性恋举办的活动,表示对特殊群体的包容和尊重。

(续表)

时间	节日名称	网址	活动概要
11月初	Creamfields音乐节	www.creamfields.com	在布宜诺斯艾利斯赛车场举行的舞蹈音乐节,特色是在泥泞的场地上举行。
11月20日	布宜诺斯艾利斯传统文化节	www.feriademataderos.com.ar	一年一度的高乔传统文化庆活动,包括牧区传统食物、音乐和马术展示。
11月中旬	阿根廷赛马大奖赛	www.palermo.com.ar	始于1884年,吸引上流社会人士投注的赛事,近年来发展成为娱乐界及其他各界名人的社交活动。
12月	布宜诺斯艾利斯现代舞蹈节	www.buenosairesdanza.gob.ar	在圣马丁剧院及其他剧院举行的舞蹈节,每两年举办一次,为期两个星期,吸引国内外优秀舞者参加。
12月中旬	好日子节 Festival Buen Dia	www.festivalbuendia.net	一个面向青年人的露天聚会,设有时装、音乐、摄影和手工艺品等摊位,并有现场乐队表演。

资料来源:根据http://www.timeout.com/buenos-aires/features/299/festivals-events-in-buenos-aires整理。

6.2.3 移民城市性质提供了创意设计的文化氛围

布宜诺斯艾利斯是一个有着悠久历史、不同种族以及多元文化的移民城市，移民主要来自西班牙、意大利、黎巴嫩、波兰和俄罗斯等欧洲国家，形成了带有欧洲风格的城市文化特点。不同的民族、文化经过创造性的融合后，最终造就了独树一帜的城市文化品格，具有很强的开放性和包容性。

布宜诺斯艾利斯具有多样性的历史文化建筑。例如，在历史保护区——圣特尔区内，既有汲取意大利的精细和法国古典主义的优美双重优点的历史建筑，又有国际化的现代建筑，反映了城市各个时期的发展特点。又如，博卡区的"卡米尼托"老街完好地保留了原移民的临时住所——彩色房屋。

布宜诺斯艾利斯是一个文化大熔炉。市民对文化持有一种折中主义的态度，他们生活在多元文化中，既近距离地观察学习不同文化，又与外界文化保持距离，形成独特的视角。阿根廷文化瑰宝探戈舞就是兼容并收多元文化的代表，既吸收了欧洲歌舞形式，又汲取了高乔和巴西歌舞的元素，形成独特的艺术风格。文化熔炉也培养了布宜诺斯艾利斯人追求个性与多样性的消费需求，为创意产业生长提供了肥沃的土壤。

布宜诺斯艾利斯兼容并蓄的城市文化鼓励知识交流，为艺术家和设计师建立了包容性的社会基础。多元的文化是艺术家和设计师创作素材和灵感的来源，而包容的氛围则提供了宽松自由的环境。

6.3 布宜诺斯艾利斯"设计之都"的发展路径

6.3.1 政府主导的公私合作发展机制

布宜诺斯艾利斯政府的扶持是催生创意产业"开花结果"的"雨露"。布宜诺斯艾利斯从20世纪30年代开始发展设计业，80年代进入快速发展期。21世纪初，布宜诺斯艾利斯政府从战略高度出发，大力发展创意产业，与民间私人通力合作，形成了促进创意产业发展的公私合作模式，努力打造以设计为主导的创意城市。

在机构设置方面，政府构建了一个分工有序的体系。在市经济发展部和文化秘书处的基础上,设立了创意产业总务部(Creative Industries General Direction,简称CIGD),专门负责制定发展创意产业的总体方针政策,下设创意产业研究中心(Creative Industry Observatory,简称CIO)和都市设计中心(Metropolitan Design Centre,简称MDC)(见图6-1)。创意产业总务部的终极目标是把布宜诺斯艾利斯发展成为一个国际性的创意中心。此外,政府为创意产业发展提供强有力的资金支持,对MDC的建设投入了200万美元;同时,每年设立2500万美元专款,用于与设计相关的基础设施的公共投资。

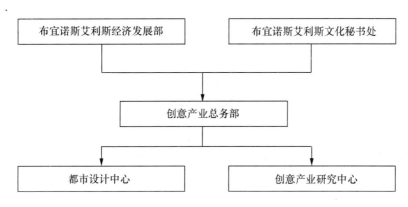

图6-1　布宜诺斯艾利斯创意产业政府机构组织架构

在社会力量方面,政府积极引导民间私人资本对设计产业的投入。如著名的"布宜诺斯艾利斯设计"购物商城,就是在政府引导下由私营机构开发运营的国内设计产品销售平台。同时,公私合作,还举办了许多促进设计发展的活动。布宜诺斯艾利斯每年举办超过50个国家级的竞赛,涉及平面、工业、服装、交互设计、建筑、室内设计等。

6.3.2　分门别类的创意产业计划

布宜诺斯艾利斯政府把信息和通信技术、视听产业、房地产开发、旅游业作为战略主导产业。为了充分利用布宜诺斯艾利斯在文化发展和尖端技术创新方面的潜力,创意产业总务部有重点、分步骤地制订了创意产业计划(见表6-4),推进创意产业全面发展,主要涉及设计、文化和视听产业三个生产部门。

表 6-4 创意产业总务部创意产业计划

计划名称	措施
创意产业研究中心计划	• 编制创意产业统计年鉴 • 制作创意产业电子月刊 • 预测创意产业走向 • 整合项目内创意企业数据 • 专项研究 • 出版创意报刊
布宜诺斯艾利斯图书产业计划	• 开展现场售书活动 • 制作布宜诺斯艾利斯市独立出版公司名录 • 召开布宜诺斯艾利斯市出版商会议 • 孵化新出版公司 • 参加图书交易会和给予财政支持 • 举办节事——书店之夜
布宜诺斯艾利斯唱片产业计划	• 现场唱片制作 • 召开布宜诺斯艾利斯唱片业界会议 • 孵化新唱片公司 • 参加交易会和给予财政支持 • 举办布宜诺斯艾利斯国际音乐博览会
布宜诺斯艾利斯电影拍摄地计划	• 制定公共场所拍摄电影许可申请程序 • 开设网上申请平台 • 提供信息和技术支持

资料来源:根据 http://www.buenosaires.gov.ar/areas/produccion/promocion_inversiones/ingles/servicio_cai/prog_incen.php?menu_id=29815 整理。

在设计产业领域,创意产业总务部制订了 MDC 计划和 CIO 计划,支持设计产业及文化、视听产业发展。MDC 是为公司、设计师和创意企业家提供帮助的政府机构,其目标是在设计和创新的基础上提高本土设计产业竞争力。MDC 的企业孵化器(Company Incubator,简称"INCUBA")负责孵化创意企业,为设计师和创业者提供企业管理培训、技术、法律和资金支持。CIO 是一个由多个跨学科专家团队组成的研究机构,负责对创意经济数据和有关文化产业信息进行收集、分析和预测,协助创意产业总务部实施创意产业项目。其主要职能包括:一是观测创意产业总务部项目内与创意企业相关的数据;二是通过整合和分析各类经济数据,编制创意产业统计年鉴;三是发布创意产业月电子信息,定期播报创意产业新闻和亮点;四是对创意产业作专门研究,并发表报告、编制刊物;五是预测创意产业发展动向。

在文化产业方面,制订了布宜诺斯艾利斯图书产业计划。政府采取一系列措施以推进出版业发展,提高出版物质量,包括:一是现场售书,在城市各个书店进行巡回演出,鼓励阅读和购买书籍;二是定期发布独立出版公司名录,并及时更新;三是召开布宜诺斯艾利斯出版商会议,邀请国内和国际著名出版业专家参加;四是孵化新出版公司,在 INCUBA 计划框架内及个人和机构支持的基础上,支持一些长期出版业项目;五是举办图书交易会并给予财政支持;六是举办"书店之夜"活动,在科连特斯(Corrientes)大道书店街区举办多样化的图书活动。

在视听产业方面,创意产业总务部制订了布宜诺斯艾利斯唱片业和电影拍摄地计划。为让唱片业能够在新商业环境中可持续发展,创意产业总务部推出如下措施:一是鼓励现场唱片制作,通过推广演出,支持新材料使用;二是定期召开布宜诺斯艾利斯唱片业界会议,邀请国内和国际著名唱片业专家参加;三是孵化新音乐公司,并予以长期扶持;四是举办交易会和给予财政支持;五是通过音乐广播电台加大宣传,每周播报新出唱片;六是每年举办布宜诺斯艾利斯国际音乐博览会(Internacional de la Musica,简称"BAFIM"),并努力将其打造成为集产品展销会、现场音乐表演平台以及国际音乐商务中心于一体的年度音乐盛事。电影拍摄地计划旨在将布宜诺斯艾利斯打造成为电影拍摄基地,主要内容包括:协调相关政府部门,如交通、公共空间安全部门等,规范并简化公共场所拍摄电影许可申请程序;优化许可证申领服务,开设网上申请平台;为电影产品提供信息和技术支持等。

为推动创意产业集群形成,打造出口导向型创意服务网络,逐步改善市中心城区高密度问题和提高就业率,创意产业总务部制订了"区计划"(Districts' Plan)。经市经济发展部批准,已有 4 个区在筹备建设,分别是巴拉卡斯(Barracas)的设计区、帕特里西奥斯(Parque Patricios)的技术区、巴勒莫(palermo)的视听区、南部地区的医疗区(见图6-2)。

始建于 2008 年的技术区是"区计划"的试点项目,目的在于促进经济发展方式多样化,把帕特里西奥斯改造成适宜居民、设计师生活、工作、休闲的地方和中小型公司进驻的场所。从表6-5 可以看出,布宜诺斯艾利斯政府为吸引企业进驻技术区和视听区,制定了相应的优惠政策。截至 2012 年 3 月 9 日,技术区已有 104 家公司入驻,54 家正式开始运营;开发面积超过 100 万平方米,产生了超过 11,000 个相关就业岗位。视听区作为"区计划"的第二个项目始建于 2010 年,2011 年建成,其规划面积最大,预计可产生 63,000 个就业岗位。巴拉卡斯设计区旨在发挥都市设计中

图 6-2 布宜诺斯艾利斯 4 个创意区分布示意图

说明：市中心区主要指圣尼古拉斯、蒙特赛拉特、圣特尔莫、雷蒂罗 4 区。

表 6-5 布宜诺斯艾利斯创意区产业定位与优惠政策

创意区	产业定位	优惠政策
技术区 （Technology District）	提高 IT 服务出口，在资源最佳配置条件下推进 IT 服务水平，创新研发新产品和服务，以达到国际水准，吸引国内外 IT 投资	• 减免税收：免总所得税、免印花税、免地方税（照明、清洁、土地、公共场所）、免规划与建设税、免地方税（雇用员工） • 城市基础设施及安全：实施试点安全计划、公共基础设施改造计划，优先实行垃圾清洁车计划，完善网络光纤、公共场所无线互联网普及 • 教育计划：设立信息技术教育机构，实施教学和信息技术计划、双语和职业素养试点计划
视听区 （Audiovisual District）	促进音乐、电影、电视和广告行业发展，提高视听产业出口	• 减免税收：免营业额税、免地方税（照明、清洁、土地、公共场所）、国内企业和跨国企业分别免规划与建设税及印花税 15 年和 10 年 • 教育计划：设立大学和教育机构、研发中心、培训和教育中心 • 信贷优惠：银行提供必要的信贷额度优惠

资料来源：根据 http://cai.mdebuenosaires.gov.ar 整理。

心的溢出效应,带动全市设计产业发展,预估能创造25,000个就业机会。阿根廷还是世界医疗旅游中最受游客青睐的国家之一。因此,布宜诺斯艾利斯政府专门设立了医疗区,旨在进一步提高医疗服务出口,预计将创造3,000个就业岗位。

6.3.3 功能强大的都市设计中心

为提高公众对创意设计经济及其社会意义的认识,培育本土创意产业链和价值链,实施创意设计产业项目,促进新文化趋势、最前沿技术与资源的结合,生成新的和差异化产品,布宜诺斯艾利斯于2001年成立了都市设计中心(MDC)。作为驱动创意产业发展的强大引擎,MDC主要有四个职能:一是推动文化多样性和设计产业发展;二是联合公私机构支持创意设计产业发展;三是培训设计师、中小型创意企业;四是为创意设计公司提供咨询服务。MDC具体包括十大突出功能(见表6-6)。MDC还拥有包括报告厅、图书馆、工作间、实验室、教室、文化中心、食堂和展示空间等现代化设施,成为其发挥作用的坚实基础。可以说,都市设计中心是布宜诺斯艾利斯成功申报"设计之都"的重要保证,同时扮演着城市设计中心和创意产业孵化器的双重角色。

表6-6 都市设计中心(MDC)的十大功能

序号	功能
1	对文化和经济重要性进行设计的主要驱动器
2	支持和赞助与设计有关的公共和私人的创新行为,并与之合作
3	培训、激发和协调设计者、设计经理人、管理者、中小企业法人、生产商、公共政策和学府负责人之间的相互交流
4	援助欲创立设计公司的创业者并与之合作,为企业取得良好发展提供建议
5	赞助、推广和进行成功的设计管理的研究
6	收集、整理并传播设计信息
7	与设计师、设计管理者和设计相关企业合作,使其成为所在领域的领导者
8	以其计划和管理模式掌握当地和国际趋势的创新机构
9	为组建国家网络中心、机构和组织做出积极贡献,以强化设计领域的界定
10	通过对旧鱼市场的改造,为布宜诺斯艾利斯南部的发展做出贡献

资料来源:根据 CCN, Buenos, Application, Design, EN, http://www.unesco.org/new/en/culture/themes/creativity/creative-industries/creative-cities-network/design/buenos-aires/2012-5-31 整理。

作为城市设计中心,MDC内部设有七个工作区,分别针对不同的设计部门提供全方位、多层次的支持和服务(见表6-7)。时尚区为时尚设

表 6-7 都市设计中心(MDC)的七大工作区

工作区	主要功能
时尚区	• 对时尚产业及其商业链、活动策划中的生产服务性企业、微型企业、小型企业、大公司中的制造设计师进行辅助
产品制造区	• 从产品及服务供应商入手,整合企业乃至整个体系价值链中包括管理设计和新产品开发方法在内的所有要素 • 旨在建设跨部门的多功能团队,引导创新设计的策划、协调及实施
交互设计区	• 为交互设计提供更有效的专项服务,从而创造出更好的城市市场发展环境,使布宜诺斯艾利斯成为具有地方及国际地位的交互设计区
El Dorrego 设计展	• 鼓励节事活动主办方及设计承运方进行规范化运作 • 改造需求进入城市的设计生产型企业提供更广阔的发展空间 • 改造位于巴勒莫某区的一个废弃场地 • 在有保障的市场环境中,对设计集市活动进行协调并提供必要的基础设施
战略设计区	• 制定新产品开发中的事业单位、实体公司及其他类型的机构共同参与的增值运作策略 • 对在有形或无形产品生产设计方面做出贡献的企业及专业设计公司进行鉴别、奖励及沟通 • 通过与国内及国际相关机构协作开展项目,推进都市设计中心的国际化发展

(续表)

工作区	主要功能
IMDI 设计研究所	• 对国际市场中的创新及地方投资中存在的机遇和问题进行研究探索 • 在战略设计及创新领域培养专业化人才 • 探讨新的研究方法论,研究实践及培训方法 • 研讨思维方式及设计及创新交流的主要目标 • 为阿根廷及南方共同市场的商人和设计师提供解决问题的实体服务平台 • 实现机构及组织间创新思维及组织间创新思维及专业知识的共享
INCUBA 企业孵化器	• 实现包括设计、旅游及相关文化产业在内的解化项目间的合作 • 强化新型创新企业之间的集群发展 • 促进与设计、旅游及文化相关的生产型企业发展 • 为设计、旅游、文化等相关的产业部门引进私人投资

资料来源:根据CCN, Buenos, Application, Design, EN, http://www.unesco.org/new/en/culture/themes/creativity/creative-industries/creative-cities-network/design/buenos-aires/2012-5-31整理。

计产业链,包括对机构、公司、设计师、市场等各个环节提供援助。例如,举办时尚月活动(MODABA),包括一系列的时尚秀、发布会、展会和展览、研讨会等,推介新时尚设计产品等。产品制造区为各个设计部门提供设计管理和新产品开发咨询服务,整合不同设计部门的力量,促进设计产业价值链和供应链的形成。交互设计区主要支持交互设计领域的发展,创办布宜诺斯艾利斯交互设计节(Interactive Design Festival of Buenos Aires),推进交互设计产业成长。El Dorrego 设计展是一个国际性展览,致力于为本土设计师提供展示平台。战略设计区负责 MDC 的管理、运营、设计概念等工作,评估 MDC 扶持项目的可行性。IMDI 设计研究所从事开发战略设计方案、创新专业知识、分析预测行业新机遇等工作。INCUBA 企业孵化器主要起到孵化新创意企业的作用。

在创意产业孵化方面,MDC 领导下的 INCUBA 积极为设计、旅游业和文化产业新商机的孕育和发展提供机遇,努力推动设计与旅游业和文化产业的融合,扶持有潜质的创意企业的创立和发展,是布宜诺斯艾利斯唯一的创意企业孵化器。INCUBA 孵化创意企业的过程是"全程关注"模式:在创意企业初创关键期,提供培训和项目管理、经济和后勤等全方位的支持。渡过关键期后,通过展示会、交易会将创意企业推介到市场中,帮助企业树立品牌,形成价值链。企业成功后,鼓励其与 MDC 保持联系,并组织双方开展新技术和新思想的交流。图 6-3 是 MDC 与本地商会及大学合作,最新推出的"企业家培育计划"项目。

除了致力于设计产业,MDC 还广泛支持时尚、电影、电视、广告、动画、电子游戏、出版、音乐和建筑设计等多种设计文化产业的发展。同时,MDC 与巴塞罗那、英国、韩国、新西兰创意中心,米兰设计学院,以及多个国家和国际教育机构保持着联系,是一个向国际市场推广本土品牌的平台。

6.3.4 丰富多样的设计节事活动

为了提升本土设计水平,把本土设计产品推向国内外市场,向市民推广本土设计理念,布宜诺斯艾利斯政府经常举办各类与设计有关的节事活动,包括设计展览会、交易和交流会、竞赛(见表6-8),为城市营造浓厚的创意设计氛围。其中,"纯粹设计展"(Fair Puro Diseno, FPD)和"布宜诺斯艾利斯时装周"(BAF Week)已成为阿根廷设计界的两大盛事。每

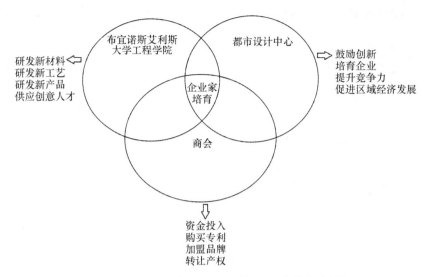

图 6-3 都市设计中心（MDC）的"企业家培育计划"
资料来源：根据 http://www.cmd.gob.ar/cmd/cidici 整理。

年节事期间，全国及世界各地的著名设计师云集，参观者众多。2011 年，题为"卡萨 FOA·MDC 设计市场"展出了 50 余个建筑设计空间。

表 6-8 布宜诺斯艾利斯主要设计活动

活动名称	情况介绍
布宜诺斯艾利斯国际设计节	举办多个层面、多种形式的作品展览、展映、设计竞赛、专题辩论会、研讨会和产品推介等活动
纯粹设计展	是公私合作的设计产品推广会与本土设计师展示设计作品的平台，促进了创意手工艺品的商业化，形成本土文化产品
布宜诺斯艾利斯时装周	每年举办一次，投资约 100 万美元，有多名设计师作品的展览，有多个外国代理参展机构参与
卡萨 FOA 展	始于 1985 年，面向建筑和住宅环境设计，有 50 余个工作室，展览面积约 7,500 平方米
时尚月	从 2001 年到 2005 年，活动数量从 11 场猛增到 60 场，为设计师提供展示平台，有 350 名设计师展览自己的作品

资料来源：根据联合国教科文组织"创意网络"官方网站：http://www.unesco.org/new/en/culture/themes/creativity/creative-industries/creative-cities-network/design/buenos-aires/整理。

此外，还有极具国际影响力的布宜诺斯艾利斯国际设计节。2011 年，该设计节举办了多层面、多形式的作品展览、展映、设计竞赛、专题辩论会、研讨会和产品推介等活动(见表6-9)。活动参与者不仅有国内外设计师和企业家,还包括学生、儿童和广大市民,真正做成了一个全民参与的设计盛宴。

表6-9　2011年布宜诺斯艾利斯国际设计节项目及活动

名称	内容
街头摄影	展出了不同艺术家在布宜诺斯艾利斯街头小巷拍摄的照片,分享了他们对这座城市的不同看法
对话	在MDC室内外举行,给设计师与公众提供一个交流空间
都市人文	播放两部宣传影片:《城市的都市路线》《独特的街道》
布宜诺斯艾利斯露台	呈现布宜诺斯艾利斯传统露台经修复后成为一道美丽的街道景色
都市展示	播放戛纳电影节获奖短片
创意工作坊	展示MDC最新设计成果、布宜诺斯艾利斯城市和项目计划
设计过程展	来自布宜诺斯艾利斯不同教育学院的学生展出最佳作品
贸易洽谈会	国际制造商与当地设计企业之间的会谈
单车游巴勒莫	根据设计师的喜好和兴趣组织不同的骑行路线
都市空间	世界不同城市的专业人士互相交流城市未来规划
自由文化空间	为儿童设计的活动空间
MDC国际研讨会	来自世界不同城市的专业人士作相关设计的报告

资料来源:根据http://www.4rentargentina.com/blog/tag/design整理。

6.3.5　蓬勃发展的时尚设计产业

为把布宜诺斯艾利斯打造成拉美时尚之都,市政府发挥了设计人才聚集优势,着力发展时尚设计产业。时尚设计产业主要包括纺织、服饰、皮革三个部分。市政府通过MDC的时尚区鼓励纺织、服饰、鞋类、皮革及其各中小型配套企业运用设计提高产品附加值和竞争力,从而促进时尚设计产业快速发展。在INCUBA的孵化作用下,中小型企业已成为创意产业的主体。创意产业研究中心2009年对设计产业的调查数据显示:中小型企业主导的设计产业有汽车及汽车零件、家具、纺织品、服装、皮革制品和鞋类。2009年前10个月的统计数据表明,时尚设计产品的出口额占到全市总出口额的4.4%。目前,布宜诺斯艾利斯已形成了三个时尚设计集聚区:巴勒莫设计街区、雷科莱塔街区和圣特尔莫设计街区(见图6-4)。其中,巴勒莫时尚设计街区集中了300多家时尚店及工作室。

图 6-4　布宜诺斯艾利斯三个时尚设计集聚区分布示意图

2007 年布宜诺斯艾利斯的时尚设计产业就业数据见表 6-10、6-11。

表 6-10　2010 年阿根廷时尚设计产业就业贡献率

分类	人数	占总就业比重	占设计部门比重
总就业人数	5,922,799	—	—
设计产业总就业人数	159,348	2.7%	—
其中：纺织品制造	66,215	1.1%	41.6%
服装制造	50,225	0.8%	31.5%
皮革制造	42,908	0.7%	26.9%

资料来源：根据 http://oic.mdebuenosaires.gov.ar/system/contenido.php?id_cat=5 整理。

第 6 章　体现多元民族文化的布宜诺斯艾利斯

表 6-11　2010 年布宜诺斯艾利斯时尚设计产业就业贡献率

分类	人数	占总就业比重	占设计部门比重
总就业人数	1,531,045	—	—
设计产业总就业人数	53,886	3.5%	—
其中:纺织品制造	17,175	1.1%	31.9%
服装制造	26,103	1.7%	48.4%
皮革制造	10,609	0.7%	19.7%

资料来源:根据 http://oic.mdebuenosaires.gov.ar/system/contenido.php?id_cat=5 整理。

同时,市政府积极举办各类大型时尚设计活动,以提升布宜诺斯艾利斯时尚之都的国际地位。其中,布宜诺斯艾利斯"时尚月"与"设计月"已成为全球时尚设计界的两大盛事。2001—2005 年,布宜诺斯艾利斯"时尚月"的大型活动由 11 场增加到 60 多场;纯粹设计展[①]增加到 300 个固定展位,国外访客高达 8 万多人。

6.4　布宜诺斯艾利斯创意产业的溢出效应

6.4.1　创意设计创造市民新生活

经过市政府和民间的共同努力,创意设计已经融入到布宜诺斯艾利斯城市生活的方方面面。各类设计节事活动都鼓励全体市民参与,设计师与市民形成了良好互动。例如,MDC 每年举办的布宜诺斯艾利斯国际设计节上,专门设有让设计师与市民互动、公众与创意设计互动的项目。以 2011 年布宜诺斯艾利斯国际设计节(见表 6-9)为例,设置了"城市街头摄影展"(Street Photography)和"骑单车游巴勒莫"(Palermo on Bike)两个项目,让设计师与市民互动,使设计师与这座城市真正能够相互渗透;"都市人文"和"都市展示"以播放影片的方式,向公众展示创意设计正在给这个城市带来的变化;"对话"单元为公众提供亲密接触创意设计的机会;"自由文化空间"活动是专门为儿童设置的,旨在发挥和展示儿童的创意天赋。除此之外,MDC 还向公众开放展览空间、博物馆及教室,组织周末设计活动,展出本区儿童的创意作品。MDC 借此与市民形成良性互

---

① 本土设计师展示所设计作品的展台。

动,并宣传设计产业的重要性。另外,MDC还为失业人员提供缝纫和皮革加工等免费课程,使之能够加入到创意产业中来。

创意设计消费成为城市生活的一部分,形成了由市民和外国游客组成的创意设计消费群。布宜诺斯艾利斯有数量众多的具有典型拉美风情和多元文化特质的各类周末创意集市和古玩市场,出售当地艺术家的原创手工艺品。著名的"布宜诺斯艾利斯设计"购物商城专门销售当地设计师的产品。这些多层次的创意设计产品能够让有不同需求和价值观的公众了解、消费和参与创意设计,共同促进城市和创意产业健康持续发展。

6.4.2 创意设计塑造城市新景观

创意产业具有丰富的文化内涵和不断追求创新的精神品质,它在城市空间的植入可以赋予城市景观新的内涵,从而塑造出大量充满个性、富有艺术感染力的城市空间。市政府希冀通过设计完善城市基础设施,改善市民生活,谱写创意城市的新篇章。

首先,通过城市设计竞赛的方式,对城市进行整体设计,打造城市空间新景观和新地标。例如,位于联合国广场、名为"百花代表"(Floralis Generico)的大型金属城市雕塑,还有采用斜拉钢索结构的白色"女人桥"(La Mujer DelPuente)等,不仅提升了城市的品质,还塑造了独具个性的城市形象。

其次,实行了城市基础设施设计项目和"行人优先"计划。城市基础设施设计项目对包括行人休憩所、公共交通站点、街区信号标志、报刊亭、公共洗手间等城市基础设施进行整体设计,大大提高了城市基础设施的设计水平。"行人优先"计划创造了全民共享的城市步行空间。

最后,发挥创意设计在城市更新方面的重要作用。随着传统制造业向城区外围迁移,市政府通过发展创意产业,实现了对多个旧城区的置换改造。都市设计中心由一座旧水产市场翻新改造而成,建成后对振兴所在地巴拉卡斯的城区经济发挥了重要作用。著名的"布宜诺斯艾利斯设计"购物商城则是由一座位于城市北部瑞科莱塔区(政府产权)的老旧建筑改造而成的。"卡萨FOA"展览会也为城区的老建筑改造和经济复兴作出了积极的努力,成功的案例有:2010年展览会的主题为"Casa FOA La Defensa",即对位于德芬瑟街269号的一座2500平方米的三层老建筑的整修和恢复。2011年的"卡萨FOA·MDC设计市场"(Casa FOA MDC Design Market)选取了位于巴拉卡斯老城区一所7700平方米的老建筑进行改造修复。对旧港口马德罗港的设计更是通过创意设计实现旧区改造的成功典范。马德罗港原是被荒废40多年的旧港口区域,改造计划始于1990年。经过将近20年的改造设计,马德罗港已成为吸引外国投资的主要地区、跨国公司的聚集地、旅游和艺术行业的高地。

6.4.3 创意设计滋养城市旅游新业态

创意设计与旅游业相互促进,带动了布宜诺斯艾利斯旅游业的发展,实现了二者完美的耦合。布宜诺斯艾利斯中心地区,特别是佛罗里达和拉瓦列两大步行街,汇集了多家购物中心,吸引着外国游客前来购物。旅游购物既为本地设计产品提供销路,同时也起到推广本土原创设计品牌、促进当地旅游业发展的作用。在创意设计的助推下,布宜诺斯艾利斯已成为著名的旅游购物天堂,阿根廷也因此成为拉丁美洲最大的旅游国家之一。另外,创意产业还掀起酒店设计的新浪潮。大多数翻新改造的酒店主要聚集在雷科莱塔和雷蒂罗区,如四季酒店、布宜诺斯艾利斯索菲特酒店等。酒店的设计工作主要由本地的设计师担当,材料也大多取自布宜诺斯艾利斯当地,促进了本地建筑和室内设计的发展,同时为旅游业的繁荣注入了新活力。

6.5 布宜诺斯艾利斯"设计之都"建设的可鉴经验

6.5.1 政府扶持,实现"产、官、学"联动

创意产业具有高投入、高风险、高利润的特征,需要政府扶持才能发展壮大。布宜诺斯艾利斯政府全方位、多层次地支持创意产业的做法值得借鉴。这些支持包括:制定扶持创意产业发展的产业政策和财政政策;以都市创意中心为纽带,使创意设计人才、研发机构与学校、创意设计产品市场三者相对接,实现了"产、官、学"联动,形成了创意产业的良性生态发展链。

6.5.2 尊重城市历史文化传统,形成独特的文化品牌

城市文脉是城市独有的魅力和价值,其得以延续的关键在于对城市历史文化的保护与开发。布宜诺斯艾利斯利用创意产业实现了对历史建筑的改造与恢复,较好地保留了历史街区的原貌;而丰富的历史遗存和悠久的传统文化则为创意产业的发展提供了肥田沃土。由于布宜诺斯艾利斯的创意设计注重挖掘本土传统特色,较好地将传统文化转化为现代创意,树立了鲜明的文化品牌,使其在全球市场上占有一席之地。

6.5.3 吸引公众广泛参与,扩大创意阶层

布宜诺斯艾利斯政府深谙市民既是创意消费者也是创意者的道理,在规划、推进"设计之都"的过程中,特别注重普通大众的参与和激情,尽量考虑公众的利益和诉求。比如,在教育方面,政府免费为公众开设创意设计课程;在组织设计节事活动时,鼓励所有市民参加等。这些做法有效地扩大了创意阶层,实现了设计者与市民的良好互动。

6.5.4 举办形式多样的设计节事活动,增强国际影响力

布宜诺斯艾利斯通过举办形式多样的设计展览、交流、竞赛等大型设计节事活动,推介本土品牌和产品,开拓国际市场。可以说,各类设计节事活动不仅为本土设计师提供了一个展示才能和掌握国际设计潮流动向的平台,也极大地提高了布宜诺斯艾利斯"设计之都"的国际声誉。

第7章
工业化与城市文脉兼容并蓄的柏林

柏林经济、文化事业发达,是世界著名的艺术中心、时尚设计中心,也是欧洲文学、媒体、音乐及科学发展中心。柏林建设了完整的创意设计服务平台、国际推广的本土设计品牌、完善的创意人才培训体系等,以其深厚的文化底蕴,实现了城市的创意化发展,并逐步成为国际文化创意的大熔炉。

7.1 柏林城市历史文脉溯源

柏林深厚的历史文化底蕴及城市发展背景形成了其独特的创意财富。[①] 柏林文化软实力及工业设计的发展协调了传统文化要素与创意设计阶层间的关系,实现了设计之都的"创意演化"过程。[②] 特别是传统的包豪斯[③]文化理念,已经融入整个德国的设计教育体系并不断得到创新。[④] 作为联合国教科文组织批准的首批欧洲"设计之都",柏林的创意

[①] 《设计之都:柏林》,http://www.sznews.com/zhuanti/content/2010-11-30/content_5128391,2011年2月3日访问。

[②] 褚劲风等:《创意城市网络下日本神户设计之都的规划实践》,载《世界地理研究》2011年第3期,第44—54页。

[③] 包豪斯是德文"Das Staatliches Bauhaus"的译称,是格罗皮乌斯专门生造的一个新词。Bauhaus 就是"造房子",是将建筑艺术与建造技术重新结合,以艺术与工艺相结合为特点,实现真正的现代设计。

[④] 《设计之都:柏林》,http://www.sznews.com/zhuanti/content/2010-11-30/content_5128391,2011年2月3日访问。

文化产业发展迅速,设计文化传统及当代创意设计理念逐渐影响到整个德国。

7.1.1 柏林城市化历程

柏林位于中欧平原,1237年建城于施普雷河边,当时是商人的聚居地。1640年,威廉一世开创了柏林在文化、艺术上的繁荣,使其赢得了"施普雷河畔的雅典"美誉。17世纪时,柏林已发展成区域性的政治、经济、文化中心。[①] 1810年,柏林大学的成立加速了柏林的工业化进程。20世纪初,柏林人口迅速增加,逐渐发展成德国最大的城市(见表7-1)。柏林的城市化进程大致可分为三个主要阶段(见表7-2):1840年以前是城市化兴起的准备阶段,城市经济开始发展,柏林城市人口达到17.2万。1840—1871年是城市化迅速发展阶段,工业革命及其成果推广为流动人口提供了就业机会。1850年,柏林城市人口已达41.9万。1871年至一战期间是城市化的繁荣时期,城市经济蓬勃发展,逐渐发展成为综合性大都市,城市人口迅速增加。1910年,柏林城市人口突破200万,达到207.2万,成为当时欧洲第三和世界第五大城市。[②]

表7-1 19—20世纪柏林与其他城市人口规模对比　　(单位:人)

城市人口(万)\时间	1800年	1850年	1900年	1910年
柏林	17.1	41.9	188.9	207.2
莱比锡	4.0	6.3	45.6	58.8
法兰克福	4.8	6.5	28.0	41.5
纽伦堡	3.0	5.4	29.9	38.9
艾森	0.4	0.9	11.9	291.5
杜塞尔多夫	1.0	2.7	21.4	35.8

资料来源:根据李伯杰等:《德国文化史》,对外经济贸易大学出版社2002年版整理。

---

① 《设计之都:柏林》,载 http://www.sznews.com/zhuanti/content/2010-11/30/content_5128391,2011年2月3日访问。

② 姜丽丽:《德国工业革命时期的城市化研究》,华中师范大学2008年硕士论文。

表 7-2　柏林的城市化主要发展阶段分析

时间	阶段	主要特点
1840 年以前	起步阶段	城市经济开始发展，初具规模，有一定的文化商业设施以及较发达的工场手工业
1840—1871 年	迅速发展阶段	成为工业、商业的集中地，公路、铁路向外扩展，城市面积增加，经济繁荣
1871 年至一战	繁荣时期	城市分区明显，并逐渐发展成为综合性城市

资料来源：根据姜丽丽：《德国工业革命时期的城市化研究》，华中师范大学 2008 年硕士论文整理。

1949 年德意志联邦共和国成立后，柏林成为国家政治、经济、文化的发展中心。1961 年，由于二战后大国间的冷战，在柏林建造了将城市一分为二的柏林墙，使东西柏林形成了截然不同的城市发展风格与城市人文景观。[①] 1989 年，柏林墙被推倒，东西柏林的城市文化得以融会贯通，加速了柏林的文化多元化发展。

7.1.2　柏林工业设计的兴起

德国工业设计在 19 世纪上叶起步。到 19 世纪末，德国经济实力大大增强，成为欧洲大陆工业产值较高的国家（见表 7-3）。[②] 柏林作为德国的首府，是德国工业的发祥地，其工业设计理念及设计环境为设计产业发展创造了良好的条件。

表 7-3　1780—1888 年欧洲各国工业产值对比　　单位：百万英镑

国家＼时间(年)	1780	1800	1820	1840	1860	1888
德国	50	60	85	150	310	583
奥地利	30	50	80	142	200	253
俄国	10	15	20	40	155	363

资料来源：根据李伯杰等：《德国文化史》，对外经济贸易大学出版社 2002 年版整理。

1919 年成立的魏玛共和国奠定了包豪斯文化的发展基础，实现了艺术与技术的结合，使设计遵循自然和客观原则，突现了设计的个性化发

---

① 《柏林历史文化》，http://travel.mangocity.com/berlin/berlin-history.html，2012 年 2 月 5 日访问。

② 李伯杰等：《德国文化史》，对外经济贸易大学出版社 2002 年版。

展。包豪斯设计理念对城市建筑设计风格及现代设计理念产生了深远的影响,逐渐成为柏林设计文化发展演变的主要特征(见表7-4)。

表7-4 包豪斯文化特征及其演变

发展阶段	主要理念特征	发展状况
阶段一:1919—1925年(魏玛时期)	建筑与艺术结合,艺术与技术统一	聘任艺术家与手工匠授课,形成艺术教育与手工制作相结合的新型教育制度
阶段二:1925—1932年(德绍时期)	设计与制作教学一体化	包豪斯在德国德绍重建,并进行课程改革,包豪斯的艺术激进扩大到政治激进
阶段三:1932—1933年(柏林时期)	艺术与技术再次统一,设计与制作教学一体化	包豪斯精神为德国纳粹所不容,包豪斯学校被永久关闭

资料来源:根据董晓霞:《包豪斯风格的延续》,同济大学2007年硕士论文整理。

由于地理位置的制约,柏林工业发展相对其他欧洲城市起步较晚。同时,能源的紧缺使柏林不能通过发展传统工业实现振兴。[①] 柏林工业设计经历了五个主要发展阶段(见表7-5),[②] 传统工业遗迹为创意人才集聚提供了发展条件。2007年底,柏林政府通过资金投入使柏林的老厂房租金低于全德平均水平的20%,[③] 吸引创意人才在此集聚并成立工业设计工作室等,为柏林工业设计注入了新的血液。

表7-5 柏林工业设计发展阶段分析

理念	阶段	时间段	发展背景	发展状态
理性主义设计理念	启蒙探索阶段	19世纪末20世纪初	工业革命启蒙作用	产品设计环境改变,从不同角度探索工业设计准则及美学标准,拉开柏林工业设计的序幕
理性主义设计理念	成形时期	20世纪20—30年代	一战后工业科技的发展	处于现代主义工业设计准备阶段,包豪斯的建立标志着现代主义设计走向成熟
原始功能主义理念	二战后的设计	20世纪40—50年代	二战的影响	消费与市场对工业设计的关注降到最低,设计显示出只注重功能的原始功能,后逐渐向理性主义恢复发展

---

① 辜晓进、韦杰:《柏林:一座崇尚创意的城市》,载《深圳特区报》2009年10月25日。
② 叶霞:《二十世纪德国工业设计研究》,武汉理工大学2006年硕士论文。
③ 张楚:《柏林:创意财富的"设计之都"》,载《金融经济》2007年第5期,第53—54页。

（续表）

理念	阶段	时间段	发展背景	发展状态
非主流设计理念	多元时代设计	20世纪60—70年代	经济与科技大繁荣	受新科技、新材料、新工艺及新消费观的影响,呈现多元发展面貌
绿色设计理念	信息时代设计	20世纪80年代以后	计算机技术与网络技术的发展	设计多元化与一体化统一发展

资料来源:根据叶霞:《二十世纪德国工业设计研究》,武汉理工大学2006年硕士论文整理。

7.1.3 柏林文化设计理念的形成

艺术及文化要素被认为是创意设计发展的核心要素。[①] 在过去的城市发展过程中,柏林逐渐形成了创新的文化设计理念,并建成了设计交流中心。柏林多元的风格及开放自由的城市设计氛围源于其深厚的城市文化底蕴。[②] 在不同的历史发展阶段,柏林文化对其设计产生了不同程度的影响(见表7-6)。

表7-6 柏林主要设计理念

时间段	文化设计理念	主要思想特点
17世纪30年代	魏玛文化思想	崇尚自由、开放的设计思想
20世纪初	包豪斯建筑设计理念	现代主义设计诞生,主张艺术与技术结合
1961年柏林墙建立	严谨之风复兴与民主化理念并存	西柏林:民主化理念盛行,崇尚开朗、自由的设计理念;东柏林:复兴旧思潮,依循严谨的设计风格
1989年柏林墙被推倒	"批判性重建"城市设计理念	在倡导创新设计的同时,恢复传统设计
20世纪90年代至今	"自由、原创、空间"的设计理念	成为开放的文化思想熔炉,倡导兼容并蓄的设计理念,推动设计产业的创意化建设

资料来源:根据柏林设计之都官方网站 http://www.creative-city-berlin.de/en/ 整理。

---

① Can-Seng Ooi & Birgit Stöber, Creativity Unbound-Policies, Government and the Creative Industries, Linköping University Electronic Press, 2011, pp.113—243.

② What Makes Berlin Addictive, Berlin China Culture Bridges, http://www.berlin-china-bridge.com.

柏林文化源于中世纪的古希腊罗马文化,它深入影响了艺术及建筑设计领域,形成了典型的罗曼式、哥特式教堂建筑。16世纪的柏林以巴洛克文化为主,其对工业及生活必需品的设计产生了深刻的影响。17世纪的魏玛文化解放了人们的思想,形成了自由开放的新思潮。20世纪两德统一后的设计理念融合了多元文化特点,既有复兴严谨的设计风格,又有民主自由的设计理念。柏林还吸引了来自不同地区的设计阶层集聚于此,融入了各国的时尚设计思想,逐步形成了"自由、原创、空间"的设计理念。这对当今柏林设计之都的建设产生了积极的促进作用。

7.2 柏林设计之都的目标内容

柏林以国际化文化之都、购物时尚之都、派对之都为发展目标。柏林的设计产业涵盖了设计机构、设计工作室、作品储藏、工业设计、时尚设计、设计节事以及设计产品商店在内的1300多家设计商贸机构,成为欧洲新兴的设计产业集聚地,为其实现设计之都发展目标奠定了基础。

7.2.1 柏林设计之都的发展基础

设计产业发展迅速,逐渐发展成为柏林的支柱产业。至2006年,柏林的创意企业数量已达22,933个,5%的柏林市民供职于创意设计企业,所创造产值占GDP的13%。[①]

柏林文化创意产业发展迅速(见表7-7)。截至2010年,柏林约有6,700家专业设计公司、2,400多家与设计相关的公司,专业设计工作者约1.17万人,创造了约15亿欧元的年产值。[②]

表7-7 2006年柏林文化创意产业发展状况

柏林文化产业类型	业务数(单位:项)	收入单位(欧元)	就业人数(单位:人)	雇员数(单位:人)	该行业就业人数占全国就业人数比重(%)
报纸新闻产业	5,252	4,563,389	30,102	22,329	4.9
影视广播产业	2,104	2,372,951	36,300	13,920	8.8

---

① 辜晓进、韦杰:《柏林:一座崇尚创意的城市》,载《深圳特区报》2009年10月25日。
② http://dmy-berlin.com/en.

（续表）

柏林文化产业类型	业务数（单位：项）	收入单位（欧元）	就业人数（单位：人）	雇员数（单位：人）	该行业就业人数占全国就业人数比重（%）
艺术市场	1,884	421,920	6,624	4,653	6.1
软件、游戏	2,894	6,746,687	28,578	22,727	5.6
音乐制作产业	1,632	970,235	13,741	5,890	7.9
广告市场	2,552	1,125,476	18,814	8,696	4.2
建筑业	2,992	539,501	7,905	4,700	6.2
设计经济	2,441	380,547	1,827	1,493	1.4
演艺市场	1,222	423,445	16,624	5,439	8.5
总计	22,973	17,544,151	160,515	89,847	

资料来源：根据 Kultuirtschaft in Berlin Entuicklung und Potenziale 2008，http://www.creative-city-berlin.de/en/整理。

柏林作为世界重要的文化交流场所，有柏林爱乐乐团、柏林电影节和众多的国际展览博物馆及现代化的国际会议中心。① 具有国际影响力的文化交流活动与独一无二的文化博物馆奠定了柏林作为文化之都的发展基础。作为国际时尚中心，柏林拥有3万多家商场、精品时装店，30多家跳蚤市场、旧货市场，以及大约135场时尚周集等。自由开放的文化理念使柏林的文化生活丰富多彩，全市约有225家迪斯科舞厅、酒吧及俱乐部等。市内巴士24小时运营。这一切使柏林成为国际派对之都。

柏林文化艺术街区

在文化之都、时尚购物之都、派对之都建设的推动下，柏林成为一个集创意文化、娱乐、时尚设计、购物于一体的国际化创意大都市。

7.2.2 柏林设计之都的主要内容

柏林在发展过程中形成的创意设计理念增加了设计产业的附加值，

---

① 刘斐：《柏林艺术大学工业设计教育模式介绍及浅析》，载《企业家天地（理论版）》2011年第2期，第137—137页。

并使城市时尚设计产业链得以延伸,推动了柏林创意设计产业的发展及文化之都、时尚之都的建设(见图 7-1)。柏林秉承"以高起点的设计规划实现城市重建,以大规模的创意文化推动经济发展"的理念,吸引了大量艺术设计企业及设计人才集聚于此,为城市不断注入新的文化创意元素;"低碳、节能"的产业设计理念,使柏林由传统的以工业、制造业为主的城市向生态、环保、节能的新型文化时尚之都转变。在此基础上,柏林强调"用创意工业保护设计"的工业设计理念,认为工业产品的质量在很大程度上取决于设计,这又促进了创新设计的开发。

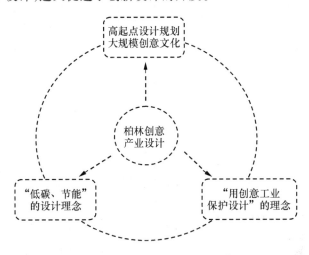

图 7-1　柏林设计之都的设计理念

资料来源:根据柏林设计之都官方网站:http://www.creative-city-berlin.de/en/整理。

(1) 城市景观设计

柏林文化之都建设的重要表现是对内城空间的塑造。一方面,柏林形成了具有文化特色的"城市街道空间艺术"。① 该设计在自由、开放的文化理念引导下,强调城市空间的"平等、尊重、活力",包括园林设计、道路设计、街头艺术设计(见图 7-2)。柏林通过公共空间的塑造,营造良好的内城居住环境。公共空间既包括有形的建筑,也包括无形的城市环境。柏林正是通过对包括庭院、街道、广场等公共空间的设计实现了内城创意

---

① 杨楠:《德国柏林城市街道空间艺术的考察与启示》,载《沈阳农业大学学报(社会科学版)》2010 年第 2 期,第 223—226 页。

规划。① 由于受二战影响,柏林公共空间设计集中于内城的空间设计领域,强调以艺术塑造公共空间,认为艺术生产与现代化过程中的城市矛盾紧密相连。柏林政府在全市范围内投资以提升公共空间,防止公共空间私人化及人们在公共空间的行为受到限制等。② 这样的设计理念兼顾保护历史和可持续开发的需要。通过公共空间的塑造,改变居民生活环境,使文化创意不再局限于专业设计领域,而是应用到城市空间及景观建造方面,也使创意设计真正融入人们生活。城市景观设计在改造城市面貌的同时,为创意人员及普通居民营造了良好的文化创新氛围,将文化元素融入城市空间塑造及城市生活中,以实现柏林文化之都的建设目标。

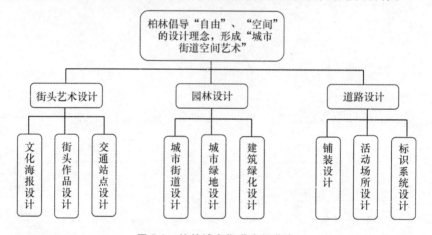

图 7-2 柏林城市街道空间艺术

资料来源:根据柏林设计之都官方网站 http://www.creative-city-berlin.de/en/整理。

(2)数字媒体设计

柏林的数字媒体发展是实现时尚之都建设目标的重要内容。数字媒体包括城市互联网、影视设计、手机通信等。柏林是世界范围内数字媒体技术领先发展的核心区域。③ 一方面,设计产业的数字化满足了人们对

---

① 〔德〕安德烈斯·G.汉普尔:《关于柏林的公共空间》,王晓京译,载《建筑学报》2002年第2期,第11—14页。

② 〔德〕希尔玛·冯·罗杰维斯基:《关于柏林的城市特色和城市变化》,陈宇琳译,载《国际城市规划》2008年第2期,第55—61页。

③ Kulturwirtschaft in Berlin Entwicklung und Potenziale 2005, http://www.creative-city-berlin.de/en.

创意设计衍生品的跨区域需求,扩大了创意设计产品的市场空间,增强了柏林作为时尚购物之都的国际影响力。另一方面,数字产品要实现其价值,就需要设计研发机构与企业及市场结合,形成以数字媒体为载体的创意产业链。在这条完整的产业链中,融入文化理念的创意设计体现了文化之都的发展要求;为宣传设计产品举办的节事活动成为派对之都建设的重要表现。这些活动吸引了大量创意人员在此集聚,使柏林成为多元文化的大熔炉,也成为时尚设计的发源地。其中,尤以柏林影视设计产业的发展最具代表性(见图7-3)。

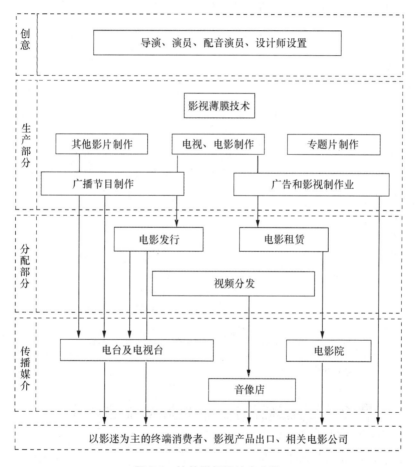

图7-3 柏林影视设计产业链

资料来源:根据 Kulturwirtschaft in Berlin Entwicklung und Potenziale 2008, http://www.creative-city-berlin.de/en/整理。

柏林的影视设计形成了完整的产业链。从设计环节而言,与影视设计相关的产业吸纳了大量的创意阶层就业,实现了文化产业化的第一步;在生产及分配过程中,包含文化元素的创意设计增加了产品的附加值,使影视产业呈现高营业额的发展态势;从最终的消费环节看,融入文化创意元素的消费品能吸引更多的消费者,使创意影视产业呈现大业务量的发展态势(见表7-8)。完整的产业链使柏林影视产业实现了跨越式发展,进而实现了时尚设计之都的发展目标。

表7-8 柏林创意影视产业2008年发展状况

创意影视产业门类	业务数 (单位:项)	营业额 (单位:欧元)	就业人数 (单位:人)	雇员 (单位:人)
电影及录像制作	1,103	667,430	10,851	5,434
分销商/经销商	18	48,268	1,258	630
电影院	49	102,204	2,504	1,254
广播	16	—	13,433	3,185
制作电视台节目	77	1,132,819	5,808	1,377
独立电影及广播艺术家	561	46,055	475	69
电脑媒体	8	3,448	115	115
制造媒体	3	1,490	0	0
声音或录像制作或复制设备	16	6,199	13	13
投影制造、电影设备	19	69,004	331	331
零售消费类电子产品	4	4,027	21	21
音像店	134	253,351	900	900
总计	2,008	2,334,295	35,709	13,329

资料来源:根据Kulturwirtschaft in Berlin Entwicklung und Potenziale 2008, http://www.creative-city-berlin.de/en/整理。

7.3 柏林设计之都发展的优势条件

柏林设计之都的创意化道路实现飞跃式发展的主要原因在于:政府、私营部门以及非营利组织的支持;实虚结合的创意服务平台;节事及集市活动的开展;大量年轻创意人才的集聚;文化多样性的发展成为世界文化创意的大熔炉;城市的旅游文化建设。① 其中,政府的支持、完善的平台服务、节事活动的举办以及人才的培养等尤为重要。

7.3.1 有效的部门协作机制

柏林设计之都通过延伸城市产业链推动创意设计产业的发展,②实现其时尚之都的建设目标。在这个过程中,将创意设计、技术生产、分配及传播等各环节紧密结合。在柏林创意产业的发展中,各部门密切合作,通力合作,以推动产业的发展(见图7-4)。公共服务部门通过举办音乐会、戏剧节、电影节、演艺活动等公共文化节事活动对新创意设计进行相关宣传。政府通过税收减免、活动场地减租及物资供给等对时尚设计产

柏林艺术博览会

业发展进行经济及政策上的扶植。③ 银行为从事设计的中小企业进行资金信贷,增加了设计产业的附加值,并延伸了城市时尚设计产业链,推动柏林创意设计产业的发展。④ 非营利基金会、协会通过提供资金进行经济支撑。另外,柏林还建有包括酒店、银行及集团企业在内的机构联盟。如"设计酒店联盟"(Design Hotel),旗下有两百多个酒店,而加入该联盟的企业必须在某方面体现突出的创意设计。德国银行每月都将柏林总部大厅免费提供给"创意柏林联盟",举办设计作品展。⑤ 这使柏林的创意设计产业成为依靠中介组织、半官方机构以及行业协会的综合型设计产业。政府、工会、工业团体、金融机构、艺术家的群体合作,实现了各服务平台

---

① Kulturwirtschaft in Berlin Entwicklung und Potenziale 2008,http://www.creative-city-berlin.de/en.
② 10 Things to Know about BERLIN UNESCO City of Design,http://www.unesco.org.
③ 辛晓进、韦杰:《柏林创意设计:政府和企业是幕后推手》,http://www.cnci.gov.cn/content/200973/news_48277.shtml,2012年3月5日访问。
④ 10 Things to Know about BERLIN UNESCO City of Design,http://www.unesco.org.
⑤ 〔德〕安德烈斯·G.汉普尔:《关于柏林的公共空间》,王晓京译,载《建筑学报》2002年第2期,第11—14页。

之间的合作与交流，①进而推动了柏林创意设计产业的良性发展。

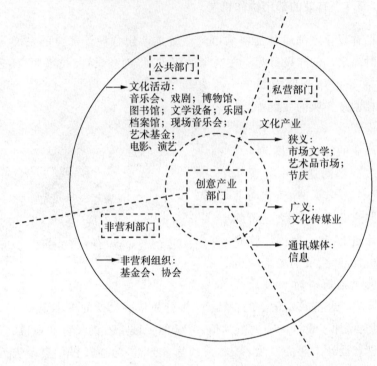

图 7-4　柏林创意设计产业发展的部门协作示意图

资料来源：根据 Kulturwirtschaft in Berlin Entwicklung und Potenziale 2008，http：//www.creative-city-berlin.de/en/整理。

7.3.2　完善的网络服务平台

作为国际设计之都，柏林拥有完善的服务平台，服务于设计产业发展的各个方面，推动创意设计的产业化发展（见图 7-5）。服务平台包括由政府、设计机构、教育培训机构、设计媒体等在内的实体平台和网络平台。同时，柏林还建立了联系政府机构、教育人才培训、媒体宣传、资金支撑机构、公共服务、设计企业及创意设计产品的生产、销售、运送等实体平台的网络虚拟平台（见表 7-9）。例如，柏林创意城市官网会与国际设计中心（IDZ）、联合国创意城市网络等国际网站相互链接，提供双语服务，便于设计之都的国际化发展。欧洲公共服务中心（Europublic）、柏林设计人才

---

① 张楚：《柏林：设计之都》，载《中国经济导报》2006 年 12 月 23 日。

培训中心(WDB)、柏林设计职业交流协会(BDG)等机构的网站相互链接,为设计人才的培训、交流提供广阔的空间。完善的网络服务平台使柏林创意设计的发展突破时空的局限,不仅弥补了实体平台的不足,也扩大了国际影响力,使柏林的创意设计产业链向外延伸,促进了柏林的产业转型以及创意经济的快速增长,最终实现柏林建设设计之都的目标。

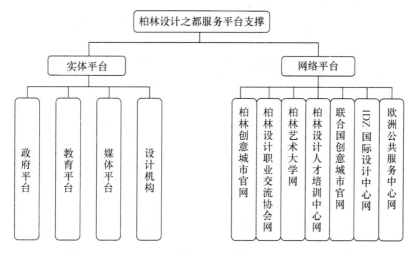

图 7-5　柏林设计之都服务平台

资料来源:根据柏林设计之都官方网站:http://www.creative-city-berlin.de/en/整理。

表 7-9　柏林设计之都网络服务平台

机构	柏林设计之都网络服务平台		
	名称	主要功能	网址
Creative Berlin	柏林创意城市官网	提供柏林创意设计活动的相关信息,并就社会关注的设计问题作出回答	http://www.creative-city-berlin.de/en/
BDG	柏林设计职业交流协会	为柏林创意设计产业职业提供交流平台	http://www.bdg-designer.de/
IDZ	国际设计中心	连接产业发展所包括项目、媒体、学校等机构在内的各服务平台,实现信息交流	http://www.idz.de/en/sites/

(续表)

机构	柏林网络服务平台		
	名称	主要功能	网址
Europublic	欧洲公共服务中心	提供欧洲创意设计产业的相关信息	http://www.europublic.de/
UDK-Berlin	柏林艺术大学	为柏林创意设计产业发展培养人才并进行及时的信息交流	http://www.udk-berlin.de/sites/content/topics/university/index_eng.html
DMY	DMY设计艺术节	提供柏林DMY艺术节的相关信息	http://dmy-berlin.com/en
Business Location Center	柏林商务区位中心	对柏林商务空间区位分布进行分析	http://www.businesslocationcenter.de/de
Visit Berlin	柏林旅游官网	提供完整的旅游柏林信息,包括相关的时尚设计活动及区位	http://www.visitberlin.de/en/feature/berlin-%E2%80%93-the-city-of-design
WDB	柏林设计人才培训中心	对创意设计阶层进行相关的专业项目培训	http://www.wdb.de/de.aspx?seite=Allg/Home

资料来源:根据2010年柏林设计之都官方网站:http://www.creative-city-berlin.de/en/整理。

7.3.3 知名的创意节事活动

柏林时尚之都创意化建设的重要途径是开展创意节事活动,以实现时尚之都与派对之都的建设目标。其中,柏林电影节和柏林时装周最具代表意义。1951年,柏林成功举办了第一届柏林国际电影节,成为影视设计产业发展的先导型城市。柏林影视产业实现了创意影视设计、影视制作、影视发行、传播的一体化模式,通过溢出效应增强创意设计产业的国际影响力。

柏林具有时装界优秀设计人才需要的理想环境。首先,柏林时装设计学校众多,在欧洲城市中名列前茅;[①]其次,自由、开放的创意氛围营造了良好的设计环境,吸引了许多年轻的时装设计师汇聚于此;最后,柏林举办的时尚节事活动也吸引了大量的创意人才。如2011年柏林举办的第八届国际时装周,在吸引大量时尚设计师及专业模特的同时,还吸引了

---

① 彤晖编译:《柏林血液中有时尚》,载《中国服饰报》2011年3月4日。

众多国际知名创意设计品牌在此举办时装发布活动(见表 7-10),使柏林成为国际时尚品牌集聚的秀场。

表 7-10　2011 年柏林时装周创意(品牌/设计师)及其主要创意设计

Hugo Boss	Boss Black 系列发布秀:奶油色加银色的色彩冲击、流线型的运动感晚装以及干净利落的男装
Schumacher	设计师 Dorothee Schumacher 的品牌,通过透视纹路的衬衫和裙子展示出皮革与其他材料的结合
Kappa	推出 P-A.C 合作系列
Christophe Lemaire(Hermes 的创意总监)	自主品牌,带有强烈的 20 世纪 80 年代色彩,又具有他在执掌 Lacoste 时也喜爱的禅式风格
Kilian Kerner	"荷叶边"女装以及"条纹"男装,在男装设计上带有新浪潮思想的探索与创新,使其作品不落俗套
Michael Michalsky	"源于街头,高于街头"系列皮革女装以及完美剪裁的运动男装
梅赛德斯奔驰	"超越完美"是为先锋人群提供的 C 级轿车的主题定位

资料来源:根据中国服装网:http://www.efu.com.cn/data/2010/2010-08-13/317384.shtml 整理。

7.3.4　专业化的创意人才培养

柏林注重对创意人才的教育培训,有五个艺术院校及众多个体机构为与设计相关的教育培训提供服务,它们与国际设计机构及企业的交流为后续的国际合作提供了良好的基础。柏林有五千多名学生受到设计方面的教育及培训,大部分留在柏林从事创意设计。柏林的专业艺术院校是国际艺术领域的权威。如柏林艺术学院,是世界排名前十位的将传统文化特色及多元文化特征相结合的高等艺术院校。这些院校为设计师的培训、设计理念的发展创新、艺术设计理念及教育理论的革新提供了强大的支持,实现了柏林创意设计的专业化及可持续发展。

7.3.5　空间布局带来的辐射效应

柏林设计产业的空间布局反映了柏林的社会文化内涵及其在都市空间集聚背景下的设计产业集群状况。柏林分为 12 个行政区(见图 7-6),创意设计企业及创意设计活动多集聚于城市中心区。[①]

---

① 姜丽丽:《德国工业革命时期的城市化研究》,华中师范大学 2008 年硕士论文。

图 7-6 柏林行政区划图

资料来源:根据柏林创意城市官网:http://www.creative-city-berlin.de/en/整理。

从地理空间角度看,柏林的创意化发展呈现出从中心向外围辐射的模式(见图 7-7)。在柏林的 12 个行政中,米特区位于城市的最中心,与

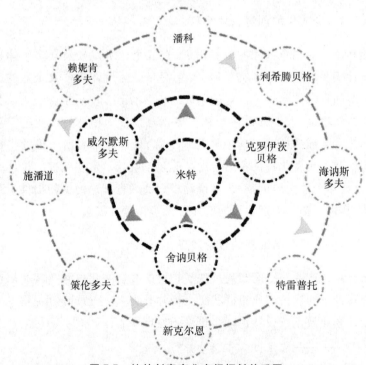

图 7-7 柏林创意产业空间辐射关系图

资料来源:根据柏林创意城市官网:http://www.creative-city-berlin.de/en/整理。

其紧邻的舍讷贝格区、威尔默斯多夫区和克罗伊茨贝格区为次级中心,是创意产业及相关活动最集中的地方。发生在中心区的设计创意灵感会对次级中心产生辐射效应,带动次级中心的创意产业发展。次级中心区之间也会进行信息、技术、人员等要素的交流,进一步扩大辐射面,使这种辐射效应蔓延至城市的外围城区,进而实现整个柏林市的创意化发展。

柏林作为较早加入创意城市网络的设计之都,其独特的城市及工业化发展文脉贯穿了城市创意化发展的整个过程。柏林以其独特的历史文化为基础,在政府及相关机构的支持下,通过建设完善的服务平台、举办创意节事活动、注重创意人才培养、进行空间结构塑造等举措,逐步实现了建设文化之都、时尚购物之都、派对之都的创意化发展目标。

第8章
渐进转型的蒙特利尔

蒙特利尔位于加拿大渥太华河和圣劳伦斯河交汇处一座面积500平方公里的岛上,并以皇家山为中心向西面展开。它是1642年法国人建立的北美殖民地之一,也是北美最古老的城市之一。2011年,蒙特利尔拥有人口164.95万,[①]是北美洲唯一、世界第二大法语城市,同时也是加拿大第二大城市、魁北克省首府。

英语区和法语区是蒙特利尔的代表性社区,以圣劳伦大道(Boulevard Saint-Laurent)为中心,东部为法语区,西部为英语区。除此之外,还有150个其他文化社区,如爱尔兰、意大利、犹太、希腊、阿拉伯、亚洲、拉美、海地、葡萄牙等,几乎涵盖世界上所有的国家和文化风格。市区汇集了世界上80多个民族和国家的文化群体,是一座名副其实的国际城市。[②]

2006年5月12日,蒙特利尔被联合国教科文组织授予"设计之城"的称号,成为北美洲第一个加入文化多样性全球联盟创意城市网络的城市。

8.1 国际化背景下蒙特利尔设计产业的发展机遇与条件

蒙特利尔设计产业的发展壮大,得益于城市本身拥有的深厚文化底

---

① Statistics Canada, 2012, Montréal, Quebec (Code 2466023) and Quebec (Code 24) (Table), Census Profile, 2011 Census, Statistics Canada Catalogue No. 98-316-XWE, Ottawa, Released February 8, 2012, http://www12.statcan.ca/census-recensement/2011/dp-pd/prof/index.cfm? Lang = E, 2012-5-3.

② ADM, Destination Montreal-Portrait of Montreal, http://www.admtl.com/Passengers/DestinationMontreal/AllAboutMontreal.aspx, 2012-4-13.

蕴,这为设计产业的繁荣提供了不竭的创意源泉。另外值得一提的是蒙特利尔数量众多的自发行业组织和协会,它们为城市设计产业的发展以及思想、技术的交融和交流提供了平台。

8.1.1 多元文化与城市包容的氛围

蒙特利尔本身是一座法语城市及移民城市,是通向北美洲的门户,历史上也是北美洲重要河道通往大西洋的港口。圣劳伦大道最南端是亚洲人居住区,中国人在这里建立了繁华的唐人街。往北,是当地人所指的圣劳伦大道主街,汇集了来自俄罗斯、希腊、葡萄牙、意大利、东欧、中南美洲等各种肤色的人,不同的语言、文化让这里成为名副其实的浓缩版"地球村"。[①] 对未知事物的积极求索、对新生事物的超强容纳、丰富多样的文化遗产以及面向世界的开放接纳等,成为蒙特利尔鲜明的文化特征。正是这些特质,以及政治和地理因素等多重作用的影响,使得蒙特利尔具有最为时尚和自由的设计精神。与此同时,在各种研究领域,特别是餐饮、服装、设计及其他艺术领域,蒙特利尔都保持了自身的鲜明特色。蒙特利尔选择了在开放和包容的价值基础上进行发展的道路,为其形成各种观念、文化以及新设想提供了富足的养料,[②]促进了创新理念的不断涌现,成为促进蒙特利尔城市发展的基本因素。

8.1.2 应用型大学与职业化专业的支撑

蒙特利尔有9所高校(见表8-1),以及众多成人教育和其他教学培训机构,其中与设计相关的院系、专业有6个。[③] 蒙特利尔也是国际留学生首选的留学城市之一,每年接纳来自世界150多个国家和地区超过1.8万名的留学生。[④] 2012年,世界知名的高等学府评估排名发布集团(Quacquarelli Symonds)首次发布"最佳学生聚居城市排行榜",蒙特利尔排在"全球50佳学生聚居城市"的第10位,是加拿大首个登上该榜单的

[①] 霄岳:《诱人的蒙特利尔商务之旅》,载《上海商业》2009年第5期,第83页。
[②] A+C:《设计体现价值——专访蒙特利尔市市长杰拉·特郎布雷》,载《建筑与文化》2007年第4期,第13页。
[③] English Montréal School Board, List of Schools 2011—2012, http://www.emsb.qc.ca/en/schools_en/pdf/LIST%20OF%20SCHOOLS%202011—2012.pdf,2012-4-12.
[④] Studying in Montréal, Montréal: A Knowledge City, http://www.etudieramontreal.info/en/studying,2012-4-12.

城市,也是北美地区仅次于波士顿的第二座城市,[①]反映出对蒙特利尔大学发展历史和水平极大的肯定。

表8-1 蒙特利尔高校一览

类别	高校名称
法语大学	蒙特利尔大学(Université de Montréal,UM) 蒙特利尔高等商学院(École des Hautes Études Commerciales H. E. C.,属UM) 蒙特利尔工程学院(École Polytechnique de Montréal,属UM) 魁北克大学蒙特利尔分校(Université du Québec à Montréal,UQàM) 高等科技学院(École de Technologie Supérieure,属UQAM) 国立行政学院—魁北克大学(École Nationale d'Administration Publique-Université du Québec)
英语大学	麦吉尔大学(McGill University) 康克迪亚大学(Concordia University) 国家科学研究院(Institut National de la Recherche Scientifique,INRS)

资料来源:根据 Ville de Montréal Office City Portal, Universities, http://ville.montreal.qc.ca/portal/page?_pageid=5977,40501558&_dad=portal&_schema=PORTAL,2012-2-13 整理。

魁北克大学蒙特利尔分校坐落于蒙特利尔商业中心,其艺术学院是蒙特利尔艺术教学和创意中心之一,下设设计学院、视觉与媒体艺术系等几个主要学院。艺术学院在人才培养方面注重多元技能的培训,涵盖绘画、雕塑、艺术打印、录像、摄影、机器设备开发、平面传媒等诸多内容,[②]在培养平面设计、工业设计、建筑设计、城市设计以及现代服饰设计等领域的人才方面具有悠久的传统且成绩卓著。[③] 艺术学院甚至将设计的理解和运用贯彻到与之相关的每一个项目和事物之中。例如,设计学院的教学大楼本身就设计得紧凑、独特且实用,很好地应对了因地处商业中心而导致的用地及周围空间条件的限制,而公共通道等设计则有效地增加了建筑与大学主校区及城区地铁的沟通,延续和发扬了学院开放

[①] QS Best Student Cities in the World 2012, http://www.topuniversities.com/student-life/best-student-cities/2012/.

[②] École des Arts Visuels et Médiatiques, http://arts.uqam.ca/departements-et-ecoles/ecole-des-arts-visuels-et-mediatiques.html.

[③] École de Design, http://arts.uqam.ca/departements-et-ecoles/ecole-de-design.html.

包容的精神。①

拉萨尔学院集团(LaSalle College)是一所历史悠久的国际性教育连锁机构,早在1974年就在蒙特利尔开设服装设计专业,目前在加拿大、中国、哥伦比亚、土耳其等10个国家设有分校。集团中的国际服装艺术设计学院主要开设与服装相关的设计类专业,包括时装设计、时装营销、2D和3D动画制作、珠宝设计、室内设计、平面设计等,②培养了众多知名的设计师。③

8.1.3 国际行业组织落户与城市的吸引力

蒙特利尔拥有许多与设计领域相关的行业合作组织,为促进城市设计产业的发展起到了积极的推动作用,其意义不可小觑。其中,著名的加拿大建筑设计中心成立于1979年,旨在提高公众对建筑设计规则的公共认可程度,推动学术研究,鼓励设计实践的创新,由此也成为世界知名的建筑设计研究中心和展示中心。④ 蒙特利尔国际现代艺术中心是一个由艺术生产、交流、管理领域的专家组成的理事会,是负责运营管理的非营利性组织,旨在向全国及世界推广蒙特利尔及魁北克省的现代艺术。⑤ 蒙特利尔投资局是成立于1996年的非营利性组织,由地方企业、高等教育部门出资组建,并得到了加拿大政府、魁北克政府、蒙特利尔大都市社区议会和蒙特利尔市政府的鼎力支持,旨在吸引外国投资,促进城市经济发展,提高和强化其国际化的程度和地位。⑥ 另外,与设计产业密切相关的国际设计联盟(International Design Alliance, IDA)于2005年将其全球总部设在了蒙特利尔。这一组织下辖国际工业设计协会理事会(International Council of Societies of Industrial Design, ICSID)⑦、国际平面

---

① 昕:《蒙特利尔魁北克大学设计学院,蒙特利尔,加拿大》,载《世界建筑》2001年第10期,第46—48页。
② 拉萨尔学院(蒙特利尔)官方网站:http://www.lasallecollege.com/。
③ [加]希拉里·麦脱克:《全新的教育理念——北服·莱佛士国际学院》,载《中国商贸》1998年第15期,第34—35页。
④ Canadian Centre for Architecture, http://www.cca.qc.ca。
⑤ Centre International d'Art Contemporain de Montréal, http://www.ciac.ca。
⑥ Montreal International, http://www.montrealinternational.com/。
⑦ International Council of Societies of Industrial Design, http://www.icsid.org/。

设计协会理事会(International Council of Graphic Design Associations, ICOGRADA)①以及国际室内设计联盟(International Federation of Interior Design)等,这些国际组织的进驻极大地加快了蒙特利尔与世界的互动步伐。

国际组织通常是某一专业领域的国际主流机构,具有广泛的国际影响力,能大大提高其所在城市本身的国际地位,国际组织的入驻也因此成为一座城市国际化程度的主要特征之一。② 蒙特利尔很早就具有吸引国际组织、推动产业发展的经验,也是诸多重要国际组织的全球总部所在地,有七十多个国际组织的总部或秘书处设立在蒙特利尔(见表8-2),超过了加拿大其他地区国际组织总部数量的总和。③ 国际组织的入驻一方面使蒙特利尔的国际影响力进一步提升,另一方面也为蒙特利尔以国际标准发展管理设计产业提供了很好的操作经验。

表8-2 设在蒙特利尔的国际组织总部或主要办事机构

类别	国际组织名称	基本情况	官方网站
政府组织	环境合作委员会(CEC)	由加拿大、美国、墨西哥最高级环境部门联合组成	http://www.cec.org
	国际搜救卫星组织(Cospas-Sarsat)	《国际搜救计划协定》(IC-SPA)缔约国加拿大、法国、俄罗斯、美国联合组成	http://www.cospas-sarsat.org
	国际民用航空组织(ICAO)	联合国专门性机构	http://www.icao.int
	蒙特利尔议定书多边基金执行委员会	联合国环境署	http://www.multilateralfund.org
	生物多样性公约秘书处(SCBD)	由缔约国派出的代表组成	http://www.cbd.int
	联合国教科文组织统计所(UIS)	联合国教科文组织	http://www.uis.unesco.org

---

① International Council of Graphic Design Associations, http://www.icograda.org/.
② 杜德斌:《世界经济地理》,高等教育出版社2009年版,第128—148页。
③ Montreal International. All the international organizations, http://www.montrealinternational.com/io-io-in-montreal,2012-4-11.

(续表)

类别	国际组织名称	基本情况	官方网站
非政府组织	法语国家高校协会（AUF）	大学校际组织	http://www.auf.org
	国际机场协会（ACI）—国际民用航空组织（ICAO）办事处	囊括世界上所有机场的行业协会，是一个非营利组织	http://www.airports.org
	可选择国际（Alter Inter）	由非营利性的促进社会公平组织筹办运营	http://www.alternatives.ca
	国际地下空间研究中心组织（ACUUS）	在与空间规划学院和城市研究所签署的三方协议的基础上成立、运营	http://www.ovi.umontreal.ca
	国际法语学校校长组织（AFIDES）	与联合国教科文组织有密切联系	http://afides.org
	民航导航服务组织（CANSO）	由全球航空导航服务机构（ANSP）的代表组成	http://www.canso.org
	美国学院（COLAM）	Oui-Iohe 教育集团旗下品牌机构	http://www.oui-iohe.org
	法国教育培训工会委员会（CSFEF）	—	http://www.csfef.org
	Conseil des Festivals Jumelés（CFJ）	—	http://www.vuesdafrique.org
	全球可持续电力伙伴关系（E8）	全球领先的电力公司组成的非营利组织	http://www.globalelectricity.org
	可持续贸易融资联盟（FAST）	生态金融服务供应商 Root Capital 负责的机构	http://www.fastinternational.org
	抗病毒药物基金会（FAV）	为非营利国际组织，属抗病毒药物国际联盟（ICAV）附属机构	http://www.favintl.org
	法语国家警察组织（FRANCOPOL）	在魁北克安全局与法国国家警察培训部搭建的国际关系理事会与协定框架下成立的警察组织	http://www.francopol.org
	全球气候行动联盟（GCCA）	由全球三百多家 NGO、贸易工会、宗教团体和其他机构组成的非营利联盟	http://gc-ca.org
	人类蛋白质组研究组织（HUPO）	由多国政府机构、研究所及企业组成的国际联合研发组织	http://www.hupo.org

（续表）

类别	国际组织名称	基本情况	官方网站
非政府组织	国际文化事务学会（ICAI）	基督研究所（Ecumenical Institute）筹办	http://www.ica-international.org
	国际法律与心理健康研究院（IALMH）	—	http://www.ialmh.org
	国际航空运输协会（IATA）	由世界各国航空公司组成的大型非政府国际组织	http://www.iata.org
	国际社会旅游局（BITS）—美国事务中心	—	http://www.bits-int.org
	国际商务航空理事会（IBAC）	属联合国民用航空组织（ICAO）管理的机构	http://www.ibac.org
	残障人士交通便捷促进中心（ICAT）	隶属于蒙特利尔投资局（Montreal International），理事来自加、美、英等国	http://www.icat-ciat.org
	国际预防犯罪中心（ICPC）	由加拿大、法国和魁北克政府筹建的跨国组织	http://www.crime-prevention-intl.org
	国际温石棉协会（ICA）	温石棉产业、工人与政府代表组成的业界合作组织平台	http://www.chrysotile.com
	国际航空航天培训局（ICAT）	由欧洲航空安全局（EASA）建立的培训体系之一	http://www.cifa.net
	国际平面设计协会（Icograda）	由众多平面设计、视觉传达、设计管理、设计推广和设计教育等相关领域的专业协会自愿联合而成的协作组织	http://www.icograda.org
	国际工业设计协会理事会（Icsid）	由各个国家设计协会组成的专业化国际设计协作组织	http://www.icsid.org
	国际刑事辩护律师协会（ICDAA）	由魁北克法院、魁北克国际关系局等部门发起建立的与联合国经济及社会理事会（ECOSOC）保持密切联系的组织	http://www.aiad-icdaa.org
	国际空中交通管制员协会联合会（IFATCA）	由百余个国家的5万多名航空管制员组成的专业性国际组织	http://www.ifatca.org

（续表）

类别	国际组织名称	基本情况	官方网站
非政府组织	国际文化多样性协会联合会（IFCCD）	由加拿大政府遗产部与魁北克政府支持运营	http://www.cdc-ccd.org
	国际室内建筑师、设计师团体联盟（IFI）	独立会员社团协会，为中立组织，不受政治、宗教、贸易联盟影响	http://www.ifiworld.org
	国际公立高校论坛（IFPU）	由各国一所最顶级的公立大学组成的非正式论坛组织	http://www.fiup-ifpu.umontreal.ca
	国际同性恋者商会（IGLCC）	由国家非异性恋（LGBT）族群商业组织发起，奥地利、丹麦、法国、德国、北美三国、西班牙、瑞士等国家会员组成	http://www.iglcc.com
	国际大都市管理研究所（IIMMM）	由世界大都市组织（WAMM）管理	http://www.metropolis-server.com
	国际综合人类科学研究所（IIIHS）	—	http://www.iiihs.org
	国际政治科学协会（IPSA）	联合国教科文组织赞助下建立的机构	http://www.ipsa.org
	国际水资源秘书处（ISW）	百余个国际组织、大学机构共同倡议建立的非政府组织	http://www.sie-isw.org
	社交旅游国际组织（ISTO）	—	http://www.bits-int.org
	国际体外受精学会（ISIVF）	—	http://www.isivf.com
	国际心理科学联盟（IUPSYS）	世界各国、各地区的心理学会组成的联合组织，受联合国教科文组织的资助	http://www.iupsys.net
	Metropolis——世界大都市协会（WAMM）	—	http://metropolis.org
	蒙特利尔国际论坛（MIF）	国际非政府智囊团，由来自发展中国家的代表大会组织运营	http://www.fimcivilsociety.org
	北美一体化论坛（NAFI）	非营利组织，由北美跨界研究中心（NACTS）筹办运营	www.fina-nafi.org
	联合国教科文组织国际通信网络（ORBICOM）	联合国教科文组织的一个专业网络，为非政府组织	http://www.orbicom.ca

（续表）

类别	国际组织名称	基本情况	官方网站
非政府组织	公共遗传群体计划（P3G）	一个国际非营利性财团，由加拿大政府和魁北克基因组织提供财政支持	http://www.p3g.org
	法语母语国家网络（RMEF）	—	http://www.rme-francophonie.org
	民主人权（Rights & Democracy）	由加拿大议会筹办的无党派国际授权组织	http://www.ichrdd.ca
	国际法语护士秘书处（SIDIIEF）	魁北克省国际关系部承认的非营利组织	http://www.sidiief.org
	国际法语环境评估秘书处（SIFÉE）	国际非营利组织，受法国、魁北克政府以及能源与环境研究所支持	http://www.sifee.org
	国际航空电信协会（SITA）	在联合国注册的、由航空公司成员组成的非营利性国际组织	http://www.sita.aero
	国际泌尿外科学会（SIU）	国际泌尿外科医生组成的大会	http://www.siu-urology.org
	器官移植协会（TTS）	由纽约科学研究院主办	http://www.tts.org
	法国盲人联合会（UFA）	—	http://www.unionfrancophonedesaveugles.org
	世界航空公司俱乐部协会（WACA）	由世界五大洲航空公司职员及退休者组成的协会	http://www.waca.org
	国际反兴奋剂组织（WADA）	由各国政府及运动机构（国际奥委会）组成的组织	http://www.wada-ama.org
	世界社区广播协会（AMARC）	社区广播电台从业者组织	http://www.amarc.org
	世界优秀旅游目的地中心（CED）	加拿大蒙特利尔旅游局和世界旅游组织联合发起成立的非营利组织	http://www.ced.travel
	世界生产力科学联盟（WCPS）	在联合国注册成立的国际组织	http://www.wcps.info
	世界血友病联合会（WFH）	基于国际非营利组织6个成员国的血友病学会组成	http://www.wfh.org
	世界彩票协会（WLA）	由各国彩票运营商、技术设备供应商等组成	http://www.world-lotteries.org

资料来源：根据蒙特利尔投资局（Montreal International）官方网站及各国际组织官方网站信息整理，网址为：http://www.montrealinternational.com/io-montreal-all-international-organizations，2012-4-10。

1987年,联合国环境规划署在蒙特利尔就保护臭氧层的全球框架协议签订了《关于消耗臭氧层物质的蒙特利尔议定书》(以下简称《蒙特利尔议定书》)。这一协议取得了显著成效,被誉为迄今为止最成功的单个国际协议。它的成功得益于合理的多边基金机制,创新性地管理和开展工作:设立专项资金,加强以项目形式支持发展中国家臭氧机构的建设和发展,顺利实现由单一项目机制向行业机制再到国家计划的过渡,以及从国际执行机构、执行方式到国家执行方式的转变。另外,《蒙特利尔议定书》中引入的"共同但有区别"、坚持法律体制设计、根据技术进步定期更新关键目标等原则和措施也为蒙特利尔提供了宝贵的管理实践经验。[①]《蒙特利尔议定书》特别是为后期蒙特利尔市政府支持培育设计产业的发展提供了操作策略层面上的有效经验,如设立专项培育基金、制订产业法律保护标准以及设计产业分阶段发展策略等。

8.2 蒙特利尔发展设计产业的渐进战略

8.2.1 蒙特利尔城市发展概要

实际上,在申请加入联合国创意城市网络之前,蒙特利尔的设计产业已经享有世界盛誉。这主要得益于蒙特利尔以建设国际城市为战略,打造并推广创意经济的整体品牌。

从历史的角度看,蒙特利尔完全称得上"世界城市"的称号。[②] 1642年,蒙特利尔成为法属殖民地,[③]逐步发展成为北美重要的皮毛贸易中心。[④] 19世纪后期,处于渥太华河和圣劳伦斯河交汇处、距离内陆1000公里的地理优势使蒙特利尔成长为英属北美地区的首要城市。20世纪初,蒙特利尔成为加拿大最重要的制造业中心,汇聚了整个加拿大70%

[①] 陆卫军、张涛:《成功实施蒙特利尔议定书对环境国际合作的启示》,载《江苏科技信息》2011年第5期,第1—3页。

[②] Andrew Heisz, Canada's Global Cities: Socio-economic Conditions in Montréal, Toronto and Vancouver—Trends and Conditions in Census Metropolitan Areas, Statistics Canada Business and Labour Market Analysis Division, 2006.

[③] 石海霞:《奢华的诱惑——论加拿大殖民地时期的皮毛贸易》,载《黑河学刊》2010年第12期,第11—12页。

[④] Paul Chrisler Phillips, The Fur Trade—Volume 1, University of Oklahoma Press, 1961.

的财富,具备了当时作为世界城市应有的所有条件。① 然而,尽管城市经济总量持续上升,但受多伦多城市发展以及西部海港崛起的影响,蒙特利尔逐渐失去了金融中心、通信中心、制造业中心的地位。② 此时的加拿大处于经济高速增长阶段,国际地位逐步提高。1950—1976 年,加拿大国内生产总值(GDP)年均增长 4.4%,居世界第五。至 60 年代末期,加拿大人均 GDP 仅次于美国和瑞典,居世界第三。国家实力的增强使加拿大人民生活富裕,社会福利制度全面铺开,国际地位显著提升。1976 年,加拿大受邀参加六国首脑会议③,形成新的"七国集团"。20 世纪 60 年代初,蒙特利尔经济的繁荣直接带动了以地下城、地下交通、城市建设为代表的大规模城市建设,城市人口也已过百万,并跃升为加拿大的经济中心,其发展水平远超多伦多和温哥华。然而,与之不相称的是,蒙特利尔在国际上依然扮演着一座区域级别都市的角色,尚未在国际级别城市的舞台上发挥影响。到 70—80 年代,魁北克省法语政策的实施使许多大公司将总部由蒙特利尔搬迁至多伦多。90 年代,蒙特利尔经济总体上处于停滞状态,使蒙特利尔的国际地位更加不稳。④ 迅猛的发展起步与日益下降的国际地位驱使蒙特利尔当局为如何重新进入国际化大都市的行列而寻找契机。

  在上述背景下,蒙特利尔市政当局将建设国际城市作为城市发展的核心战略。为支撑这一战略,蒙特利尔从两个层面进行重点发展:首先,在城市发展基础上,拓展城市对外交流渠道,延伸国际触角,提升城市在国际社会上的知名度和影响力。这主要表现为:承办国际性的知名赛事、活动,吸引国际目光;积极吸收和接纳国际政府、非政府组织入驻,藉由国际组织在专业领域内的影响力,加深国际社会对蒙特利尔的认识,同时提高蒙特利尔对国际社会的影响力。其次,重点部署城市文化产业的发展,以对应国际城市多元文化繁荣的基本要求和产业发展趋势。其中,尤为注重支持与产业经济相关的设计产业的发展。

---

  ① 《加拿大通史简编》,http://www. canadastudies. com. cn/upload/cs/img/aboutcanada/canadahistory. pdf,2012 年 6 月 1 日访问。
  ② 曹勇衡:《蒙特利尔——圣劳伦斯河上的法国魅力》,上海交通大学出版社 2008 年版,第 134—143 页。
  ③ 六国为英、法、美、德、意、日。
  ④ 《蒙特利尔历史背景》,http://ca. bytravel. cn/art/mtl/mtlelsbj,2012 年 6 月 2 日访问。

8.2.2 蒙特利尔设计产业的渐进推进

第二产业基础坚实的蒙特利尔意识到文化对新兴的国际城市具有异乎寻常的作用,因此逐渐将文化产业,特别是设计产业上升到城市发展战略的高度加以扶持和培育。

蒙特利尔作为一个设计城市的形象出现在国际舞台源于其过去二十多年的持续发展。自1986年开始,设计产业就被确定为蒙特利尔城市经济发展的战略行业、地区经济发展的七个支柱行业之一。1991年,蒙特利尔成立了专门指导设计产业发展和提高的部门,并设置了"设计委员"一职,这在北美洲是首创,也是当时北美洲唯一将设计纳入市政行政管理框架的城市。① 自2001年起,为了让设计更好地与商业结合,以及延伸到加拿大国内乃至国际领域,蒙特利尔市政府投入了数以百万计美元。2002年6月,为进一步凸显设计产业在城市未来发展中的战略地位,蒙特利尔特地召开市政会议,提出了相关的城市规划,从设计产业的视角描绘了蒙特利尔的发展前景。为配合这一规划,市政当局支持建立了各种咨询机构,以提高公众的监督参与度。市政委员会理事会于2004年1月通过这一规划。加拿大规划协会对此也表示高度认可,并于2004年授予蒙特利尔"城市设计完美规划"称号。2005年,蒙特利尔正式提出"想象——建设2025蒙特利尔"规划方案的设想,其核心理念是力图将蒙特利尔建设成为更加宜居的城市,②也因此而更加关注城市规划和设计的品质。一系列的努力在2006年得到了更加广泛和高度的认可,表现为联合国教科文组织授予蒙特利尔"设计之都"称号。同年,蒙特利尔推出"设计蒙特利尔"计划,并组建"设计蒙特利尔办公室"以对应和落实设计之都的系列要求,具体包括设计委托过程指导、互动交流、网络化组织三方面内容。③ 2007年10月,蒙特利尔举办了一次以"兵器场"设计为契机的城市设计研讨会,在推动城市建设准备工作的同时,进一步提升了蒙特利尔作为设计之都的影响力和地位。

---

① 《集结设计智能》,http://design360.cn/magazine_detail.asp?sortid=6&id=80&typeid=3,2012年9月5日访问。
② Montréal 2025, http://www.montreal2025.com.
③ 10 Things to Know about Montreal UNESCO City of Design, http://unesdoc.unesco.org/images/0018/001838/183835e.pdf, 2009.

蒙特利尔市政府为创意产业投入财力,特别设置了诸多设计赛事,给设计师以有力的支撑和鼓励。例如,专门举行了"蒙特利尔联合国设计城市倡议"活动,用以推广设计之都的整体形象,并为城市设计师提供展示的平台和机遇。政府出资组织艺术设计和建筑设计的竞赛活动,第一期注资从 2007 年开始,到 2011 年已累计达 120 万美元。另外,这一组织还负责多种数字互动媒体的品牌传播工作,特别强调设计成果的"蒙特利尔制造"品牌形象。①

蒙特利尔政府机构十分重视市民整体气质的培养,积极营造城市创意氛围。市民的整体气质呈现了一座城市特有的气韵,在某种程度上成为揭秘城市气质的钥匙。② 蒙特利尔有专门的"设计月"和"设计日",每到特定的日子都会大规模地举行相关创意设计活动和竞赛,并向公众开放,让民众了解设计知识、品鉴创意作品。市民创意素养的提高也带动了整座城市创意氛围的形成,更加突显出城市的创意气质。

8.2.3 蒙特利尔设计产业的构成

蒙特利尔所处的魁北克省设计产业发展迅速,其中又以蒙特利尔表现最为强劲,③在加拿大乃至整个北美洲都具有举足轻重的地位(见表 8-1)。2007 年,魁北克省的设计产业产值达 11.8 亿美元,提供了 31,173 个工作机会。其中,大蒙特利尔地区设计产业产值超过 7.5 亿美元,提供了 20,356 个工作机会,聚集了全省 65.3% 的设计工作者。④ 到 2006 年,蒙特利尔的设计从业者已经超过 25,000 人(见图 8-1)。⑤

---

① About Montreal UNESCO City of Design Background and Mission, http://mtlunescodesign.com/en/projet/About-Montreal-UNESCO-City-of-design/1.
② 刘琼:《市民素养决定城市气质》,载《深圳商报》2010 年 12 月 7 日。
③ 墨宁:《联合国教科文组织设计之城》,载《建筑与文化》2007 年第 11 期,第 16—19 页。
④ Montréal, Ville Unesco de Design/UNESCO City of Design, http://servicesenligne2.ville.montreal.qc.ca/sel/publications/PorteAccesTelechargement? lng = En&systemName = 5200101&client = Serv_corp, 2006-01.
⑤ About Design Montréal Open House, http://www.portesouvertesdesignmontreal.com/about/.

表 8-3　加拿大主要城市设计指数评价（2001 年、2006 年）

地区	2001设计指数	排名	地区	2006设计指数	排名
多伦多	1.74	1	多伦多	1.65	1
蒙特利尔	1.62	2	温哥华	1.58	2
温哥华	1.49	3	蒙特利尔	1.47	3
魁北克	1.23	4	卡尔加里	1.24	4
维多利亚	1.20	5	维多利亚	1.11	5
卡尔加里	1.18	6	魁北克	1.03	6
渥太华	1.04	7	渥太华	1.02	7
温尼伯	0.95	8	基洛纳	1.00	8
哈利法克斯	0.95	9	贵湖	0.98	9
巴里	0.93	10	汉密尔顿	0.96	10
基洛纳	0.92	11	温尼伯	0.96	11
汉密尔顿	0.89	12	埃德蒙顿	0.86	12
贵湖	0.89	13	奥沙瓦	0.85	13
基奇纳	0.84	14	温莎	0.84	14
奥沙瓦	0.84	15	哈利法克斯	0.84	15
伦敦	0.81	16	基秦拿	0.84	16
埃德蒙顿	0.80	17	彼得伯勒	0.79	16
三河城	0.74	18	舍布鲁克	0.77	18
圣凯瑟琳	0.72	19	蒙克顿	0.76	19
舍布鲁克	0.71	20	伦敦	0.75	20
温莎	0.70	21	巴里	0.75	21
萨斯卡通	0.66	22	圣凯瑟琳	0.70	22
彼得伯勒	0.64	23	里贾纳	0.69	23
圣约翰斯	0.58	24	布兰特福德	0.64	24
金斯敦	0.57	25	萨斯卡通	0.60	25
亚博斯福	0.51	26	萨格奈	0.59	26
圣约翰	0.48	27	圣约翰斯	0.56	27
希库蒂米,戎基埃尔	0.48	28	亚博斯福	0.56	28
布兰特福德	0.47	29	三河城	0.54	29
蒙克顿	0.45	30	金斯敦	0.54	30
里贾纳	0.44	31	圣约翰	0.52	31
桑德贝	0.36	32	大萨德伯里	0.49	32
大萨德伯里	0.34	33	桑德贝	0.38	33

资料来源：根据 Statistics Canada, Census of Population, 2001 and 2006 整理，http://www.census2011.gc.calccr_rooo-eng.htm。

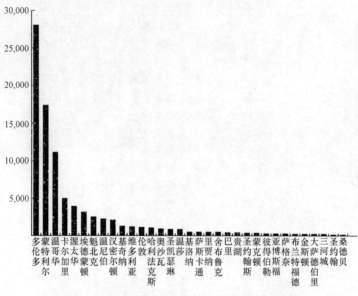

图 8-1 加拿大主要城市设计从业人数(2006)

资料来源：根据 Statistic Canada, Census of Population, 2006 年整理。

蒙特利尔是世界上少数实行设计产业引导经济发展策略的城市，不仅有明确的发展战略目标，而且具有自身的发展特色。这表现在与产业经济相关的设计领域领先于与人文艺术相关的创作领域，而其中的建筑设计、室内设计、工业设计、时装设计、平面设计等领域的设计产业尤为发达。在蒙特利尔大街小巷，随处可见设计的亮点与光环。然而，蒙特利尔真正的设计理念不仅仅体现在其城市匪夷所思的感官设计和大街小巷的设计造型上，更体现在其节能环保、对于资源的合理利用以及文化的极致表现等诸多方面。① 在操作层面上，蒙特利尔的企业在市政当局的一系列措施推动下，增强了对政府支持设计产业发展的信任感，纷纷投资设计领域。市域内，资产 5,000 万以上的大企业普遍将企业收益中的 15%用于产品的设计与开发；而在资产 2,500 万美元以下的中小企业中，这一比例更是高达 30%。②

---

① 刘彦宏等：《设计、人与都市——"设计之都"城市形象传播策略研究》，载《广告大观（综合）》2011 年第 5 期，第 133—134 页。

② 陈嘉欢：《海外"设计之都"纵览》，载《上海经济》2011 年第 11 期，第 25—27 页。

8.3 蒙特利尔设计之都发展举措

8.3.1 以打造宜居城市为指向,引导城市设计经济发展

城市建筑是城市文化的缩影,它与城市地理环境一起表征了城市的地域文化。① 显然,蒙特利尔十分清楚这一论断的意义所在,并通过创意化的城市管理方法,有效地驱动了城市设计经济的发展。

城市存在的价值首先是要满足居民的生活需求,这也是城市市政建设的根本所在。为使蒙特利尔更加宜居、体现城市文化,同时促进创意发展,蒙特利尔采取了"创意驱动"的城市住宅开发方式。与"投资拉动"不同的是,"创意驱动"强调回归居住本身,注重以无穷创意满足居住者的个性化需求。市政府的收入较多地依附地产行业,但并不是从土地上直接获取出让资金,而是推广土地出让后的本地服务业,为土地获取方提供系统服务,从而推动土地保值增值,进而获取稳固的物业税收入。市政当局对住宅土地开发不作过多的硬性要求,仅对舒适度以及在密切结合原有历史环境方面作出指导意见。在蒙特利尔,普通市民也可以购置土地并改建或重建原有建筑。在这一过程中,土地运营、基础设施、建筑设计、室内设计等一系列后续服务项目成为城市发展的重点。值得一提的是,市民自行开发的房屋可直接出售。如此,一座座迥异于"流水线式开发"的个性居所以及独特的土地开发方式成为蒙特利尔的一大特色。②

蒙特利尔世博会③举办期间,当局巧妙地将世博会展区规划与城市的发展、建设计划结合起来,通过筹备世博会的建设带动了城市的建设与发展,特别是地下交通、地下城市的设计和建设。如今,蒙特利尔地下城的设计和发展思路已经成为世界各国城市争相学习的对象。④ 丰富、多元、独特的地下城开发得益于蒙特利尔自由设计师的创意设计,反过来又

---

① 刘建春:《打造城市》,载《企业文化》2003 年第 3 期,第 78 页。
② 马而非:《蒙特利尔:幸福可以设计》,载《江南游报》2010 年 12 月 16 日。
③ 蒙特利尔世博会于 1967 年举办,以"人类与世界"(Man and His World)为主题,会址为圣劳伦斯河上的新建人工岛,共有 90 个展厅。此次世博会共有五千多万参观者。
④ 胡斌、赵贵华:《蒙特利尔地下城对广州地下空间开发的启示》,载《地下空间与工程学报》2007 年第 4 期,第 592—596 页;汤永净、朱旻:《蒙特利尔地下空间扩建案例对上海的启发》,载《地下空间与工程学报》2010 年第 5 期,第 904—907 页。

极大地提升了城市设计服务行业的发展动力。

城市公共空间的打造也成为蒙特利尔重点关注的领域。Quartier des Spectacles 是蒙特利尔市中心的一个巨大广场,①也是蒙特利尔的文化中心。在这一区域,集中了大量表演场馆、研究院所、文化展览馆,同时兼有室内和室外表演场地,用以举办各种国际性的节事活动。在建设这一区域的过程中,设计产业也发挥了重要作用,如以灯光为主要表现手法的空间氛围设计、由 Schreder 公司开发的新型可移式灯具的安装运用等。②

另外,旧城区域的城市空间更新建设也是设计产业淋漓尽致展现的区域。蒙特利尔的老港地区现已形成了"多媒体城"街区及其他办公空间,其改造得益于蒙特利尔市政府的引导策略。老港地区因大片厂房空置曾被称作"鬼城",但在这个寸土寸金的地区,8 座废弃的厂房并没被推倒以重建新地标,而是被 Gsmprjct 公司设计成全新的办公空间。政府也未直接参与多媒体城的开发,而是通过为入驻公司提供雇员纳税抵免、为新公司供给创业服务等措施,支撑旧城革新和招商引资。政府提供这一切服务的前提是,接受帮助的公司必须从事 IT 产业、多媒体产业或服务业。

蒙特利尔向来以对环境保护的重视为世人关注,这其中也不乏体现设计价值的城市建设方式。位于蒙特利尔东北部的圣·米歇尔环保中心(Saint Michael Environmental Complex)是城市空间更新的成功案例,曾因此入选了 2010 年上海世博会城市最佳实践区北美案例。③ 这一地区的用途在 20 世纪发生过翻天覆地的变化。它在 1984 年以前的 60 年里曾是石灰岩采石场,1968 年后又兼具垃圾填埋场的功能。随着人们对这片土地臭气熏天、污染越来越多的抱怨,当地政府在考量社区居民的需求后,建设了 4 个功能互补的中心区。如今,它包含了一座废料鉴定中心、一座沼气和垃圾滤渗液回收中心、一家可再利用材料分拣中心、一个太阳马戏

---

① Quartier des Spectacles 一期工程于 2006 年完工,由成立于 2003 年的"Quartier des Spectacles Partnership"合作公司负责运营。这一公司是非营利性组织机构,侧重于自我发展,提升腹地丰富文化资源和财产。它支持和发展很多具体的项目以加强附近居民、商业和创新方面的联系,并作为蒙特利尔发展的主攻方向,将 Quartier des Spectacles 打造成为世界认可的文化中心。

② 《灯光的盛宴 蒙特利尔街头灯光设计》,载《城市环境设计》2009 年第 5 期,第 60—67 页。

③ 《2010 年上海世博会城市最佳实践区(中部)加拿大蒙特利尔圣米歇尔区的环境复合工程》,http://www.expo2010.cn/c/ubpa_tpl_2184.htm,2012 年 5 月 9 日访问。

团总部和 TOHU 马戏城等。这一城市空间的再造过程，不仅体现了以垃圾填埋场为主题的城市空间再造及与废弃物管理相关的创新，如为了便于先前填埋垃圾产生沼气的持续回收、防止二度污染；同时兼顾了现有城市公园的功能，设计者专门为本区域设计了 CESM 覆盖层；①还将城市建设的选择权、参与权交还于民，在其改造过程中激发并吸引了诸多社区的热情和参与。

Lonely Planet② 评出的"全球十大幸福之地"中，蒙特利尔仅次于尼泊尔，名列第二。个性化居所、经济合理的房价、温和的旧城革新、大获成功的 BIXI、运转有效的城市洁净机制以及不停歇的派对和美食等，是蒙特利尔宜居、幸福的重要原因，而更深层的原因则是市政当局一贯以建设适宜居住的城市为目标展开的一系列建设活动。

蒙特利尔的地铁更像一个艺术涂鸦博物馆，艺术家的作品常常出现在走廊、过道、台阶和墙壁上。地下城超过 30 公里的室内步行网络除连接 14 个地铁站和数量庞大的餐厅、商店、电影院、银行、剧院、展馆外，还特别设置了 2 个设施完备的艺术长廊，这里构成了第二个蒙特利尔。

政府在蒙特利尔中心城区专门设计了 BIXI 自行车出租系统，400 个 BIXI 站随处可见。智能设计令站点的增撤、规模的扩张或缩小都变得极为简便。去哪里还车、某个站点现有多少辆可用车，拿出手机，登录网站，地图随时都可查阅，其主动售票系统与城市地铁站并无二致。喜爱骑车的人在这座城市甚至可以不必拥有自己的自行车。也因此，BIXI 一经推出就入选《时代》杂志年度发明榜，并成功销售到包括伦敦、华盛顿、波士顿、墨尔本在内的多个城市。另外，全城每个公交站点、每条公交线路的到站信息也都可以通过手机随时查阅。③

---

① 王文静：《蒙特利尔岛城的探索》，载《城市实践》2010 年第 43 期，第 51 页。
② Lonely Planet 是世界著名的旅行指南系列信息服务供应商，1973 年由旅行者托尼·惠勒和莫琳·惠勒夫妇创建。今天，Lonely Planet 出版公司已经发展为拥有墨尔本、伦敦和旧金山 3 个办事处，400 多名员工的跨国公司。"Lonely Planet 旅行指南系列"也被旅行者称为"旅行圣经"。在 2005 年的权威品牌机构 Brand Channel 一年一度的"亚太区最有影响力的品牌"评比中，Lonely Planet 排名第五，位列三星、索尼、丰田和 LG 之后。"Lonely Planet 旅行指南系列"目前全球年销量近 650 万册。Lonely Planet 目前拥有指南书、电视、网站、图片库等系列内容，官方网站为：http://www.lonelyplanet.com。
③ BXBI Website, http://montreal.bixi.com/.

8.3.2 以节事活动为载体,营造设计创意文化氛围

设计之都的打造,需要得到城市居民的认可和参与。设计或者说创意并不是专属于设计工作者本身,普通人蕴含的创意思维同样是整个城市创意文化繁荣的巨大资源。① 为提高市民对设计产业的认同,同时培养市民的设计意识和需求,蒙特利尔市政当局成功筹办、支持了相当一批与设计有关的节事活动。

承办国际知名的赛事、活动是提高城市国际知名度的重要手段。1967年世博会、1976年第21届奥运会的举办奠定了蒙特利尔的国际地位。

1967年,蒙特利尔成功举办了一届正式注册的世界博览会,主题为"人类与世界"(Man and His World)。在冷战依然激烈的时代,文化对抗和冷战的焦躁让世博会组织者没有选择冷漠地展示主题,而是转而关注人类哲学的本质思考。"人类与世界"的主题首次将社会的元素纳入世博会的范畴,提出了人们对未来的不确定性以及"消费价值"的思考。在这一主题下,共衍生了5个副主题:供给者—人类、生产者—人类、探险者—人类、创造者—人类以及人类与音乐,可以说是全方位地展示了人类能动的创造发展过程。特别值得一提的是"创造者—人类"副主题,用绘画、摄影、雕塑等艺术形式表述人类和人类社会的发展历程,将人类的进取升华到艺术层面。"人类与音乐"副主题的展示完全是加拿大33个青年组织对蒙特利尔世博会的贡献,其展馆曾被称为"青春馆"或"青年音乐馆"。它通过艺术家沙龙、音乐会、原创艺术品展、舞台秀等形式表达人类对艺术的永恒追求。②

在主题的选择、园区的规划、交通系统的安排、展馆的设计以及馆内展示内容和方式等方面,蒙特利尔世博会都反映了当时社会对人类与其所生存的世界之间逻辑关系的思考和认知:从对科技的崇拜转为对科技的反思。这种反思集中通过对社会建设的创造性探索和设计得以体现,

---

① 崔国、褚劲风、王倩倩、邹琳:《国外创意旅游内涵研究》,载《人文地理》2011年第6期,第24—28页。

② 吴敏:《走进世博会:世博历史150年》,东方出版中心2009年版,第186—190页。

如城市规划、建筑设计、交通系统的思量以及艺术设计等。① 在世博会整体园区的规划设计上,设计方也试图探寻城市空间改良和利用的新方式,从二战前城市规划的"物质形体设计"传统转向系统理性的城市规划。建筑本身集中显示了设计师的创意,如蒙特利尔地铁的每个站点都被单独设计,以便与两层楼的车站大厅和周边配套的商店、橱窗、画廊相得益彰;园区展馆则从形式和内容上完美地再现了"人类与世界"在自然、技术和创造力之间的多元关系。园区内的交通设计从参观者的便捷度和舒适度出发,区别于以往历届世博会的设计思路,配置了高速公路、高架迷你轨道、电车等高效交通工具,以及木舟、游艇、轻便自行车、新型气垫船等趣味交通工具。此外,优雅的城市地铁列车设计由 Jacques Guillon 完成。

世博会展出内容以美国馆和苏联馆为代表。美国馆以"创意美国"为主题,集中展示了美国大众文化的隐喻和对比,如好莱坞电影娱乐内容、波普艺术与波普思潮作品。其意义在于,丰富多元的大众娱乐文化对 20 世纪 60 年代的世界正统文化产生了强烈的冲击,代表了人们对大众文化影响下的世界文化作出的思考和探讨。苏联馆和美国馆皆布置了人类太空旅行、探月计划的种种尖端科技,展示了人类的创造力。此外,艺术与设计作品的展示,以及在当时尚属新兴领域的电影技术的广泛运用,互动电影等影片拍摄方式的首次面世,也成为蒙特利尔世博会的一大亮点。多元文化的汇聚使蒙特利尔日渐成为世界级的多元文化交汇的中心地带。

8.3.3 以商业项目设计为驱动,拉动城市创意活力

20 世纪 90 年代初,蒙特利尔的经济和城市建设仍处在低迷阶段。市政府为刺激商业发展和提高城市生活中的设计质量,由城市建设开发部门主办,并联合魁北克室内设计协会、室内设计学习及研究基金会、魁北克注册建筑师协会和市中心建设协会等多家专业组织机构,于 1995 年发起了"蒙特利尔商业设计计划"。

这一计划以竞赛的形式开展,每年举办一次。每次的评选分为两大部分:专家组成的评委会首先从参赛者中评选出 20 个项目获评委会大

---

① 姚之洁:《关于"人类与世界"的反思:1967 年蒙特利尔世博会》,载《装饰》2010 年第 7 期,第 68—73 页。

奖，然后再由市民在这 20 个奖项中投票选出年度最受欢迎奖。值得强调的是，蒙特利尔商业设计本身并不限定具体的参赛门类和主题，而是开放式地接纳与商业有关的内容，包括工业产品设计、时装设计等产业设计，也包括艺术设计、平面设计等文化商业类别，甚至还包含建筑设计、室内设计、门店设计等城市建设的实际内容（见图 8-2）。这也符合蒙特利尔商业设计计划的意图，符合市政当局支持和鼓励一切与商业活动有关的设计活动发展的初衷。因为对参赛人员和行业无特定限制，作品涉及的行业领域、地域、规模不一，所以在评选过程中，最主要的衡量标准是项目中作者所付出的努力、其中的创意和造成的影响等。对获奖作品的奖励主要体现在帮助商家和设计师扩大影响，达到宣传效果。例如，20 个获奖项目选定后，除海报、街头广告、纸媒广告等宣传方式外，组委会还在每年的 5 月到 8 月间组织专门游线，带领市民和游客参观这些项目，鼓励市民参与评选最喜欢的项目。

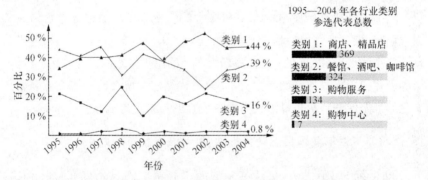

图 8-2　参加"商业设计蒙特利尔"竞赛的行业类别分布（1995—2004 年）

资料来源：根据 Commerce + design: les Clés du Success 整理。

该计划设立的主要目的是鼓励设计方面的专家与蒙特利尔的商务人士进行合作，即鼓励商家，尤其是中小型商业，聘请专业人士进行有品质的商业设计，以提高蒙特利尔商业产品的整体设计水平。这一活动不仅拉动了蒙特利尔对设计服务的需求，推动了设计业的发展，同时也增强了相关产业的竞争力，如直接改善了参赛商铺的营业状况等。商业设计数据报告显示，参加这一竞赛的商铺，其客户量平均增加了 57%，营业额平均增加了 45%（见表 8-4）。另外，居民生活和城市居住环境也由此得到了显著改善。

表 8-4 蒙特利尔商业设计对参赛商铺的影响

影响门类	受访者的比例
营业额平均增长 45%	58%
客户数量平均增长 57%	58%
吸引新客户	63%
客户忠诚度	50%
增加工作人员的积极性	58%
最佳的效率和更好地利用空间	46%
增加商誉价值	21%
提高利润率	21%
租金增加	13%

资料来源：Commerce + Design, les clés du succès, Bureau of Design of Montréal, 2007, 2e Edition.

基于移民城市的背景,蒙特利尔商业设计拥有众多体现世界各地不同地域文化的风格化设计,既保留了移民的本土文化,也满足了市民不外出也能游览世界的心态。例如,蒙特利尔设计师总是能敏锐地感受到巴黎和纽约的时尚,并在作品中秉承蒙特利尔本土文化、移民来源地文化的同时,尽可能展现欧洲和北美洲的流行时尚元素。另外,三百多年的城市历史尽管没有给蒙特利尔创造辉煌的过去,但也没有沉重的历史包袱,因此设计师思维活跃,可以很轻易地打破条框的限制,常常不受建筑、室内、平面、工业设计这些设计范畴分类的束缚。在十多年的组织过程中,蒙特利尔商业设计计划的组织者逐渐摸索出了一套适合蒙特利尔实际的发展模式,其影响力也日益深入,出现了诸如功能混合、提供人文服务关怀和交流场所设计项目增多、临时性灵活设计增多等新趋势。[①]

2002 年,国际商业中心协会(International Downtown Association)[②]授予蒙特利尔"商业设计组织者杰出贡献奖"。[③] 此后,这一计划也得到了法国里昂、美国纽约等世界知名城市的关注和认可,并达成联合举办竞赛

[①] 赵静:《转动设计的轮盘(Design's Running Cogwheel—Commerce Design Montréal)商业·设计·蒙特利尔竞赛活动访谈及案例介绍》,载《室内设计与装修》2005 年第 1 期,第 45—49 页。

[②] 国际商业中心协会,亦称为"国际城区协会",于 1954 年成立于美国芝加哥,致力于引导全世界的城镇中心区发展,是创建世界宜居城市中心区的重要世界领导者,在全球拥有超过 600 个会员组织单位,范围囊括北美洲、欧洲、亚洲、非洲,目前总部设立于美国华盛顿,官方网站为：www.ida-downtown.org。

[③] International Downtown Association, http://www.ida-downtown.org/eweb/。

活动和共享赞助联盟等方面的合作协议(见表8-5)。在"2006年迪拜国际改善居住环境最佳范例奖"①会议上,从88个国家推荐的703个候选计划中,"蒙特利尔商业设计计划"被选举为"48个最为成功的实践"之一。②蒙特利尔的商业设计成为"可靠"的代名词,这一计划在蒙特利尔城市发展过程中起到了结构性作用,设计成为蒙特利尔文化、经济政策和战略中的一个重要组成部分。③

表8-5 蒙特利尔商业设计计划在国际上的合作城市

活动	城市	国家	设立时间
布鲁塞尔商业设计	布鲁塞尔	比利时	2008年
细节设计奖	埃因霍温	荷兰	2009年
卢森堡商业设计	卢森堡	卢森堡	2009年
里昂商铺设计	里昂	法国	2004年
马赛商业设计	马赛	法国	2007年
南特商铺设计锦标赛	南特	法国	2008年
时代广场设计	纽约	美国	2004年
圣艾蒂安商业设计	圣艾蒂安	法国	2003年
斯特拉斯堡商业设计	斯特拉斯堡	法国	2012年
土伦商业设计	土伦	法国	—
诱惑设计	三河城	加拿大	2002年

资料来源:根据"蒙特利尔联合国设计之都倡议"(The Montreal UNESCO City of Design initiative)官方网站整理,网址是:http://mtlunescodesign.com/en/projet/Commerce-Design。

"蒙特利尔设计开放参观日"(Design Montréal Open House)通常在每年5—6月的其中两天举办,旨在让市民通过参观设计师的工作场所,普

---

① 迪拜国际改善居住环境最佳范例奖(Dubai International Award for Best Practices,DIABP)于1995年11月由阿联酋副总统、首相、迪拜市酋长马克托姆(Sheikh Maktoum Bin Rashid Al Maktoum)在迪拜举行的联合国国际会议(United Nations International Conference)上提议设立,并于1996年6月在伊斯坦布尔召开的第二届联合国人类住区大会上获得认可。奖项由组委会与联合国人居委员会(UN-HABITAT)共同管理,每两年评选一次,从超过500个推荐案例中评选出12个奖项,其中最优秀的两项被推举为最佳范例(Best Practice)。目前已有超过140个国家的4000多个案例被搜集记录,并由最佳实践数据库(Best Practices Database)分成优胜奖、最佳范例奖、优秀范例奖、潜质范例奖4类进行管理、传播。资料来源:联合国人居网站:http://www.un-habitat.org/content.asp? typeid=19&catid=34&cid=160。

② UN-HABITAT Best Practice Award Winners Details, http://www.unhabitat.org/bp/bp.list.details.aspx? bp_id=2000.

③ Denis Lemleux, Montréal-City of Design, Architecture & Culture, 2007(4):75.

及设计知识,提高市民参与建设的程度。参加开放日的设计师覆盖国内外建筑设计、景观设计、室内设计、工业设计、平面设计、时装设计和城市设计等众多门类。开放日当天,市民可以到这些设计师的工作室当面聆听他们最新成果的介绍,并与其面对面交流互动。[①]

另外,除主要的设计类节事活动外,蒙特利尔还大力支持其他种类多样的节事活动(见表8-6),鼓励市民参与,营造多元繁荣的艺术气息和文化氛围。

表8-6 蒙特利尔举办的主要文化节事活动

节事名称	主要活动内容	官方网站
国际爵士音乐节	艺术家表演、邮轮爵士晚宴、节日纪念品出售、城市游览参观等	http://www.montrealjazzfest.com
搞笑节	室内展示、艺术家演讲与作品展示等	http://www.hahaha.com
法语音乐节	音乐家演讲与作品展示、各种音乐作品展示、不同主题的演讲与讨论等	http://www.francofolies.com
蒙特利尔雷鬼音乐节	雷鬼音乐表演及其他娱乐活动	http://www.montrealreggaefest.com
蒙特利尔双年展	各种展览、会议及艺术家论坛	http://biennalemontreal.org
蒙特利尔国际室内设计展	创意活动、娱乐及体育运动及各种游览活动	http://www.sidim.com
蒙特利尔时装周	来自不同地区的时装秀及服装展示、时装发布会等	http://montrealfashionweek.ca
时装设计节	不同主题的时装秀、图形设计展览、时装品牌展示	http://www.fashiondesignfest.com
蒙特利尔同性恋大游行	大型 T-Dance 表演及游行	http://www.fiertemontrealpride.com
蒙特利尔冬令节	艺术品展览、音乐、杂技、歌曲等室内表演及各种室外活动	http://www.montrealenlumiere.com
蒙特利尔国际烟花节	各种主题的表演,如功夫(中国)、天使和钻石(意大利)等	http://www.internationaldesfeuxloto-quebec.com

---

[①] Design Montreal Open House, http://www.portesouvertesdesignmontreal.com.

(续表)

节事名称	主要活动内容	官方网站
蒙特利尔灯火节	各种音乐演出、戏剧、马戏团表演及竞技活动	http://www.montrealenlumiere.com
蒙特利尔冰雪节	划船、滑雪、登山、远足等户外运动	http://www.parcjeandrapeau.com
蒙特利尔OSHEAGA音乐节	OSHEAGA艺术展示及相关音乐表演	http://www.osheaga.com
国际热气球节	热气球放飞活动、家庭热气球之旅、不同组织的热气球之夜	http://www.ballooncanada.com
印第安土著文化节	艺术表演、主题论坛、颁奖典礼	http://www.nativelynx.qc.ca

资料来源:根据蒙特利尔各节日官网整理。

蒙特利尔是北美洲最早的一批欧洲移民城市之一,藉由与欧洲紧密联系的历史,延续了国际城市的城市文脉。伴随着经济全球化的浪潮,蒙特利尔强化了国际化的战略。这一总体战略直接促成了蒙特利尔对外拓展战略和市内渐进发展战略的形成。通过举办国际重大赛事活动、吸纳国际组织机构等方式,达到拓展国际触角的目的;通过政府阶段性、渐进性的推进方式,支持和鼓励设计文化及设计产业的发展。值得强调的是,设计产业并不是蒙特利尔在国际城市发展战略中唯一支持的行业类别。实际上,蒙特利尔在航天科技、软件工程等方面同样享有国际盛誉。然而,文化以及与此相关的文化产业的繁荣是新兴国际城市需具备的首要特征之一。设计产业显然具有这样的特质,由此也成为代表城市形象的新兴行业。另外,文化繁荣的迹象在20世纪末的蒙特利尔便已十分明显,表现为尽管其经济陷入困境,但却成长为加拿大乃至北美地区的影视、艺术文化中心。因此,很难说清设计产业的成长与城市文化繁荣之间的前后关系。可以确定的是,在20世纪六七十年代蒙特利尔经济迅速成长阶段,为谋求在国际上的影响力,蒙特利尔进行了大规模的城市建设,直接促进了城市设计产业的发展壮大。在20世纪末,蒙特利尔的经济发展趋缓,然而其文化发展异常繁荣,已经成长为加拿大及北美地区的文化中心之一。进入21世纪之后,市政当局对于设计产业的发展表现出了更多的兴趣,并实施了一系列支持措施,促进了设计产业的迅速繁荣。

蒙特利尔设计产业的发展得益于市政当局对设计产业的一贯支持,

且这种支持将政府角色与市场机制有效地整合为一体。通过城市开发带动城市设计产业发展的模式在本质上与国家资本主义的理念不谋而合，即鼓励城市开发及更新，同时将重点放在土地出让后期的土地价值增值过程而非出让过程上，以此带动了一系列与建筑设计、景观设计、室内设计相关的产业的发展。当然，这其中并不排除蒙特利尔市政资金直接干预的部分。城市文化活动的举办是蒙特利尔推动设计产业发展的又一重要举措，其中不乏众多国际级的赛事、节日。即使是一些看似不直接相关的文化节日，实际上也培养了蒙特利尔包容多元的文化氛围，本质上是对设计创意发展最有力的支撑。如蒙特利尔同性恋大游行，每逢盛会都会有大批的同性恋者身着出位的服装举行盛大的游行和庆祝，吸引了海内外众多游客前往参加或参观。这种对于不同人群、文化的包容态度令人印象深刻。宜居城市的建设目标本身就需要发挥人们的创意，设计出符合不同人群需求的城市基础设施，亦是设计人群实践自身设计创意的"试验场"。另外，宜居的城市环境也为设计群体提供了舒适的城市环境，是设计之都城市实体空间环境的营造过程。

综上所述，蒙特利尔市政当局对于城市发展战略具有明确的定位，同时以开创性的策略引导和支持了设计产业的发展壮大，对于我国创意城市的发展具有参考价值。

第9章
立足可持续发展的名古屋

名古屋位于日本爱知县西部,是爱知县的首府,面积为326平方公里,2011年人口约227万。名古屋濒临伊势湾,地处京滨工业区和中京工业区两大经济地区之间,为中部地区海陆空交通运输枢纽和商业中心,铁路新干线和高速公路东达京滨、西通阪神,港口地位仅次于横滨和神户,是日本第三大贸易港,亦是世界著名大港之一。

名古屋城市景观素描图

这座位于日本本州岛中部的大城市曾是日本的工业重城。20世纪80年代末开始,随着日元的迅速升值和生产成本的提高,日本制造业的发展逐渐趋缓,大城市开始寻求新的经济增长点,以设计为主的创意产业便逐渐成为名古屋经济转型和发展的主要方向之一。1989年,名古屋提出"设计城市"的口号,大力发展设计及相关产业,并卓有成效。2008年,名古屋被联合国教科文组织授予"设计之都"称号。目前,名古屋设计及相关产业的年销售额在100亿日元以上,占该市销售总值的近10%。[①] 名古屋的创意产业规模仅次于东京和大阪,居全国第三位(见表9-1)。按照2007年日本产业划分标准划定的11大类创意产业排序,名古屋在设计、广告和表演艺术这三大类中名列前茅。尤其是设计产业,无论企业数量还是就业人数,名古屋都仅次于东京

---

① Nagoya, UNESCO City of Design, http://unesdoc.unesco.org/images/0018/001841/184174E.pdf.

和大阪,居日本第三位。①

表 9-1　日本 12 个大城市创意产业的规模比较

城市名	2006 年的企业数		2006 年雇佣人数	
	创意产业企业数（个）	占全日本比重（%）	创意产业雇佣数（人）	占全日本比重（%）
札幌	4,066	1.6	41,826	1.9
仙台	2,756	1.1	27,385	1.2
东京	42,770	17.1	768,596	35.0
横滨	4,959	2.0	65,729	3.0
川崎	1,478	0.6	32,940	1.5
名古屋	7,236	2.9	80,743	3.7
京都	3,306	1.3	25,888	1.2
大阪	11,678	4.7	148,007	6.7
神户	3,345	1.3	23,445	1.1
广岛	2,863	1.1	26,367	1.2
北九州	1,687	0.7	13,184	0.6
福冈	4,352	1.7	51,586	2.4
12 个城市总计	90,496	36.2	1,305,696	59.5
全日本	250,330	100.0	2,193,986	100.0

资料来源:根据 Mistuhiro Yoshimoto, Creative Industry Trends—The Creative-Industry Profiles of Japan's Ordinance-Designated Cities, NLI Research, 2009.10.15 整理。

9.1　名古屋设计之都的发展历程

　　名古屋的工业发展历史悠久。1610 年,德川家康家族迁移至此,建立名古屋城堡,从此名古屋逐渐兴盛。明治时期,日本政治由家族统治变为政府官僚治理。1889 年,名古屋设市。1886—1900 年,东海道干线(东京—名古屋—神户)、关西干线(名古屋—大阪)和中央干线(从东京越过中部山区到名古屋)相继通车。1907 年,名古屋又开港通商。内外联系的加强促进了名古屋的发展。19 世纪 80 年代前后纺织工业的兴起,以及 1912 年以后机械工业的迅速发展,使名古屋迅速向近代工业城市方向迈进,成为中京工业地带的核心。二战前夕,工业以棉纺织、陶瓷等轻工

---

① Mistuhiro Yoshimoto, Creative Industry Trends—The Creative-Industry Profiles of Japan's Ordinance-Designated Cities, NLI Research, 2009.10.15.

业为主。战时,军事工业、飞机制造业成为工业主体。二战末期,名古屋成为美军空袭的主要目标之一,城市遭到严重破坏,人口迅速减少,工业急剧萎缩。二战后的经济恢复和发展期间,名古屋工业化、城市化进程加速,市区不断扩大,人口迅速增加。名古屋的工业结构虽以汽车、钢铁、纺织机械、电机等为主,但传统的纺织、陶瓷制造等轻工业在国内仍负盛名,成为综合发展的工业城市。①

和日本其他地区一样,名古屋的产业结构在二战后经历了多次以政府为主导的调整。其产业结构的调整首先受到城市所在地爱知县规划的影响。爱知县从1958年开始,每隔8到16年制定一次区域规划(见表9-2),同时也是产业结构的调整规划。爱知县产业结构调整的特别之处在于,其发展不是从原有产业向陌生产业跳跃,而是在原有产业的基础上向新领域进行延伸和开拓的稳健转型。

表9-2 爱知县区域规划的变迁

规划名称	颁布时间	规划时段	规划特点
第一次爱知县区域规划	1958.12.15	1958—1965年	中部经济圈,土地利用与城市、农村协调配置
第二次爱知县区域规划	1962.8.17	1961—1970年	中京广域都市圈构想,三内陆、三临海工业地带的未来
第三次爱知县区域规划	1970.1.26	1970—1985年	中京广域都市圈与伊势湾,都市圈整备
第四次爱知县区域规划	1976.3.24	1976—1985年	资源·环境制约型规划,以流域为中心的区域开发
第五次爱知县区域规划	1982.3.29	1982—1990年	课题设定型规划,居住生活圈改造
爱知县21世纪规划	1989.3.27	1989—2001年	突出重点的展望型规划,日本和全球视野下的区域开发(国土中枢轴/产业技术首都/新伊势湾都市圈/国际博览会)
向新世纪飞跃——爱知2010规划	1998.3.27	1998—2010年	重视策划、实施各阶段的综合性和联系性,重视超越行政领域之外的区域开发主体间的协作,以中部国际空港、国际博览会等多领域提案为主干的展望型规划

资料来源:根据〔日〕林上:《制造业的大都市圈——名古屋圈的产业结构与城市结构》,王晖译,载《国际城市规划》2007年第1期,第20—31页整理。

---

① http://en.wikipedia.org/wiki/Nagoya

名古屋的发展也受到全日本规划的影响。1998年3月,日本政府颁布了新的全国综合开发计划。这次计划被称为"新的全国综合开发计划",简称"全新综"。在"全新综"中,政府明确了名古屋所在的中京圈的两个发展方向和目标。第一,发挥高新技术的优势,将中京圈建成世界级的产业中枢。和前四次规划相比,"全新综"明显地增加了"高新技术"和"世界级产业中枢"这样高标准的提法,旨在使中京圈在信息产业、新兴产业以及产业结构升级等方面的发展水平达到世界一流水准。第二,"全新综"明确提出了要把中京圈建成"以全世界为对象进行丰富多彩的交流活动的地区"。可见,"全新综"不仅要把中京圈建成产业中枢,而且增加了建成流通中枢这一目标,使中京圈成为国际性的经济、文化、信息和物流中心。[①]

在全国规划和爱知县规划的指导下,名古屋从20世纪80年代中期开始,决定发展设计产业,一方面是为了改变人们心目中原有的保守的工业城市形象,另一方面也为城市进一步发展寻求新的增长点。名古屋选择了走国际化路线以提高城市知名度这一突破口。在1985年的世界工业设计协会联合会(ICSID)华盛顿年会上,名古屋争取到了1989年ICSID年会及首届世界设计博览会的举办权。结果,1989年的ICSID年会吸引了来自46个国家和地区的3700多名参会者;而设计博览会的参观者更是达到1500多万人,给名古屋带来了巨大的人流和声誉。在此期间,名古屋发表了《设计城市宣言》,宣布名古屋希望成为一个"设计城市"。经过10年的努力,名古屋一步一个台阶(见表9-3),终于在2008年被联合国教科文组织授予"设计之都"的称号,成为全球创意城市网络中的一员。

表9-3 名古屋设计之都建设大事记

时间	事件
1989年	举办第十六届世界工业设计协会联合会(ICSID)年会及首届世界设计博览会,发表《设计城市宣言》
1992年	名古屋国际设计中心有限公司成立
1995年	第十七届国际室内设计大会(IFI)和交易会在名古屋召开

---

① 王承云:《日本"中京圈"的可持续发展及其启示——兼论2005年爱知世博会》,载《世界地理研究》2004年第3期。

(续表)

时间	事件
1996年	名古屋国际设计中心建成开业
2003年	举办国际图形设计联合会(Icograda)大会及博览会,至此成为全球第一个举办了ICSID、IFI和Icograda三大国际设计大赛的城市
2003年	爱知县举办世博会
2008年	被联合国教科文组织授予"设计之都"的称号,成为全球创意城市网络中的一员

资料来源:根据 http://www.creative-nagoya.jp 整理。

9.2　名古屋发展设计之都的优势条件

9.2.1　深厚的历史文化积淀

名古屋"设计之都"宣传画

名古屋有非常深厚的历史文化积淀。自建城以来,作为尾张国的重要政治中心、港口和贸易中心,历代君主都对发展贸易和文化特别重视。尤其是第七代君主德川宗春,更是沉醉于歌剧、戏剧等艺术。在他统治时期,很多著名的演员都汇集于名古屋。在他的影响下,名古屋的商人也竞相模仿,大力赞助文化艺术的发展。名古屋艺术文化的繁荣一直持续到江户时代末期、明治时代初期。在二战中,名古屋受到了前所未有的沉重打击,绝大部分名胜古迹都被摧毁殆尽。但是,随着战后经济的复兴,很多古迹又被恢复重建,人们对于文化艺术的热情也被重新点燃。

名古屋不同于东京、大阪等其他日本城市,由于其独特的武家传统,拥有很多日本现代武士文化的遗产。其中,最著名的是名古屋城堡,这座建于1610年的古城堡是在德川家康的命令下,由来自日本各地顶尖的能工巧匠所建造,创造了不少先进的设计和技术。德川花园也是一个古老的典型日式花园,园中有德川艺术博物馆和浩沙图书馆。这些建筑都散发出浓郁的历史文化韵味,体现了日本从明治时代向现代社会转变时期的建筑风格。

名古屋人对文化艺术的热情还体现在众多当地特有的节日中(见表9-4)。除了全国性的节日外,名古屋还有不少当地特有的节日和祭典活动。其中,最重要的是每年二月的"国府宫裸体祭"、7月20日的"名古屋港祭典"、8月上旬的"名古屋城夏日祭"以及10月中旬的"乡土英豪游行"。对于一些全国性的节日,比如丰年节、玩偶节等,名古屋的庆祝方式和内容也特别丰富,在全国具有较大的影响和较高的知名度。这些节日和祭典都充分显示了名古屋深厚的文化艺术传统和人们对文化艺术的热爱。名古屋在城市发展和城市建设中非常注意保护历史遗产,尽量继承和保护城市原有的文化传统。可以说,深厚的历史文化积淀成为名古屋发展创意设计产业最为核心的竞争优势。

表9-4 名古屋的著名节日

时间	节日名称	庆祝地点	主要内容	名古屋的独特之处
2月	丰年节	名古屋神社	庆祝丰收	全国性节日,名古屋为全国之最
3月	玩偶节	不定	玩偶展示	全国性节日,名古屋制造的玩偶为全国最好之一
6月	热田节	名古屋的热田神社	游行,放焰火、纸灯等	名古屋独有
7月	港口节	名古屋港口	游行,放焰火、纸灯等	名古屋独有
8月	名古屋城堡夏日节	名古屋城堡	各种艺术节目,包括舞蹈、能剧等。	名古屋独有
10月	名古屋节	名古屋的久屋大道公园	纪念名古屋的三大英雄豪杰:织田信长、丰臣秀吉和德川家康	名古屋独有
10月	大须大道町人节	名古屋市中心	游行	名古屋独有

资料来源:根据http://www.creative-nagoya.jp整理。

名古屋城堡

9.2.2 雄厚的制造业基础

名古屋所在的中京圈为日本三大产业带和都市圈之一。中京地区是日本工业革命的发祥地之一，明治时期自动织布机的发明促进了中部地区手工业的发展，使其成为传统工业发达的地区。

21世纪以来，中京圈的工业发展情况要明显好于东京圈和阪神圈。如果设定2000年的生产指数为100，则2004年中京圈的指数为115，大大高于全国平均水平。在中京圈工业生产中起引领作用的是爱知县。[①] 爱知县的工业产值从1977年至今一直保持全国第一，有"制造之县""产业技术首都"之称，汽车制造、纤维、陶瓷、塑料、橡胶制品、电气机械等许多产业在全国占有重要地位（见表9-5）。

名古屋的制造业具有深厚的传统，尤其是印染、木屐制造、丝绸染色、陶瓷等方面的手工艺已有几百年的历史，并且直到今天依然生机勃勃。二战之前，以纺织、陶瓷为主的轻工业占绝对优势。20世纪三四十年代，由于军需工业的急速扩大，重化工业比重上升。战后虽停止军需生产，但是重化工业仍发展迅速，其中汽车工业的发展更为快速，居全国前列。

汽车制造是名古屋的支柱产业。这里有丰田汽车的高端品牌"雷克萨斯"的总部，也有三菱公司的研发机构，还有很多日本汽车零部件供应商的总部。例如，以生产办公用品闻名的兄弟工业公司、生产新干线子弹

---

① 〔日〕林上：《制造业的大都市圈——名古屋圈的产业结构与城市结构》，王晖译，载《国际城市规划》2007年第1期。

表 9-5　日本三大都市圈的制造业产值所占比重(%)

	中京圈	东京圈	大阪圈	合计
纤维	23.2	4.7	20.6	48.5
木材、木制品	12.9	6.6	10.0	29.5
陶瓷器	19.5	14.4	9.8	43.7
家居装饰品	15.6	17.4	14.2	47.2
塑料	19.9	16.9	13.0	49.8
橡胶制品	22.0	15.5	12.2	49.7
钢铁	15.9	18.0	17.8	51.7
一般机械	15.4	19.3	18.1	52.8
电气机械	17.7	16.5	17.8	52.0
运输机械	42.0	15.4	4.7	62.1

资料来源:根据〔日〕林上:《制造业的大都市圈——名古屋圈的产业结构与城市结构》,王晖译,载《国际城市规划》2007年第1期,第20—31页整理。

头火车的日本车辆株式会社、生产制冰机和电冰箱的企鹅制冰电气公司等的总部都设在名古屋。近年来,名古屋的机器人工业发展得很快,这与当地传统密切相关,受益于其有制造机械木偶的传统工艺。另外,陶瓷等传统产业在名古屋也经久不衰,日本乃至全世界著名的精细陶瓷生产商Noritake的总部也位于此地。

名古屋的设计产业扎根于当地深厚的工业基础之上,其工业设计以及设计与工业的融合发展都基于其优良的工业传统。

9.2.3　高度一致的官民共识

近年来,日本政府把文化振兴提高到国家最重要的战略位置,并同地方政府一起,对具有地方特色的文化遗产、民间艺术、传统工艺和民间祭祀活动制定了保护和振兴的长期规划,共同举办各类文化节,带动地区旅游事业的发展。

日本的地方政府拥有较大的自治权。由于历史的原因,名古屋一直处于政治的边缘,从未作为国家的政治中心,所以当地政府对本地的区域改造和发展介入较深,在地区的经济和社会发展上发挥了更大的自主性。爱知县和名古屋市政府致力于地方产业发展,积极为本地企业集团发展铺路搭桥,后者也积极回应,所形成的"产"与"官"的共同体构成了今天第一大产业集中地区的政治基础。近年来,"学"也加入到这个共同体中，使得整个社会对于当地经济与社会发展的共识达到了更高的水平。[①]

9.2.4 完善的基础设施

(1) 教育机构

名古屋及其周边有大量与设计相关的教育机构，是全日本设计教育最密集的区域。包括设计学院和名古屋城市大学的建筑学系在内，共有五十多所，其中专门的设计学校就有十多所（见表9-6），有相关专业设置的综合性大学也有十多所，有私立的，也有公立的；有大学，也有职业教育学校。这些学校涉及设计的各个次级专业，如室内设计、建筑设计、工业设计、图像设计等，甚至还有一些市场需求潜力很大但却比较冷僻的专业，如美容顾问、宠物时尚设计等。

表9-6 名古屋主要设计类专业院校

院校名称	网址	主要培养或培训方向
Aichi Bunka Vocational School 爱知文化服装专门学校	http://www.aichi-bunka.ac.jp/	服装设计、面料设计等
Mode Gakuin 时尚学院大学（名古屋分校）	http://www.mode.ac.jp/lang/english.html	时尚技术、发型设计、时装设计、室内设计、图像设计等
Aichi Zokei Design College 爱知造型设计大学	http://www.design.ac.jp/	广告设计、形象设计、企画设计等
Koukoku Design Professional School 兴国设计职业学校	http://www.kdps.ac.jp/	广告设计
Nagoya Designer Gakuin 名古屋设计学院大学	http://www.n-designer.net/	视觉设计、室内设计、产品设计、时尚设计、游戏设计等
Nagoya Fashion Institute of Technology 名古屋服饰专门学校	http://www.nfit-debut.com/	面料设计、时装设计、时尚顾问、美容顾问等
Nagoya Sogo Design College 名古屋综合设计专门学校	http://www.design.nsc.ac.jp/	广告设计、室内设计等

[①] 〔日〕林上：《制造业的大都市圈——名古屋圈的产业结构与城市结构》，王晖译，载《国际城市规划》2007年第1期，第20—31页。

（续表）

院校名称	网址	主要培养或培训方向
Sun Design Specialty School 太阳设计专业学校	http://www.sundesign.ac.jp/	时尚与商业设计、宠物时尚设计等
Trident Design College 三一设计学院	http://design.trident.ac.jp/	图像设计、电脑游戏设计、室内设计、展示设计、杂货设计等
HAL Nagoya College of Technology & Design 名古屋 HAL 技术与设计大学	http://www.hal.ac.jp/nagoya/index.html	高科技游戏和 3D 电脑游戏设计

资料来源：根据各院校网页资料整理。

（2）展览馆、博物馆

名古屋有大量的博物馆，从传统艺术到现代艺术，从手工艺品到高科技产品，从自然到科技，各类博物馆应有尽有。展示和收藏城市历史的有名古屋城堡和名古屋城市博物馆；绘画和雕塑作品则展示在名古屋城市艺术馆、爱知艺术中心以及名古屋/波士顿高雅艺术馆内[①]。

名古屋还有大量不同专业的工业博物馆。Noritake 花园展示了 Noritake 公司这一全球陶瓷生产领导者的历史和现状。INAX 瓷砖博物馆展示了瓷砖研究家山本正之耗时 50 年所搜集的 6000 块世界各国瓷砖，结合"瓷砖发源地在哪里"的专题，分别展示了来自伊斯兰、西班牙、荷兰等世界各地的磁砖艺术品，同时介绍了磁砖的历史演进和制造方法。丰田公司在名古屋有两家博物馆：丰田汽车博物馆和丰田工业技术纪念博物馆，前者展示了来自世界各地的汽车，在此人们可以系统地了解到汽车设计的历史；后者展示了纺织机械和汽车两大产业设计和制造技术发展的历史。另外，名古屋还有一些其他的工业博物馆，比如地铁博物馆、火车博物馆等。

"明治村"是一个室外博物馆，保存和陈列了明治时代、大正时代和昭和时代，主要是明治时代的建筑，开馆于 1965 年 3 月，占地面积达 100 万平方米，至今已搬入和复原了 60 多座明治时代的建筑物。明治时代是日本对外开放门户，吸收西洋文化与技术，奠定近代日本基础的时代。在

---

① 名古屋/波士顿高雅艺术馆是波士顿高雅艺术馆的姐妹馆，由后者与名古屋艺术基金会合作建立，1999 年 4 月正式开馆。

建筑方面,明治时代不但继承了江户时代(1615—1868年)以来优秀的木结构建筑传统,而且借鉴融合了很多西洋建筑风格和建造技术。明治村的目的就是保护这些早期东西合璧的建筑。

(3) 名古屋国际设计中心

名古屋国际设计中心是在名古屋提出建设"设计城市"后动工修建的第一个也是迄今为止规模最大的工程项目。它位于名古屋闹市区,1992年始建,1996年建成,占地约2万平方米。国际设计中心包括一个多功能大厅、一个博物馆、一个美术馆、一个孵化设施、一个购物中心以及大量的设计公司办公室,是全日本第一个一体化的设计中心,也是世界上最大的设计推广机构之一。国际设计中心收藏了2000多件设计艺术作品,向人们展示与日常生活息息相关的各种设计,从家具、家用电器、厨房用品到杂志等。新锐设计师工作坊、名古屋设计国际大赛等设计界的重大活动都在此中心举办。其展厅一年要举办大约40—50个展览,不仅对设计师开放,也对一般公众开放。

9.3 名古屋发展设计之都的举措

9.3.1 多维度、多层次的主导政策

在名古屋发展设计产业的过程中,各级政府起到了很大的作用。日本的创意产业发展是政府主导型的。爱知县和名古屋地方政府以及各个行业主管部局分别制定了发展战略和经济计划,对企业加以指导、引导和规范,共同促进了当地设计产业发展。因此,有两个层次的政策对名古屋设计产业的发展产生了重要影响。

(1) 日本政府针对创意产业的法规和政策

近年来,日本对创意产业的发展非常重视,从国家战略的高度将其确定为国家产业发展的支柱和经济发展的新动力,并通过一系列配套的措施扶持和鼓励创意产业发展。

首先,出台了一系列与创意产业相关的法规和政策(见表9-7)。这些法规和政策保护了创意产品创作者的权益,有利于促进创作者的创作热情,有利于更多创意产品的推出。

表 9-7　日本有关创意产业发展的法规和政策

时间	出台政策部门	名称（及主要内容）
2004.4	知识产权总部	创意产业振兴政策
2004.6	国会	促进创意产业创造、保护和有效使用的法律
2006.2	知识产权总部	数字创意产业振兴战略
2006.6	经济产业省	新经济成长战略
2007.3	知识产权总部	确立成为世界最先进的创意产业大国的目标
2007.4	总务省	提升创意产业的国际竞争力
2007.5	总务省	强化提升创意产业的国际竞争力的纲领
2007.9	经济产业省	提出创意产业全球化战略
2008.3	知识产权总部	振兴创意产业的综合方略

资料来源：根据林乃森：《日本创意产业发展政策及其启示》，载《中南大学学报（社会科学版）》2011年第1期，第89—94页整理。①

其次，为创意产业发展提供大量的资金支持，从资金调配上保障创意产业的发展。从2000年开始，日本即由政府和个人投资家、银行、证券公司及其他民间企业共同成立投资基金，投资于电影、电视和广告公司。2004年12月，日本全面修订《信托业法》，允许向包括著作权在内的知识产权提供贷款，并以此为契机，成立了政策性投资银行，制定了向创意产业投融资和债务保证制度。通过对该法的修订，允许接受包括著作权在内的知识产权作为质押品向银行融资。② 同时，由日本投资政策银行创设了向创意产业投融资和债务保证制度，以便于提供该产业发展所需的投融资服务，并且逐步取消个人向创意产品创作投资的障碍。

最后，制定了一系列设计产业振兴政策。比如，日本通产省在2003年设置了"战略性设计活用研究会"，并于同年6月提出"强化竞争力的40项提议"。提议包括：制订品牌设计支援策略，包括编撰活用设计战略成功的范例集并找出成功的原因；开办针对企业经营者说明设计重要性的研讨会；于海外开办介绍日本优良商品的展示会；设计企划开发的支援，包括对中小企业设计师派遣事业的支持，以及对设计事业的初期投资的支持；设计情报基础环境的确立及整备，主要包括整理设计相关信息、建立检索系统、整理设计师相关信息、开发计算机设计环境；设计专利权

---

① 林乃森：《日本创意产业发展政策及其启示》，载《中南大学学报（社会科学版）》2011年第1期。
② 同上。

等权利保护的强化;培养有行动力的人才,培育范围包括设计管理人才、人因工程学①专业设计人才、高级经营管理人才等,支持设计教育机关建立智慧财产研习班,创设与G-MARK②有关的学生竞赛;提升国民意识;等等。

为强化日本创意设计品牌,2003年10月30日,政府设立了日本设计与经济研究小组,负责制订培育计划和培养专业人才,以弥补日本企业设计管理人才的不足;同时,负责推行促进设计交易正常化的法律制度及保护设计的法律制度。③

(2) 爱知县和名古屋市对设计产业的政策支持

名古屋建设"设计之都"的政策主要包括以下三个方面(见图9-1):

图9-1　名古屋设计之都政策目标示意图

首先是培养人才。发现和培育年轻、有天分的设计师是名古屋"设计之都"各项政策的基础和起点。通过促进企业、学校之间的合作,鼓励产业界、市民参与,为设计师们创造被发现的机会,并给予他们施展才能的空间。

其次是保护环境。名古屋在保护环境和推进循环经济方面有非常高的市民认同度,市府曾发起全市人民参加垃圾减量运动。所以,在发展设计产业的同时,另一个重要的政策导向就是对环境的保护,这一导向充分地体现在名古屋各项目的主题中。

最后是促进多文化的交流和沟通。名古屋通过各种活动和项目促进

---

① 人因工程学是一门新兴的、正在迅速发展的交叉学科,涉及多种学科,如生理学、心理学、解剖学、管理学、工程学、系统科学、劳动科学、安全科学、环境科学等,应用领域十分广阔。

② G-MARK 是日本优良设计大奖,即 Good Design Award,创立于1957年,是日本国内唯一的综合性的设计评价与推荐制度。

③ 《日本文化创意产业发展现状》,http://www.whcycy.org/content/industry_research_content.asp?id=59,2012年4月3日访问。

设计产业的发展,而这些活动和项目都向来自世界各地的人开放,不同文化背景的人可以在同一个平台上充分交流和沟通。

9.3.2 多样性、多元化的活动和项目

（1）主要活动

① 名古屋设计周

从 2007 年开始,名古屋每年举办一次"名古屋设计周"活动,为期一周到半个月不等。在设计周期间,举办大量有关设计的活动,比如不同专题的设计展、研讨会等。

② 爱知三年展

"爱知三年展"于 2010 年首度举办,计划每三年一次。2010 年,展览以"都市的祭典"(Artsand Cities)为主题,邀请来自全球 20 个国家的 135 位艺术家共同参加。展览分四个会场:爱知艺术中心和名古屋市立美术馆是两个传统的艺术展馆;当地的两处老旧房舍——长者町纤维商店街和纳屋桥仓库此次也被改造和利用,成为展览的另外两个会场。名古屋的地下商店街和户外看板等也都有艺术作品展出。同时,策展人也对当地公园及大型户外空间加以利用,让艺术无处不在地呈现在观众的眼前。这次展览展出的作品有来自海内外各地的当代艺术家的创作,涉及绘画、录像、雕塑、摄影、装置、新媒体作品等。

除了定期举办的活动外,名古屋还有大量不定期举办的活动,包括设计展、研讨会等。此外,名古屋还经常派遣官员、设计师等走出国门,参加联合国教科文组织创意城市网络中其他城市的相关活动。

（2）主要项目

① 名古屋时尚大赛

该赛事始于 1980 年,每年举办一次,每次都能收到 5000 余件来自日本或世界各国年轻设计师的作品,目前已发展为一个颇有声誉和崭露头角的设计师们走向成功的舞台。最终的决赛常邀请杰出的设计师担任评委,同时也欢迎研究者和公众参与。

② "名古屋设计"国际大赛

该赛事始于 1998 年,每两年举办一次,截至 2013 年已举办了七届。比赛预先确定主题,主题的范围非常广泛(见表 9-8)。参赛者为 40 岁以下的年轻设计师,其作品须围绕主题进行设计。比赛的优胜者不仅可以

获得奖金,还将被邀请加入一个国际设计工作室。目前这项活动已发展为名古屋地区、全日本乃至跨越国界的一个设计人力资源发展与交流的平台。

表 9-8 "名古屋设计"国际大赛的主题一览表

举办时间		主题
第一届	1998 年	不详
第二届	2000 年	路过的未来(The Future Passed Through)
第三届	2002 年	脆弱的力量(The Power of Fragility)
第四届	2004 年	无形的"感知"(Invisible "Scents")
第五届	2006 年	为了另一个人:沟通与合作(For Someone Else: Communication and Cooperation)
第六届	2008 年	吃的行为(The Act of Eating)
第七届	2010 年	授权明天的设计(Design to Empower Tomorrow)

资料来源:根据 http://www.creative-nagoya.jp 整理。

③ 国际新锐设计师工作坊

该活动始于 2000 年,形式类似于研讨会,每年举行一次,时间为 11 月或 12 月,一般持续四五天时间。其目的主要是鼓励学术机构、产业界和政府之间合作和交流。该活动通过来自世界各地不同学科、不同文化背景的设计者和研究者之间的合作和交流,发现和推广全球的新锐设计师,或者行业的潜在领导者。主办方每年都预先向全世界发布工作坊主题,年轻的设计者和研究者们围绕这一主题进行设计或者研究,然后在工作坊举行期间向大家展示自己的作品或研究成果。比如,2009 年的主题是"从现在开始"(From Now On),关键词是"可持续发展"。在这一主题下,参加者们要搜寻城市中那些"我们想要保护的""我们必须保护的"以及"我们要弘扬的"资产,并且作出具体的设计。2010 年的主题是"未连接中的连接/通过设计探索名古屋"(Connected within Disconnected/Nagoya Discovered through Design),其含义是通过回顾"名古屋设计"2010 年活动的情况,探索研究设计对历史的传承和延续。

为了达到合作和交流的目的,工作坊的设计和研究均是以团队为单位进行的。比如,2009 年的工作坊就分为五个团队,分别为:A 队——指示标记团队;B 队——小物品团队;C 队——地图团队;D 队——报纸团队;E 队——形象团队。每个团队有十个左右成员,其中有两个为主任。

④ 设计教育项目

该项目运用当地设计团体的力量,开办针对普通民众,比如父母和孩子的设计展示会或者工作坊,通过观看专业设计者的当场演示,以及自己动手设计,让孩子们体会设计的乐趣。这样的项目有专门针对青少年的亲子活动,也有在名古屋设计周活动中安排的专场。

(3) 设计之都活动和项目的主要特点

围绕着设计之都的建设,名古屋每年都要组织大量的活动和项目。总体而言,这些活动和项目有如下一些特点:

① 形式多样,内容丰富

名古屋设计之都的活动和项目形式多种多样,有设计展、工作坊、设计大赛、研讨会等,既包括上述固定的、大规模的活动,也包括更多的小规模的、不定期的活动,比如各个博物馆举行的设计展、国际设计中心举行的研讨会等;既有名古屋市或爱知县当地举办的活动,也有名古屋的设计行业作为一个整体参加其他联合国教科文组织设计之都的活动。表 9-9 是 2012 年名古屋举办的主要活动。从中可见,全年几乎每个月都有与设计有关的项目或活动。

表 9-9 名古屋设计之都 2012 年主要相关活动和项目汇总

时间	地点	活动或项目
2 月	名古屋、神户	纪念品设计——神户+名古屋联展
2 月	名古屋	家庭设计工作坊
2 月	名古屋	Pecha Kucha 之夜
3 月	名古屋	研讨会
5 月	加拿大蒙特利尔	蒙特利尔联合国教科文组织创意城市网络大会
6 月	德国柏林	DMY 柏林国际设计节
6—10 月	名古屋	名古屋设计大赛
11—12 月	名古屋	新锐设计师工作坊

资料来源:根据 http://www.creative-nagoya.jp 整理。

② 充分体现三大政策目标

名古屋设计之都的每种活动和项目都力求从不同角度实现其三大政策目标:发现人才、环境保护和多样文化的交流(见图 9-1)。

第一,和其他创意产业一样,设计是一项高度依赖人的创意活动,相关人才的质量、数量直接决定了该产业的兴衰。因此,无论是设计大赛、时尚大赛,还是新锐设计师工作坊,首要的目的都是发现和推出有天分、有潜力的年轻设计师。

第二，活动或项目也力求在不同环节体现对环境的关注。"设计之都"各项活动最重要的主题之一就是"环境保护"。比如，在截至2013年的七届"名古屋设计"国际大赛中，第二届、第三届和第七届的主题都与可持续发展直接相关（见表9-7）；而新锐设计师工作坊的主题也有将近一半直接与此相关。其他各届的主题虽然不直接与环境相关，但在作品的评比中，体现对环境关注的作品往往能获得加分。

第三，名古屋的各项设计活动也在很大程度上实现了多元文化的交流。以2004年"名古屋设计"国际大赛为例，这一届的主题是"无形的'感知'"。比赛共收到来自62个国家和地区的1,336件参赛作品，其中日本的594件（44.5%），海外的有742件（55.5%）。参赛选手中，男性有814人（60.9%），女性472人（35.3%），未知50人（3.7%）；其中学生732人（54.8%），In-house设计师①166人（12.4%），自由设计师266人（19.9%），其他172人（12.9%）。经过两轮筛选，最终有8件作品获奖。其中，大奖由日本的一位自由设计师获得，金奖获得者之一是一位来自中国的设计专业的研究生，一位旅居意大利的美国设计师则获得了银奖。② 这些获奖者中有很多都是外国人，并且获奖以前都是名不见经传的年轻人。

③ 充分利用最新的通信技术

为了使全世界各地的设计者们都能够了解、参与名古屋设计之都的各种活动和项目，举办者充分运用最新的通信技术对活动进行宣传和推广。比如，在"名古屋设计周"活动的网页上，就有Twitter、Youtube、Facebook、Ustream等网站的链接。活动或项目的参与者可以通过网上注册、递交作品等。

④ 社会各界充分参与

名古屋设计之都的活动和项目在向海内外专业人士开放的同时，也鼓励当地的普通民众积极参与。活动期间，不仅设有专门针对普通市民的设计教育项目，也有不少项目和活动在展示和评判的环节中鼓励民众

---

① "In-house设计师"即内部设计师，指在设计师事务所或者其他雇佣单位内工作的设计师。

② 《"Nagoya design do! 2004"国际设计比赛获奖作品》，http://www.027art.com/art/guang-gao/175098.html，2012年5月17日访问。

参与,吸纳民众意见。

9.3.3 多层次、多功能的相关机构

名古屋设计之都的建设涉及的机构很多,主要包括四个层次:赞助机构、全国范围内的相关组织和团体、名古屋地区的相关组织和团体以及海外的相关组织和团体。其中,赞助机构是名古屋设计之都各种活动和项目主要的组织者和出资者。

(1) 赞助机构

为了促进名古屋设计产业的发展,名古屋当地政府的相关部门和产业界联合起来,组成了"名古屋创意设计之都组织委员会",负责组织和赞助名古屋有关设计产业的各项活动和项目。该委员会的成员包括:名古屋市政府、名古屋工商局、名古屋国际设计中心公司和中部设计组织委员会。

其中,名古屋国际设计中心公司是一个有1/4官方背景的合资企业,由名古屋市、爱知县政府和当地的私人企业(包括日本发展银行和其他信托投资公司)共同持股的股份有限公司。它是在名古屋国际设计中心的基础上建立起来的。名古屋国际设计中心公司的具体活动主要分两块:一是人才的教育和培训,包括举行工作坊、大赛、研讨会、展览以及与大学合作等不同形式;二是每年向10家没有设置独立设计部门的中小型企业推介设计师,这项工作的费用由市政府专门的辅助金支付。①

中部设计组织委员会成立于1988年,由15个活跃于名古屋地区的设计组织联合组成(见表9-10)。这些设计组织来自包括工业设计、室内设计、图画设计、建筑设计等各个领域。中部设计组织委员会有多项功能,除了与设计相关的节事、竞赛和社交活动的组织外,还负责一本信息期刊的编辑工作。

---

① 陈嘉欢:《海外"设计之都"纵览》,载《上海经济》2011年第11期。

表 9-10　中部设计组织委员会组织名录

序号	组织名称
1	日本工业设计联合会中部分会
2	日本室内设计联合会东海分支
3	日本建筑研究所东海分支
4	日本商业空间设计学会中部分会
5	日本陶瓷设计组织
6	中部设计联合会
7	中部创造者俱乐部
8	爱知建筑建造工程学会
9	名古屋演示者俱乐部
10	日本标志设计委员会中部分会
11	日本设计空间委员会中部分会
12	广告设计组织中部分支
13	日本珠宝设计联合会中部办公室
14	中部室内规划委员会
15	日本图像设计联合会爱知分会

资料来源：根据 http://www.creative-nagoya.jp 整理。

(2) 全国范围内的相关组织和团体

与设计产业相关的全国范围内的组织和团体包括：日本联合国教科文组织机构联合会、名古屋联合国教科文组织机构联合会、日本设计推广研究所，还设有"优良设计大奖"[①]。

(3) 名古屋地区的相关组织和团体

这些组织和团体包括：日本经济贸易产业部中部分局、爱知县政府、爱知县政府设计中心、名古屋时尚联盟、名古屋城市研究所、名古屋传统产业协会、名古屋设计大学及相关大学网络等。

其中，名古屋地区设计专业类的大学、学校及有相关专业设置的大学一共有五十多所。这些大学和学校中的教师和学生是活跃在上述各种活动和项目中的中坚力量。

另外，名古屋时尚联盟和名古屋城市研究所是区域内直接从事设计产业的两个机构。前者成立于 1987 年，由名古屋市、爱知县政府、名古屋

---

① 优良设计大奖是由日本工业设计促进组织于 1957 年创立的奖项，迄今已有近 60 年的历史。它也是亚洲地区最具权威性及影响力的设计奖项，被公认为全世界三大工业产品设计奖项之一，素有"东方设计奥斯卡奖"之称。

工商业部及与时尚相关的教育机构和服装企业共同组成,目的是促进时尚产业的发展,并以此提高人们的文化和生活水平。该联盟具体的工作包括:① 收集和发布时尚新闻,为当地的时尚增添新元素;② 组织时尚大赛,培育人力资源;③ 为当地的年轻设计师开创自己的事业提供支持。

后者建立于1991年,是一个着眼于名古屋21世纪城市发展的研究机构,1999年增加了展位、图书馆和会议室,规模进一步扩大。该研究所既面向市民传递城市设计知识,又面向未来研究城市可持续发展。它的主要工作内容包括:信息收集、考察和研究,以及人力资源的发展和交易。

（4）海外的相关组织和团体

这些组织和团体包括:联合国教科文组织(创意城市网络)、国际工业设计联合会、国际图像设计联合会、国际室内设计联合会等。

由上可知,名古屋在建设设计之都的过程中,充分地调动了各个相关行业、部门以及海内外的各种相关力量和资源。

（5）生态制造网(eco-pro-net)

在名古屋设计之都的建设中,还有一个特别值得一提的机构——名古屋生态制造网。这一机构旨在通过多方合作,促进环保产品(Eco-Products)的开发、环保人才(Eco-Professional)的培养、环境效益(Eco-Profit)的提高,以实现可持续发展的目标(见图9-2)。

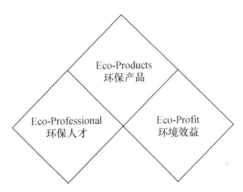

图9-2　eco-pro-net 的要素构成与理念示意图
资料来源:根据 http://www.creative-nagoya.jp 修改绘制。

名古屋在发展设计产业的过程中,特别提出"可持续设计"的理念,即将设计运用于循环型社会和环境友好型城市的建设。为了将名古屋及其所在的中部地区建设为一个基于生态设计和生态产品市场扩张的高水平制造中心,名古屋的设计界、工业界、科研教育界和政府合力于2006年创设了生态制造网,并于2008年将其转变为一个由热心的志愿者们组成的独立运营的组织。志愿者中很多是大学教授或者企业员工。建设生态制造网,旨在通过鼓励在现有的制造技术和工艺中加入"生态设计"元素,以提升生态产品的设计、开发和制造,最终达到培育生态企业、建设循环社会和扩大生态产品市场,实现可持续发展的目的。

生态制造网是一个汇聚官、产、学三方力量的平台(见图9-3),其主席和副主席均由大学教授担任,顾问团则由政府官员、大学教授和企业高管等组成。生态制造网的三大主要业务包括:① 促进生态产品的制造:该组织通过举办一系列的活动,包括针对原料供应商①的讨论会、帮助其与客户配对的会议等,提高他们对市场发展趋势以及客户需求的认识;② 培训生态专业人士:举办有关 EfD② 和 LCA③ 等内容的讲座和工作坊,培训具备专业知识的人才,将生态—设计方法介绍给当地企业的工作人员;③ 传播生态效益的信息:举办专题讨论会、研讨会,在网络上传播关

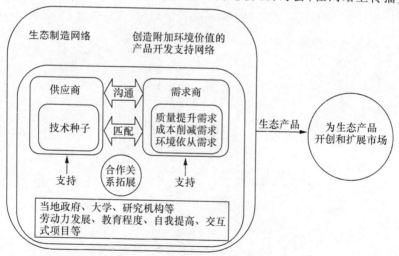

图9-3 生态制造网络业务内容示意图
资料来源:根据 http://www.creative-nagoya.jp 修改绘制。

---

① 由于这些原料供应商是生态产品的起点,所以从他们开始进行生态制造的教育以及帮助他们与下游的客户建立关系是必要的基础。
② EfD,Environment-friendly Design,环境友好型设计。
③ LCA,Life Cycle Assessment,(产品)生命周期评估。

于生态效益的信息,鼓励企业采取管理战略以提升生态产品的利润率。

生态制造网通过自己的工作,已经为不少企业开发生态产品起到助推作用。比如,日本产经株式会社在生态制造网的促成下,集合椅子制造商、设计专业人员和环境专业人员的力量,开发的"HECMEC"项目就是一个成功的例子。该项目用各种材料,包括废纸、竹子和木材以及铝材,制成外形美观、使用舒适、易于折叠、易于处置、易于再循环的椅子,在市场上获得了极好的反响,并且获得包括日本"优良设计大奖"在内的多个奖项。

9.4 名古屋设计产业可持续发展的启示

名古屋从20世纪80年代末期开始发展创意设计产业,距今已有二十多年。在此期间,日本经济经历了泡沫的破裂及其之后长期的一蹶不振。在这样的背景下,名古屋的设计产业实现了较为稳定的持续增长和发展,实属不易。回顾其发展历史,可以总结出很多的经验,主要有如下几点:

第一,以人为本,注重汇聚人才和服务生活需求。

名古屋设计产业的发展举措充分体现了"以人为本"的理念。首先,将培养和发现设计人才作为各种活动和项目的主要任务之首,抓住了设计产业发展的关键;其次,各种活动和项目设计的主题均与人的生活密切相关,服务于人们生活质量的提高。名古屋在设计之都的建设中遵循着"以人为本"的原则,一方面激发了产生优秀设计产品的源泉——设计者的活力,另一方面也使得设计产品能很好地满足人的需求,因此能够赢得市场,获得可持续发展的内在动力。

第二,保持政策和措施的连贯性和持续性。

名古屋在迈向设计之都的过程中,政策和措施都相当的连贯。1992年,国际设计中心破土动工,同时设立国际设计中心有限公司。1996年,国际设计中心完工后就成为举办各种相关活动和项目的主要场所,以及培育、孵化设计企业和人才的名副其实的设计中心。"名古屋设计"国际大赛、新锐设计师工作坊等项目保证如期举行,这些赛事的奖励不仅有奖金,还有工作的机会。对于年轻的设计师来说,工作的机会比奖金更加有利于今后事业的持续发展。同时,名古屋各项活动之间并非自行其是,而是彼此呼应,保持了紧密的联系。比如,2010年新锐设计师工作坊的主题就是对当年的"名古屋设计"国际大赛情况的一个检视和再思考。

第三,重视历史文化传统的继承和创新。

日本的各大城市在创意产业发展中,都注重城市原有的传统和基础。比如,东京因其特殊的地理、文化和经济位置,集聚和发展了大量以数字内容为主的创意产业企业。名古屋的历史传统使其选择了设计这一创意产业。从名古屋城堡建设时期开始,就埋下了名古屋建筑设计的种子。陶瓷、纤维等传统产业的悠久历史,加上大量集聚的汽车企业及其配套的零部件厂商,形成了名古屋发展工业设计的基础。"名古屋传统产业协会"也是设计之都各项活动的参与者。名古屋的很多传统工艺,像手绘丝绸染色、玩偶制造等,都将设计积极地引入其中,从而能不断地推陈出新,保持活力。

第 10 章
宜居城市指向的神户

神户,日本第六大城市,兵库县首府,位于本州岛的西南部,西枕六甲山,面向大阪湾,自然环境优越,气候宜人,四季分明。神户面积 550 平方公里,人口 150 万,是日本最美丽、最有异国风情的港口城市之一。1995 年阪神大地震后,神户港口地位明显衰落,神户遂开始调整产业结构,突出时尚中心、时装产业中心的建设。

10.1 神户转型发展路径

转型发展使神户颇具异国风情的港口城市景观特征更加凸现。1973年,神户提出了时尚之都的构想。为此,神户市开展了一系列的努力,如在神户港周围建造"时装城";在六甲地区建设服装批发市场和服装美术馆;举办各种活动,宣传神户时装,培养服装设计师和制作工匠等。2006 年,神户对于打造时尚之都又有了更具体的行动。一方面,神户成功举办了第八届神户时装周;另一方面,提出了"聚会城市"构想。神户时装周是日本规模最大的时装发布会之一。为了振兴当地服装产业,神户时装协会推出了"聚会城市"概念,希望能够营造经常举行聚会的环境,融合当地服装、鞋帽、珍珠饰品、副食品等带有神户特色的产品,促进服装产业的发展。此后,时装协会呼吁零售店和制造商举行各种形式的聚会,希望通过产业界的共同努力改变人们的着装意识,促进时尚之都的建设。神户也因此于 2008 年10 月 16 日被联合国教科文组织授予"设计之都"称号。[①] 2011 年 6 月 3

---

① http://www.unesco.org.

日,神户制定了"第五次神户发展基本计划",对城市定位、产业发展及城市生活等方面作出进一步规划,力图更快地实现城市的转型和发展。

10.1.1 从港口城市向创意城市转型

神户是历史悠久的港口城市。19 世纪 60 年代,日本向世界开放神户港。在与世界贸易往来的过程中,神户积极引进、吸纳国外文化,久而久之,形成了开放性和包容性的文化氛围。① 在此后的几十年里,神户进行了五次城市基本规划,明确了神户在各个阶段的发展方向及策略(见图 10-1)。港口城市的开放性提升了神户的国际化地位,也促进了多元文化的交流与创新,为神户迈向创意城市的转型奠定了基础。

表 10-1 神户五次城市基本计划

	1965 年(昭和四十年)—	1974 年(昭和四十九年)—	1986 年(昭和六十一年)—	1993 年(平成五年)—	2011(平成二十三年)—
基本构想		人间都市神户的基本构想 1974 年(昭和四十九年)策定		新神户市基本构想 1993 年(平成五年)策定	
基本计划区别计划	(第一次)神户市综合基本计划 1965 年(昭和四十年)策定	(第二次)人间都市神户的基本计划 1976 年(昭和五十一年)策定	(第三次)人间都市神户的基本计划(改定) 1986 年(昭和六十一年)策定	(第四次)神户市基本计划 1995 年(平成七年)策定 区别计划 1996 年(平成八年策定)	(第五次)神户市基本计划 2011 年(平成二十三年)策定 • 基本配置计划 • 2015 年目标 • 各区计划
中期计划	• 神户市生活环境基准、神户市都市环境基准 • 新神户市生活环境基准、新神户市环境基准 • 第三次神户市生活环境基准			神户市 2012 年基本目标区中期计划 2005 年(平成十七年)策定	基本计划综合

资料来源:根据神户市官方网站:http://www.city.kobe.lg.jp/foreign/chinese/index.html 整理。

神户力图成为一座以人才为宝贵财富、以丰裕富饶的新生活为基础的"共创型"城市②。在城市建设过程中,神户提出了五个主要的建设原

---

① 杨京平、刘瑞:《印尼、日本促进重大灾害恢复重建的经验与启示》,载《中国经贸导刊》2009 年第 17 期。
② United Nations Educational, Scientific and Cultural Organization, Kobe UNESCO City of Design, in Creative Cities Network, http://unesdoc.unesco.org/images/0018/001840/184066E.pdf: Paris, 2009, pp.1—3.

则及城市形象:"构建人类尊重城市""构建丰富的城市生活""城市魅力在于构建舒适的生活环境""促进城市国际文化交流""以城市充满活力的经济发展支持下一代"。另外,神户还将环保型城市、低碳型社会、与自然共生的社会、循环型社会等可持续发展内容作为建设目标,致力于建设低碳、环保的创新型城市。为了实现经济不断增长,推动创造性城市发展,神户举办了具有地方文化特色的"设计型城市"活动,从国外吸引各种人才,推进新一代计算机软件研发,与大学合作加快神户的优势"知识集群",使神户逐渐成为各种人才汇聚、交流、生活的城市。[①]

为了更好地繁荣城市建设,神户根据各个区域的自身特点制定了不同的发展方针(见表10-2),以求形成发展的领先地区。例如,市中心、滨水地区将建设成为举世闻名的"港都"神户,人工岛将成为向全世界开放

表10-2 神户各区域的建设措施

区域	建设目标	具体措施
西区	美丽城区,新田园都市	通过自然体验开展城乡交流,区内的企业、居民、行政部门合力建设
垂水区	让大家居住的、不愿离开的城区	制定6个"生活文化圈"的目标,将垂水区建设成让大家能够朝气勃勃的生活城区
须磨区	成为充满活力和热情的宜居区域	培养担负地区未来的青少年,同时建立起一套机制,宣传须磨的魅力
兵库区	温馨体贴的城区	建立南北部城区的交流纽带,让整个城区能够利用和共享兵库区的魅力
中央区	生活魅力、集会魅力、多姿多彩的特色相得益彰的市中心	力求成为让区民感到安全放心的城区,发挥市中心功能集中的特点,为神户创造繁荣
长田区	美食和铁人"good"的城区	以美食和历史等独特的文化为突破口,宣传魅力,开展不同年龄的人之间的交流。
东滩区	精彩纷呈、交流频繁的城区	营造能放心生养子女的环境,同时增加接触城区的机会,共同守望
滩区	环境优美、愉快舒适、令人难以割舍的城区	发现和培养城建人才的同时,企业、大学、学生、非营利组织齐心协力,共建宜居、繁荣的城区

资料来源:根据面向2050年的"神户建设方针"整理,http://www.city.kobe.lg.jp/information/project/masterplan/masterplan.html。

---

① 《日本都道府县驻中国事务所访谈录:神户的N种风情和魅力——访神户市上海事务所副所长张文芝》,http://cn.explore.ne.jp/jp-mp/bingku/shanghai.php,2009-9,2012年8月3日访问。

的未来城市,兵库运河周边将成为对世界有所贡献的制造业城区。差异化的发展目标促进了神户各区域的创意化建设。

10.1.2 从制造产业向服务经济转型

1995 年发生的阪神大地震造成日本经济损失约 1000 亿美元。面对这一巨大损失,兵库县开始了长达 10 年的重建工程——"不死鸟计划"(Phoenix HYOGO),设立了"阪神大地震灾复兴本部",以"不仅要恢复到震前水平,更要建成比震前更加安定、安心、安全的城市"为目标,计划分 4 个阶段开展。1995 年的《神户市复兴计划纲要》提出了"以创造性方式实现灾区复兴"(即"创造性复兴"计划)的战略构想。通过结合原有的发展基础以及对未来产业的预测,神户重点支持了设计、医疗器械等几个产业,统筹兼顾灾区重建与未来发展。其中,尤为注重产业升级。①

2011 年,神户制定基础发展计划,大力发展创新型经济,开展各项活动,为产业活动创造新活力,稳定和提高市民的生活水平(见图 10-1)。除了招徕医疗和低碳等有发展前景领域的企业外,政府还支持市内的企业向新领域挑战;同时,还重新评价了培育产业的基础——海陆空交通网络,增强并进一步完善了其功能。神户市政府在建立支持具有发展前景的企业、为市民创造就业机会的同时,构建了道路网络,使重要的区域相互联系。例如,"阪神港"是由神户港和大阪港两港构成,力争使其海外集装箱吞吐量从现在的 400 万 TEU 增加到 490 万 TEU,加快国际化步伐。

对于历史悠久的地方传统产业,神户通过加强与大学和企业的联系,鼓励企业采纳新想法,进一步提高产品价值;采取多种措施提高市内企业的市场营销能力,开展向国内外扩销的活动;应用新一代超级计算机等手段,提高市内企业的技术和价值,推动产品品牌化,提高产品的附加值;利用互联网等网络虚拟平台传播零售店信息,提高城市商业魅力,打造繁华热闹的商街和零售店。就这样,神户有效地提高了制造业的附加值,促进了创意人才的集聚和创意经济的增长。

---

① 杨京平、刘瑞:《印尼、日本促进重大灾害恢复重建的经验与启示》,载《中国经贸导刊》2009 年第 17 期。

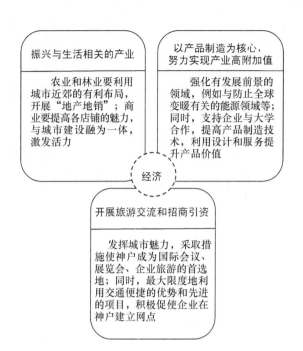

图 10-1　神户第五次基础计划——发展高附加值的创意经济
资料来源：根据面向 2050 年的"神户建设方针"整理，http://www.city.kobe.lg.jp/information/project/masterplan/masterplan.html。

10.1.3　从生产型创意向生活型创意转型

神户"设计之都"的基本理念是：建设适宜居住的城市、乐意访问和旅游的城市、持续发展的城市，不仅适宜于从事文化、教育事业的人或企业，更重要的是适宜于全体市民参与、融入到富有活力、具有创意魅力和创造力的创意城市建设进程之中。随着全球化的发展，人们的生活日益受到世界经济走势的直接影响，工作环境也大为改变。少子化和高龄化以前所未有的速度加剧。为此，神户从社会福利、健康、就业等着眼，从提高人们的生活水平做起，采取措施发展经济，稳定市民生活水平（见图 10-2）。

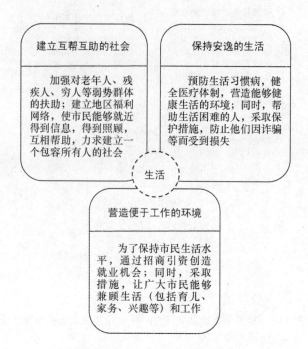

图 10-2　神户城市生活建设

资料来源:根据面向 2050 年的"神户建设方针"整理, http://www.city.kobe.lg.jp/information/project/masterplan/masterplan.html。

为使广大市民生活更加丰富多彩和城市环境建设更加宜居,神户有效地利用过去打下的城市基础,进一步提高城市功能,发挥市内各个地区的特色,力求做到城市与周围的自然环境相协调(见图 10-3)。

神户通过开展"地区福利网络利用者"等活动,建立能够提供细分支持的地区福利网络,使广大市民能够放心地就近咨询,遇到困难时相互帮助,并顺利得到专业性支援。具体来说,就是建立福利机制,振兴尖端的城市医疗产业,保障就业,让市民感到安全放心,过上富裕舒适的生活;增加发育障碍者咨询中心,充实残疾人支援和就业支援网络;发挥高等教育机构的云集优势,丰富城市文化和艺术活动,提高人们的生活美感,提升城市魅力。

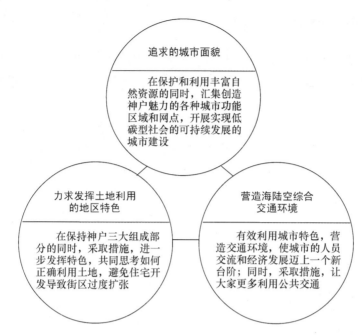

图 10-3　神户城市建设方针

资料来源：根据面向 2050 年的"神户建设方针"整理，http://www.city.kobe.lg.jp/information/project/masterplan/masterplan.html。

10.2　神户指向设计之都发展的背景条件

神户设计之都的建设与港口的开放性历史、阪神大地震后的城市重建等诸多因素相关，同时也是政府主导推动的结果。

10.2.1　阪神大地震后的产业结构转型构建了创意设计的经济环境

1995 年发生的阪神大地震成为神户产业结构转型的一个重要诱导因素。神户市政府为了统筹兼顾灾区重建与未来发展，大力促进产业升级，结合原有的产业基础以及对未来产业的预测，重点支持设计、医疗器械等产业发展（见表 10-3）。[①] 为此，政府将一大批制造加工型企业转移

---

① United Nations Educational, Scientific and Cultural Organization, Kobe UNESCO City of Design, in Creative Cities Network, http://unesdoc.unesco.org/images/0018/001840/184066E.pdf; Paris, 2009, pp.1—3.

到发展中国家,适时确立了以时尚设计产业为龙头,积极发展第三产业,打造创意设计之都的发展道路,为创意设计产业的发展构建了良好的经济环境。

表10-3 神户三大产业结构与全国平均水平比较(2009年)

	神户 (占 GDP 的比重)	全国平均水平 (占 GDP 的比重)
第一产业	0.2%	1.2%
第二产业	18.9%	24.1%
第三产业	80.9%	74.7%

资料来源:根据 http://www.city.kobe.lg.jp 整理。

2006年,神户进一步推进时尚之都建设,成功举办了第八届神户时装周。时装周期间,神户时装协会还提出了"聚会城市"的构想,希望能够频繁举行聚会,推介当地服装、鞋帽、珍珠饰品、副食品等特色产品,进而促进服装产业的发展;通过产业界的共同努力,改变人们的着装意识,让神户变得更加宜居,促进时尚之都的建设。

10.2.2 港口城市的开放性与包容性营造了创意设计的文化氛围

自19世纪60年代日本向世界开放神户港口后,在与世界贸易往来的过程中,神户积极引进、吸纳国外文化,久而久之,形成了神户开放性和包容性的文化氛围。比如,元町、旧居留地等地区开港后较早引进电影等西欧文化。又如,高尔夫球等西方新鲜事物经由神户传到了日本各地。这便使得神户较早就具有了日本时尚风向标的地位,至今依然是日本乃至世界的时尚中心之一。① 文化的交融也让神户具有了包容和创新的意识,诸如卡拉OK等体现日本文化又带有创新性的通俗文化也经由神户传播到世界各地。这种独特的生活方式造就了神户多样性视角的设计文化,②设计也在润物无声地融入到人们的日常生活中,进而深刻地影响了神户的经济社会发展。突出的表现为:阪神大地震后,神户将其先进的设

---

① 《日本都道府县驻中国事务所访谈录:神户的N种风情和魅力——访神户市上海事务所副所长张文芝》,http://cn.explore.ne.jp/jp-mp/bingku/shanghai.php,2012年8月3日访问。

② United Nations Educational, Scientific and Cultural Organization, Kobe UNESCO City of Design, in Creative Cities Network, http://unesdoc.unesco.org/images/0018/001840/184066E.pdf, Paris, 2009, pp.1—3.

计理念融于城市重建过程中,①实现了城市创造性的发展。

另外,神户港对外交流的便利性也提高了神户的国际化程度。神户港开港以来,十分重视吸引外国人居住的城市环境建设。神户较早地认识到,要解决人类共同关心的课题,就必须跨越地区和国界,与世界各国合作开展研究。为此,兵库县在神户市域及其周边地区建设了世界最大的同步加速器"Spring-8"、以人类健康为主题进行研究的"WHO神户中心"、致力于开展封锁性海域环保的"国际EMECS中心"、将吸取的大地震教训和经验应用在防灾工作的"人与防灾未来中心"和"亚洲防灾中心"等。②众多国际研究机构齐集神户,更进一步促进了神户文化的繁荣,增强了神户的人文气息。

可见,港口的发展使神户成为文化交流的中心和时尚的中心,促进了神户文化的繁荣,也使神户进一步传承创意设计的文化传统和加强国际意识。这一切与神户本地文化有机地融合与发展,塑造了富有神户特质的创意设计产业。

10.2.3 政府主导、市民参与,形成了创意设计的社会基础

早在20世纪70年代,神户就开始酝酿发展设计产业。1973年,神户提出了"时尚之都"的构想。为此,神户市进行了数十年的艰苦努力,通过举行全球性的体育赛事、博览会等,逐步完善建设设计之都的战略规划。例如,为发展时尚设计产业,政府采取了一系列举措,包括:在神户港周围建造时装城,在六甲地区建设服装批发市场和服装美术馆,通过举办各种活动宣传神户时装,培养服装设计师和制作艺匠等。

为推动设计产业的发展,政府出台的政策措施涵盖了社区、产业、品牌及孵化机构,涉及城市居住空间、产业发展、品牌树立、创意孵化等不同维度、多个方面的内容,在产业推动方式上呈现多维度、多层次的独特性。

市民参与是城市发展重要的社会基础。阪神大地震后,居民积极参与城市重建活动,这种情况也延伸到神户设计之都的建设中,并融入到神户市民的日常生活中。以"神户设计日"为例,这一活动已成为市民广泛

---

① http://www.kawise.com/InfoCenter/Port/PortInfo/200704/20070415154707.shtml,2007-4-15。
② http://web.pref.hyogo.jp/FL/chinese-s/index.html,2011-7-23。

参与设计活动的重要载体。

10.3 神户设计之都的战略规划

10.3.1 设计之都的渐进性战略

神户港开埠以来,不断吸纳外来文化并逐步培育了开放的、自由的、兼容并蓄的文化。以西点、珍珠饰品、非皮革鞋等为代表的工艺制作技术成为具有神户特质的资源与魅力。"流行时尚""欧陆风情"是神户城市形象的代名词。"城市布局""宜居生活的文化""工艺制作技术"三方面是最富有神户特色的城市景观和有形的资源,也是神户港开埠以来兼容并蓄地吸收外来文化积淀而成的无形资源。神户以设计产业作为创意城市发展的切入点,恰好展现了这一地方特质——生机盎然的城市资源与魅力,而"时尚之都""休闲都市"的建设更加赋予了神户独具特色的城市文化。从表10-4可见,神户设计之都建设经历了一个渐进性的过程。

表10-4 神户设计之都战略构想渐进情况表

时间	设计之都战略构想的阶段性内容
1962年	和平之都:发表迈向永久和平的都市宣言
1972年	环保之都:力图解决人类面临的共同环境问题
1973年	时尚之都:提出把时尚作为生活方式,提升城市魅力的时尚之都宣言
1982年	会展之都:以港湾人工岛博览会为契机,推进会展城市建设
1985年	体育之都:以世界大学生运动会为契机,推进以"体育运动、幸福人生"为目标的国际体育城市的建设
1991年	休闲之都:打造市民选择永久居住、旅客愿意再度访问的休闲城市
1994年	国际多媒体文化都市:以提高市民生活质量、提升产业结构、集聚新兴产业为目标的通讯信息产业发展战略
1997年	运动员之城:让所有市民都能参与不同技能水平的体育活动,以构建健康城市为目标
1999年	医疗产业都市:以先进医疗技术研发、产学官一体化、21世纪具有成长性的与医疗相关的产业集聚为目标
2004年	文化之都:以激活城市文化为基本目标
2007年	设计之都:激活创意设计的各个领域,提升城市魅力

资料来源:根据 http://www.city.kobe.lg.jp/information/project/kasseika.html 整理。

神户以设计产业为主导,发展创意城市的渐进战略,既可更好地应对震后重建,又可提高城市的竞争力。与其他城市一样,神户发展面临的不是经济增长、人口增长等问题,而是人口减少、产业空洞化等社会经济困境。因此,神户调整了城市发展战略,将不断提高市民生活质量、满足城市可持续发展作为创意城市的发展目标。神户所指的"创意城市"的内涵包括:城市可以充分激发市民的创造性活动,激发文化与产业的创造性,同时从大量生产制造的革新转向柔性城市经济系统,培育出大量的创意场域,以创造性地应对全球性的环境问题、地方性的社会问题等诸多情况。[①]

2008年神户加盟联合国创意城市网络并获"设计之都"称号后,又赋予了设计产业新的内涵。神户指向的设计不仅是视觉上的形态、色彩的设计,更重要的是在理念策划、规划组合等意义上的设计,是对设计内涵的拓展。因此,神户指向目标之下,出色的设计应该是个性化的、动态而富有活力的,是美丽的、快乐的、优雅的、惬意的、各种各样要素协调补充的,是新的魅力层出不穷的。

神户设计之都的发展方向包括五个方面:丰富多彩生活的设计;个性与魅力洋溢的设计;经济勃兴的设计;创造力高涨的设计;滋养心灵、提高境界、世代相传的设计。这五个方面的设计目标使人、物、城有机结合,将神户设计之都建设的内容定位为三个方面,即宜居城市设计、宜居生活设计和工艺制作设计(见图10-4)。神户的宜居生活不仅是指拥有丰富的消费商品,还应兼具精细的服务,从而能满足城市居民差异性、多样性的需求。因此,从设计之都的目标考察,神户应该是一座满足市民个性价值需求、魅力与活力源源不断、生活丰富多彩以及可持续发展的城市。[②]

10.3.2 设计之都的理念、方针与内容

神户设计之都建立了从空间设计、经济设计到文化设计三个纬度发展的理念。

---

① Design City Promotion Office, The Basic Policies to Promote "Design City Kobe", City of Kobe, Planning & Coordination Bureau, 2010.10.
長田 淳.「デザイン都市・神戸」の取り組み.ひょうご経済(101),30—35,2009-01。
西村 理,岩田 弘三,角田 嘉宏[他].講演録 パネルディスカッション デザイン都市・神戸の実現に向けて.ひょうご経済(92),25—31,2006-10。
② Design City Promotion Office, The Basic Policies to Promote "Design City Kobe", City of Kobe, Planning & Coordination Bureau, 2010.10.

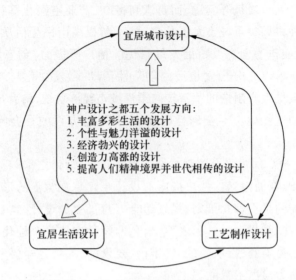

图 10-4　神户设计之都的战略目标和内容构成示意图

资料来源:根据 Design City Promotion Office, The Basic Policies to Promote "Design City Kobe", City of Kobe, Planning & Coordination Bureau, 2010.10, p.5 整理。

（1）宜居城市设计

神户宜居城市的目标包括富有地方个性化魅力特征的城市空间设计,繁华而愉悦的城市氛围的营建,适宜市民休憩、心感舒适的城市环境设计等(见图 10-5)。

住宅区域的规划,使神户景观美丽、舒适愉悦。具有神户特质和魅力的城市景观和住宅区域,在规划时能契合城市地貌特征的实际,符合自然规律,创造富有魅力的公共空间,同时也有利于市民的协力参与。住宅区域能让市民乐于其中,让优秀的历史与文化遗产可以传承,让区域可持续发展。同时,市民还可以拥有机会与城市魅力空间再相遇、再发现、再创造。规划内容包括:制定保护具有神户特质的景观的措施;城市中心打造具有魅力的空间;保护、传承、开发具有历史和文化价值的区域并发布相关信息;建设适于人们、适于优雅住宅区的步行空间;重视公共设施的设计性。[①]

[①] Design City Promotion Office, The Basic Policies to Promote "Design City Kobe", City of Kobe, Planning & Coordination Bureau, 2010.10.
長田 淳.「デザイン都市・神戸」の取り組み. ひょうご経済(101), 30—35, 2009-01.

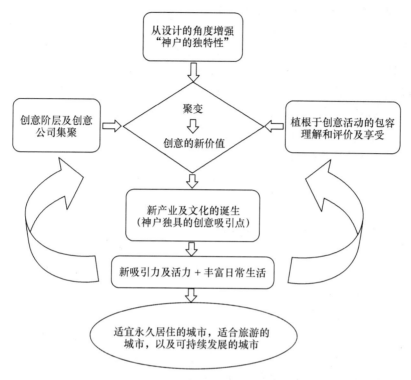

图 10-5 神户创意城市建设路线示意图

资料来源：根据 Design City Promotion Office, The Basic Policies to Promote "Design City Kobe", City of Kobe, Planning & Coordination Bureau, 2010.10, p.13 整理。

城市绿化规划，使城市拥有葱郁与宽松的绿色世界。六甲山、郊外等地域大规模的绿色植被的保护，城市街区绿化的培植，让城市与山地的绿色有机融合，使人们拥有宽松的公共空间，并在绿色世界中休憩放松。规划内容包括：六甲山森林环境的保护、开发；农村及城郊结合部人地和谐景观的保护与培育；城市中绿地及景观规划布局；建设任何人可以自由、舒适利用的公园。①

城市水域规划，使城市拥有热闹繁华而又安闲惬意的环境。依托市民的消费和丰富的生活，使神户港口恢复往日的繁华热闹，使市民可以享受清新闲暇的港口、水域景观。规划内容包括：建立多样性、具有舒适气

---

① Design City Promotion Office, The Basic Policies to Promote "Design City Kobe", City of Kobe, Planning & Coordination Bureau, 2010.10.
長田 淳.「デザイン都市・神戸」の取り組み. ひょうご経済 (101), 30—35, 2009-01.

息的都市亲水平台;对河流及其沿岸公园、绿地、道路整体规划,建立亲水空间等。当城市灾害发生时,这些空间具有火灾的阻隔带、避难所、紧急疏散通道、急救车通行道、消防用水和生活用水的汲水地等多种用途,同时也可以成为海滨旅游休闲体验的胜地。①

(2) 宜居生活设计

神户宜居生活的目标是让市民不仅能"邂逅"优雅的设计、培育创造性事物,更重要的是提倡居民对多样性生活方式的尊重,热爱本地生活,有滋有味和心感充实地宜居生活。通过培育市民对优雅设计、艺术等事物的兴趣,让市民在生活中感受到安全、安心、安康,使市民个性化的生活方式得以实现。规划内容包括:创建儿童对设计之都感性认知的机会;推进设计师、艺术家在城市中的成长与集聚;开设神户美术双年展,并建立相应的艺术人才网络;建立神户原创性时尚信息发布机制;在美术馆、博物馆举办具有特色魅力的展览;提供多样性的衣食住行以及旅游的时尚咨询;在提供各种生活咨询的同时,还要考虑咨询服务的便捷、容易理解等人性化需求。②

通过创造让市民心感温暖的宜居生活目标,建设市民彼此之间相互谅解、相互信任的城市,安全、安心的美丽城市,让市民成为城市的主体。规划内容包括:启动"美丽神户"系列活动,使居民、企业、非政府组织、行政机构等在居住生活、工作通勤、旅游访问、聚会活动等过程中感受神户的美丽。通过清洁整治城市和河流、活跃体育运动、保护城市遗迹、激励旅游地志愿者、举行元旦膜拜等节事活动,展现"美丽神户"。通过倡导"通用性的设计"活动,超越年龄、性别、文化背景、身体状况的差异,让市民能够相互认同差异性、多样性,让途经神户的游客感受到城市建筑、制品、环境、服务利用等方面的便利性。③

(3) 制作工艺设计

高附加值的制作工艺才能产生优雅的设计,才能创造具有人气的新兴市场。制作工艺设计的规划内容包括:

---

① Design City Promotion Office, The Basic Policies to Promote "Design City Kobe", City of Kobe, Planning & Coordination Bureau, 2010.10.
長田 淳.「デザイン都市・神戸」の取り組み.ひょうご経済(101),30—35,2009-01.
② 同上。
③ 同上。

① 搭建优雅设计与企业间的公共平台。具体而言,建立具有神户特色的西点、非皮革鞋业等制作工艺创意设计的交互平台;建立以机器人开发等新兴产业为主的企业间创意设计展示平台;建立创意设计与经销商之间的交流平台。

② 提供优雅设计所需的高科技技术支撑。具体而言,加强对技术含量高的制作工艺创意的资助;着重扶持利用超级计算机支持下的制作工艺设计;振兴数码影像等信息产业,加大相关信息产业人才的培养;加强市内农产品先进技术和制作工艺的研发。①

③ 创造企业与市民和谐共处的人文环境。神户建立了广泛推介神户设计之都的国内外渠道,建立了神户设计之都论坛以及论坛表彰制度,以小学校区为地理单元,建立居民联合自治管理协会等,发挥城市居民的主体作用,创建环境整洁的街区,建立居民相互帮助、抵御强灾害的城区。通过这些规划,旨在让市民产生对设计的共鸣,推进设计之都建设。②

10.4　神户设计之都的实践措施

神户在编制设计之都详细规划的基础上,制定了多维度、多层次的政策措施,广泛吸引设计师和艺术家集聚神户,积极鼓励市民参与设计活动,鼓励扶持中小企业发展,用创意人才保证创意设计源头涌动,用制度保证创意设计产业有序发展,用社会文化氛围激发创意设计的市场需求。

10.4.1　培育设计人才队伍,提升宜居城市设计品质

神户既重视培养本地创意设计人员,也重视广泛吸引国内外创意设计师。神户艺术工科大学(Kobe Design University)拥有包括绘画、时装设计、产品设计、建筑设计等多个设计专业,并于2008年成立了一个包含宽敞的工作空间和顶尖设备的创意中心。③ 同时,神户以"神户设计之都论坛""神户设计日"等活动为载体,为世界各地的创意设计师提供交流展

---

① Design City Promotion Office, The Basic Policies to Promote "Design City Kobe", City of Kobe, Planning & Coordination Bureau, 2010.10.
長田 淳.「デザイン都市・神戸」の取り組み. ひょうご経済(101), 30—35, 2009-01.
② 同上.
③ http://www.kobe-du.ac.jp.

示平台,为神户吸纳专业设计师。

专业设计师队伍保证了神户宜居城市设计的高品质。针对神户西方现代城市设计风格的街道,设计师一方面将日本开埠时期的博物馆、精品店、办公室等历史建筑保存下来,延续城市文脉;另一方面将其与现代社区景观规划结合起来,赋予其神户特质。总体上,神户城市景观设计既有现代城市景观元素,同时也注意保有城市近郊约770户茅草房的乡村景观元素,使神户在大阪湾、兵库县域、市域、城区、街区等不同地理尺度空间,都有着多样化的城市景观。行人漫步其间,都能享受神户城市设计带来的美丽景观(见图10-6)。①

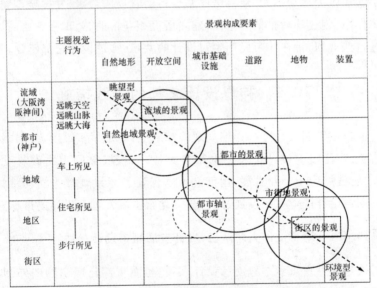

图10-6 区域、城区、街区不同空间尺度景观设计的要素构成示意图
资料来源:根据神户市都市計画総局. 行政資料 神戸らしい眺望景観の形成に向けて「デザイン都市・神戸/まちのデザイン」の推進. 都市政策(139),72—82,2010-04 修改绘制。

---

① 神戸市都市計画総局. 行政資料 神戸らしい眺望景観の形成に向けて「デザイン都市・神戸/まちのデザイン」の推進. 都市政策(139),72—82,2010-04。
栗山尚子,三輪康. —デザイン都市・神戸での都市の景観と環境デザインに関する国際ワークショップWAT_Kobe2009の事例報告. 都市計画論文集(45),295—300,2010。

10.4.2 扩大创意阶层,倡导市民参与宜居生活设计

为了让居民充分认识到设计与其生活息息相关并有助于增加生活情趣,神户以时尚设计为核心,制定了系列措施(见表10-3)。同时,神户在辖区多个区域筹办各式各样的与设计相关的节事活动,颇为著名的有神户时装周和神户设计节。特别是"神户时尚潮流盛典",已成为日本最有影响力的时装秀。这些活动不仅是设计师展示才华的舞台,还有广大市民的广泛参与,使之成为市民生活的重要组成部分。

表10-3 神户时尚设计的现状挑战与对策措施

现状分析	对策与措施	
神户时尚产业规划已形成较大的影响力	对策一:开拓新市场	措施一:完善商业信息,拓展国内外销售渠道
消费者对低价格的偏好、互联网对流通领域的影响等因素改变着消费环境		措施二:促进观光、商铺等相关行业的发展
清酒、珍珠等消费量减少引发拉动消费的需求	对策二:集聚创新人才	措施一:加大吸引创意设计人才的力度
		措施二:鼓励创意设计人才的中坚力量创业
		措施三:引导创意设计人才集聚

资料来源:根据http://www.city.kobe.lg.jp整理。

此外,神户时装博物馆、兵库县立美术馆等专业机构也定期或不定期地举办有主题或无主题的展览、展示活动,传播、推广创意设计,提高市民创意素养,从而有效地扩大了神户的创意阶层,夯实了创意设计的群众基础。①

10.4.3 扶持中小企业,创新工艺制作设计

中小企业是创意设计的生存和发展基础。为此,神户针对时尚设计、工艺制作设计、旅游业等不同行业特点,制定了不同的中小企业振兴措施(见表10-3、10-4),支持有竞争力的企业创新。为此,政府积极搭建产、

---

① United Nations Educational, Scientific and Cultural Organization, 10 Things to Know about KOBE UNESCO City of Design, http://unesdoc.unesco.org/images/0018/001838/183833E.pdf, 2008, pp.1—2.

学、官平台,主要包括:

其一,"神户设计复兴工程",主要是以培训研讨、交流会的形式,由神户文化及相关产业中的著名设计师为制造业从业者进行培训,同时宣传神户的新设计,集中展示企业的优秀作品。此外,"神户设计日""主题设计日"等活动[1]是面向市民的更大范围的设计推介。

其二,神户企业代表设计论坛,着眼于开阔设计者、企业主和市民的眼界,让他们认识到设计管理的重要性,并邀请杰出的设计师以及已经接受和采用设计管理原理和理念的公司及组织代表前来交流。2011年3月21日举办的神户创意亚洲论坛也是出于同样的考虑。[2]

表10-4 神户工艺制作设计的现状挑战与对策措施

现状分析	对策与措施
全球化背景下,亚洲各国和地区海外生产竞争加剧,日本企业海外生产转移增加	对策一:支持具有市场竞争力的工艺制作企业实现商务模式转变
转变商务模式、开拓新市场是海外生产立于不败之地的重要原因	对策二:推进健康医疗及福利等领域、机器人领域、低碳经济领域的经济发展
	对策三:产、学、官联手,积极推进技术转移,强化设计、云计算等在经济发展中的作用
神户市内事务所减少两成,出口额增加,从业人员略有减少	对策四:加强对未来能够承担工艺制作的年轻设计人员的培育,向中小企业派遣具有丰富经验的技术人员
	对策五:中小企业以关键技术攻关为目标,充分运用信息技术,大力拓展国内外工艺制作品市场

资料来源:根据 http://www.city.kobe.lg.jp 整理。

10.5 神户设计之都规划与实践的启示

日本神户设计之都的规划与实践具有多方面的启示。[3]

---

[1] Kobe Design Hub, City of Design Projects, http://kobe-designhub.net/_en/design_city_03/index.html, 2011-4-10.
神户创意亚洲论坛官方网站:http://cafkobe.jp。
[2] http://www.city.kobe.lg.jp。
[3] 褚劲风等:《创意城市网络下日本神户设计之都的规划与实践》,载《世界地理研究》2011年第3期。

10.5.1 传承城市历史文脉，明晰设计之都目标定位

传统的文化和历史街区是城市文脉所在，是城市独特的品格。神户较早意识到了对传统历史遗存保护的重要性。甚至在大地震中遭到严重毁坏的部分街区也成为神户特别规划的历史遗址，并力图申请成为世界遗产。正是这种对历史传承和文脉延续的重视，使神户设计类创意产业的发展始终可以从本土文化中汲取养分。更为重要的是，神户设计之都就此清晰地定位在宜居城市设计、宜居生活设计、制作工艺设计三个具有鲜明特色的文化历史优势之上，是其取得成功的重要因素之一。

10.5.2 延续港口的开放度，打造设计之都节事活动

在灾后重建之初，神户市制定了设计复兴计划。复兴计划的一个重要特点就是延续了神户开埠以来的开放性。在这一计划的指导下，神户组织的各种设计论坛和节事活动都具有国际视野，吸引了国内外优秀设计者的参与，可以从中学习和了解到世界范围内时装设计的潮流动向。与此同时，这些活动的设计又为本土设计者提供了全方位的展示平台，包括以论坛的形式推陈出新，设计理念；以时装周、时装节的形式展示和交流设计作品等。各种节事活动使日本本土设计产业走向世界，同时又使本土设计的独特风格得到了有序继承。

10.5.3 扶持鼓励中小企业，培育设计之都中坚人才

神户以设计类创意产业为核心，制定了一整套培育产业发展的计划和措施，扶持中小企业，培育设计人才，保留历史街区及博物馆等。这些为数不多的实体空间在推进创意设计产业化的过程中，依托论坛、时装节等节事活动，使设计师的创意力量在无形空间形成巨大的对外张力。这种创意张力是跨领域、跨文化、跨国界的，既是文化传承、经济发展的动力所在，也是神户设计之都发展路径带给我们的一个重要经验和启示。

第11章
微电子技术引领的首尔

韩国首都首尔(Seoul,旧译"汉城")地处朝鲜半岛中部,因位于汉江之北,古称"汉阳"。首尔地势北高南低,韩国第一大河——汉江自东向西穿城而过,把首尔分为江南和江北两部分。截止到2011年6月30日,首尔市面积为605.25平方公里,人口约1,057万。①

首尔夜景图

首尔是韩国政治、经济、文化和教育中心,也是韩国的设计中心。全国73%的设计者都集聚在首尔。首尔政府努力让设计产业加入到城市支柱产业中,并大力支持设计产业的科技发展。设计产业在首尔分布范围广,从各种与IT相关设备的设计、家庭数字电器设计、汽车工业设计到各种不同文化的设计,门类非常齐全,其中与IT相关的设计产业尤为密集。

设计产业作为首尔经济增长的新引擎,是产业创造新价值的核心。首尔设计行业创造了超过17万个就业岗位。其中,有57,625人从事制造业设计和设计顾问的工作,50,126人从事时尚产业设计,7,123人从事广告设计,7,347人从事建筑设计,12,234人从事游戏动漫设计,28,236人从事数字内容发展设计,还有9,300人从事其他领域的设计。②

---

① http://chinese.seoul.go.kr.
② http://www.unescoseoul.org/eng/intro/seoul.jsp.

2010年7月20日,首尔成为被联合国教科文组织全球创意城市网络授予"设计之都"称号的第八个城市。[①] 其实,早在2007年,首尔就在世界设计之都(WDC)竞选中获胜,被国际设计联盟(IDA)命名为继意大利城市都灵之后的"2010年世界设计之都"。考察首尔的发展历程,其设计之都地位的确立,得益于城市在经济、文化、教育、社会等多方面为促进设计产业发展进行的探索和实践。

11.1 首尔设计之都发展的历程

首尔作为设计之都,其发展历程经历了"汉江奇迹""IT奇迹""设计奇迹"三个阶段。在设计之都的建设过程中,政府所采取的有步骤、有重点的政策措施起到了重大作用。

11.1.1 "汉江奇迹"的政策作用及其产业转型升级

二战后,韩国政府根据国内和国际经济形势变化,把握机遇,因地制宜,制定了切实可行的产业政策,适时而稳健地推动着产业结构不断转换升级。在短短几十年里,韩国创造了辉煌的产业发展业绩,成为世界上最大的船舶、汽车、电子和半导体制造业大国之一(见表11-1)。

表11-1 韩国产业升级一览表

时间	产业发展阶段
1961年以前	进口替代阶段
1962—1971年	出口导向型阶段
1972—1979年	重化工产业阶段
1980—1990年	技术密集型产业发展阶段
20世纪90年代后	产业结构高技术化阶段
21世纪以来	信息技术产业发展阶段

资料来源:根据http://chinese.seoul.go.kr整理。

20世纪60年代,韩国经济处于起飞阶段,实行的是"重工轻农、重出口轻内需"的倾斜产业政策。朴正熙1961年成为韩国总统后制定的各项政策对当代韩国社会经济各方面产生了巨大的影响。他推出的"出口型

[①] 褚劲风等:《创意城市网络下日本神户设计之都的规划与实践》,载《世界地理研究》2011年第3期。

导向"成为国家经济发展的战略。当时的韩国没有资本、技术、资源,只有廉价的劳动力。所以,鞋子、衣服和纺织品等劳动密集型生产成为韩国轻工业的主要部分。清溪川、九老区、永登区逐渐发展成为主要的生产区域。纺织行业大多集聚在清溪川区域,由于东大门市场和南大门市场靠近清溪川,因而逐渐发展成为著名的纺织品和布料市场。20世纪70年代,韩国政府积极发展钢铁、机械、石油化工、汽车等重化工业,保证了产业结构从轻纺工业向重工业的顺利过渡。韩国在落后贫穷的基础上实现了经济的腾飞,一跃成为"亚洲四小龙"之一,被誉为"汉江奇迹"。首尔圈工业区是韩国近代工业的发源地,也是创造"汉江奇迹"的核心区域。

11.1.2 "IT奇迹"的地缘背景与战略规划

首尔圈因其广阔的消费市场和丰富的劳动力、资本、技术资源,吸引了诸多工业部门在此集聚,形成韩国国内最大的综合性工业地带。同时,韩国政府允许东南沿海区域使用深水港,因此需要运输原料和出口产品的重工业也大多分布在东南沿海地带。尔后,由于首尔土地缺乏和地价上涨、人口过密、环境污染破坏等问题,工业逐渐向周围地区分散。① 20世纪80年代后,国际形势发生了变化,韩国提出了发展技术和知识密集型产业。21世纪前后,韩国又把信息技术产业作为重点发展产业,表现在如1994年制定的《信息化促进基本法》、1996年的国家基础信息推动计划、1998年的Cyber-Korea计划、2002年的e-Korea 2006计划、2004年的u-Korea计划等方面。2008年发布的《国家信息化基本计划》提出了构建创意及信赖的知识信息社会,标志着信息技术产业建设开始从基础设施建设转向应用层面(见表11-2)。目前,半导体、液晶显示器、移动通信终端机已成为韩国的主力出口商品。韩国还计划集中投资开发第四代移动通信、信息保护系统等核心技术,促使信息技术产业继续成为拉动韩国经济、创造就业机会的主要动力。纵观韩国产业发展史,我们可以看到,韩国政府在特定阶段采取的都是有选择、有重点的产业政策。②

---

① 田景、黄亨奎、池福淑、白承镐编著:《韩国文化论》,中山大学出版社2010年版。
② 沈正岩:《产业转型升级的"韩国经验"》,载《政策瞭望》2008年第3期。

表 11-2　韩国政府信息技术产业计划

时间	计划名称	目标
1997 年	"网络韩国 21 世纪"计划	旨在推动互联网普及
2002 年	"e-Korea 2006"计划	意在建立领先知识型社会
2003 年	"Broadband IT Korea"计划	以构建人均收入超过 2 万美元的产业基础为主要目标
2004 年	"u-Korea"计划(为期 10 年)	目标是"在全球最优的泛在基础设施上,将韩国建设成全球第一个泛在社会"

资料来源:根据 http://chinese.korea.net/index.do 整理。

11.1.3 "设计奇迹"的历史渊源及创意化道路

韩国的工业设计始于 1950 年,90 年代末达到鼎盛。1997 年的亚洲金融危机给韩国以沉重打击。为了摆脱危机,韩国实施经济转型,于 1998 年提出"设计韩国"战略,推动创意产业的发展规划,并把每年的 12 月定为"设计月"。

韩国设计发展史可以分为七个阶段(见表 11-3):1850—1910 年,受西方工业革命和文化思潮的影响,设计开始萌芽;1911—1945 年,致力于提高工艺美术设计;1946—1965 年,由于殖民地战争所遗留的贫困和废墟,设计部门开始有用武之地,成为独立的产业;1966—1975 年,政府为扩大出口,积极推进和支持设计产业;1976—1988 年,伴随着经济的快速增长,设计领域为满足日益增长的社会需求,开始逐渐专业化并细化成专门类别;1989—1999 年,韩国设计风格与路径得到全世界认可;2000

表 11-3　韩国设计发展史

时间	发展阶段
1850—1910 年	世界潮流迅速涌入,设计开始萌芽
1911—1945 年	失去文化特性,公司开始出现
1946—1965 年	设计开始独立并影响西方设计
1966—1975 年	设计成为经济发展概念外延的伴生物
1976—1988 年	通过各种国际事件而具有国际视野
1989—1999 年	探索设计特性
2000 年—至今	新千年韩国设计

资料来源:根据 CNN,SEOUL Application, Annex, http://www.unesco.org/new/en/culture/themes/creativity/creative-industries/creative-cities-network/design/seoul/,2012-3-11 整理。

年后,韩国设计产业成功举办了 2000 ICOGRADA—首尔千禧年竞赛,2001 年举办了包括 ICSID 等国际活动。之后,韩国积极参加国际设计活动,首尔亦申请成为设计之都。

韩国自身在发展创意产业方面的优势并不明显,国内人口不多,消费者对动漫等内容产品的喜爱和消费意识远不及日本,编剧与制作水平也略逊一筹,因而其内容产品的国内市场规模不是很大,发展前景受限。在这种情况下,韩国瞄准世界,大力发展以出口为导向的内容产业。韩国政府按照"明确重点、集中培育、系统实施"的原则,采取了一整套综合扶持政策和措施,以促进创意产业快速发展。韩国政府成立了全国性的创意产业组织领导机构,把发展创意产业正式纳入到国家总体发展战略中,并将其作为"21 世纪国家发展的战略性支柱产业"。韩国积极在全国各地兴建创意产业园区,集中力量加以扶持;大力支持文化创意产品出口,推进创意产业快速发展并取得显著成效。韩国的流行文化于 20 世纪 90 年代后期在亚洲开始流行,体现在电影、流行音乐、电视剧产业等多个方面。一些国家甚至发现,进口韩国文化产品比其他国家更加实惠。① 韩国电视节目出口额 1995 年为 550 万美元,2008 年增加到 1.8 亿美元,主要出口到中国、中国香港、中国台湾和越南等亚洲市场。另外,"韩流"的兴起也吸引了大量的外国游客纷至沓来。② 传媒在发展的同时展示了首尔的

首尔动画中心

---

① Hyung Min Kim, Sun Sheng Han, Seoul, Cities, 2011(2).
② Huat, Iwabuchi, East Asian Pop Culture: Analysing the Korean Wave.

城市景观,数字媒体城市项目就是基于提升首尔文化产业的重大举措。可以说,政府采取的直接、强有力的主导、推动政策是韩国发展创意产业取得成功的主要因素。

11.2 首尔设计之都的发展战略

获得"设计之都"称号后,首尔把工业设计提高到政府战略层面,成立了以副市长为首的首尔设计总部。总部下设两个部门:设计基金会和设计中心。在总部的统领下,市政府围绕"设计首尔"的主题,推出了一系列政策与活动。

11.2.1 "4U"核心理念

首尔设计总部成立于2007年5月,作为唯一的行政机构,负责首尔的总体设计。首尔设计总部以其独特的视角和理念,希望用设计把首尔打造成为软城市,倡导以"4U"(即普通的、独特的、无处不在、取决于你)为中心,将"设计"融入生活。通过"为所有人的设计",与市民一起创造幸福的首尔(见图11-1)。

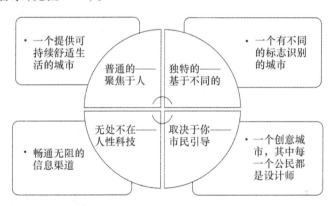

图 11-1 首尔设计之都"4U"核心理念
资料来源:根据 http://www.unescoseoul.org/eng/intro/seoul.jsp 整理。

首尔设计总部围绕"设计首尔"开展了规划、设计指南、公共设计三类项目,设立了首尔设计委员会和首尔设计论坛等机构和平台(见表11-4)。

① 确定城市特色标识,提升首尔品牌价值。为提升城市形象,首尔以 VI 系统设计为切入点,构建了完善的首尔识别元素,包括城市口号、市

歌(首尔之光)、吉祥物(獬豸)、市徽、市树(银杏树)、市花(迎春花)、市鸟(喜鹊)。首尔设计总部希冀通过城市形象设计促进更加多元、原创、具有竞争力的设计氛围，提升首尔设计的品牌价值，进而提高首尔设计的整体竞争力。

表 11-4 首尔设计总部主要项目

规划项目	设计指南项目	公共设计项目
首尔自然景观发展规划	公共建筑、公共空间和公共设施	建立公共设计标准
复兴南山项目发展规划	公共视觉媒体	提升地下人行道环境设计
城市画廊工程	室外标识系统	合并、关闭行政管理事务所
设计首尔街道美化工程	符号设计	重塑社区中心
国际大都市照明领域合作项目	符号组织提高符号设计质量	
首尔设计奥林匹克(SDO)	公共建筑、公共空间和公共设施	
首尔象征物、首尔色、首尔字体		
首尔夜景提升计划		
隔音墙再设计		
自然资源回收设施图像增强项目		
首尔信息符号标准设计指南		

资料来源：根据 CNN, SEOUL Application, Annex: http://www.unesco.org/new/en/culture/themes/creativity/creative-industries/creative-cities-network/design/seoul/, 2012-3-11 整理。

② 重新设计"獬豸"为首尔象征(见图 11-2)，并予以广泛推广。例如，复原光化门广场"獬豸"雕塑，在各地设置不同材质的"獬豸"模型，打造"獬豸文化大道"，开发各类獬豸旅游纪念品，并在机场、地铁等场所放置"獬豸之友"指南手册等。

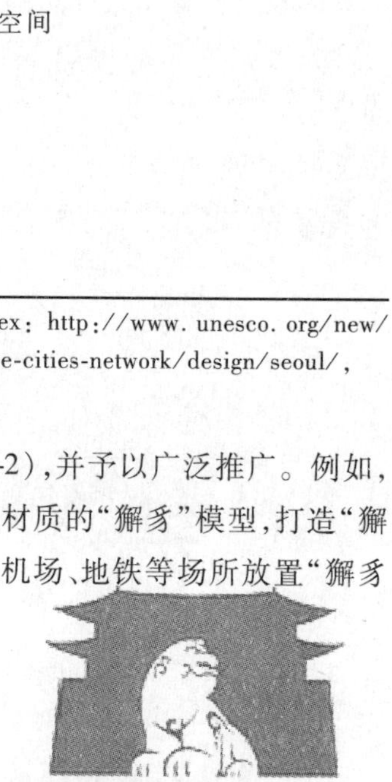

此外，首尔设计总部从自然环境、传统建筑中凝练出 10 种首尔代表色，诸如南山绿、首尔蓝、故宫褐等。另外，首尔设计总部以首尔代表景点汉江和南山的名字为蓝本，开发了"汉江体"和"南山体"两种特有字体。这两种字体不仅兼顾了首尔的传统文化特色，还注入了现代感，现已被广泛应用

图 11-2 首尔设计之都象征物

于市政设施中。①

11.2.2 "全民参与"战略

首尔希望通过设计都市的发展,能够迈入"设计养活都市"的新纪元,向世界"设计中心都市"进军。由此,首尔认识到市民自由参与和体验设计活动的必要性,希望借此营造设计文化空间,提高市民的设计认识,扩大设计基础,促进国际设计之都的实现。具体而言,包括设计庆典、展览、交易会等实现形式(见图11-3)。②

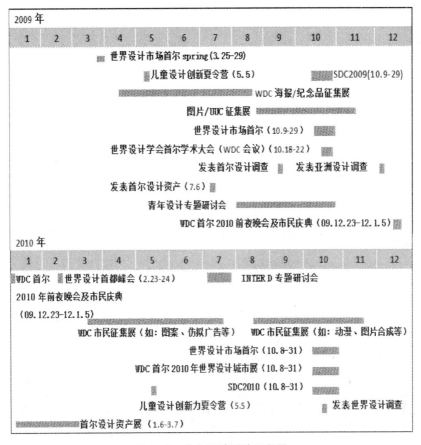

图 11-3 首尔设计活动日程图

资料来源:根据 http://chinese.seoul.go.kr 整理。

---

① http://www.chinese.seoul.go.kr.
② http://wdc2010.seoul.go.kr/eng/with/sche.jsp, 2012-3-15.

"首尔设计节"不仅面向国内外的设计业内人士,还面向设计教育者、经营人员、创作团体,以及学生、市民和游客等普通人群,因此是当今世界设计领域一个由市民、设计师、企业共同参与的、全球性的设计庆典活动。这样的定位也使其取得了显著成功。2010年"首尔设计节"有243家企业及品牌参加,同比增长53%;"首尔国际设计征集展"应征作品超过2009年的两倍,达2745件;全球47所大学参加了"大学探索展";3个主要营销型展览——"首尔设计市场(Seoul Design Market)""国内外设计产业展""绿色庭园全景图",日平均营销额高达2000多万韩元,同比增长280%。"首尔设计节"在发挥其经济功能的同时,在构建城市的人文社会、品质社会等方面也发挥了积极作用。

首尔市于2011年秋举办了为期4天的"2011首尔市创作空间节",开展了包括展览、体验、艺术市场、演出和观光等50多个项目,仙游岛汉江公园和其他9个创作空间[①]成为艺术家和市民交流的场所。

11.2.3 "IT产业引领"路径

"设计"是首尔建设创意城市的核心内容。首尔通过设计给予城市养分,提高市民的生活满足度,强化设计产业的竞争力,最终带动经济的发展。

首尔将数字内容、研发、金融服务、设计和服装、旅游、国际会展指定为21世纪带动首尔经济发展的新增长动力。其中,信息通信技术和数字内容产业的地位尤为突出,已成为带动首尔经济增长的核心产业。江南、城市中心、永登浦等地已建有产业集群,德黑兰园区、浦二园区、九老数字产业园区是韩国IT强国的象征(见图11-4)。据统计,IT产业集群的27%分布在江南,12.6%在瑞草,6.1%在龙山,9.2%在永登浦等地区。其中,IT服务公司集中在江南、瑞草和永登浦地区,批发及零售公司集中在龙山地区,制造产业集中在九老区和衿川区。此外,位于清溪川周边的市区信息通信园区和上岩数字媒体城有力地证明了首尔已具备世界顶级的信息通信基础设施。

---

① 张奋泉:《韩国怎样保护世界遗产——探访首尔古建筑》,载《中华建设》2011年第3期。

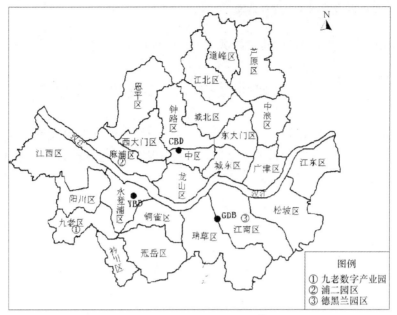

图 11-4　首尔 IT 园区图①

资料来源：根据 Hyung Min Kim, Sun Sheng Han, Seoul, Cities,2011(2)整理。

不仅如此，基于通信网络和半导体技术，韩国已经超越了产业间技术集约的限制，技术集约化还延伸至网络、手机银行业务、家庭网络、智能型大厦建筑、汽车、广播等众多领域。首尔通过高度技术集约化构筑了完善的泛在网络环境，将 IT 产业与广播、媒体、数字基础技术、物流、金融、卫生医疗产业相结合，登上了引领全球的领先地位，助推韩国成为名副其实的全球 IT 领先国家。

韩国政府认为，游戏产品、数码与游戏内容产品、卡通人物属于新兴的创意产业，伴随新兴的技术或新的经济形态而产生。因此，韩国政府在 1997 年对创意产业进行扶助性介入，尤其注重对电子游戏、音乐和电子网络等新兴产业进行扶植。韩国把通过新的资讯技术与文化创作相结合，进而促进文化产业发展的技术视为"文化与内容技术"，并将之作为政府极力推动的六大创新技术领域之一。韩国在创意产业的人才、研发到完成生产后的国际行销等一系列环节进行协助和辅导，为韩国创意产

---

① CBD 为传统商业区，YBD 为永登浦商业区，GDB 为江南商业区，这三个商业区是首尔主要的城市中心商业区。

业的发展和创意城市的建设提供了尖端的科技保障。

11.3　首尔推进设计之都建设的举措

首尔设立各种政府机构,积极推行有针对性、多维度的政策措施,如广泛吸收设计人才,积极鼓励市民参与设计活动,打造平台以扶持中小企业发展等,全面推进设计之都建设。

11.3.1　大力构建产业发展平台

为推动创意产业发展,打造设计之都,首尔市政府建立了众多的创意产业政府支持平台,为企业提供研发、人才培训、展览、产品国际化、信息支持等服务,在推动产业发展中起到重要作用(见图11-5)。

图 11-5　首尔创意设计支持中心

资料来源:根据 http://sba.seoul.kr/chin/jsp/introduction/direction.jsp 整理。

---

① 首尔产业通商振兴院是首尔市政府设立的对外贸易投资促进机构,为韩国企业在海外发展提供相关服务。

为推动数字内容产业与 ICT 产业的互动发展,2002 年,首尔开始在上岩洞兴建数字媒体城,于 2008 年建成,为数字内容产业提供了世界上最好的信息基础设施。韩国的文化内容产业全部迁入此地之后,形成了以软件产业为主的信息中心。

为促进动漫产业的发展,1999 年,首尔开始在中区艺场洞的南山北麓创建动画制作中心,不仅为企业提供影像馆、展示室、公用设施室、信息室、教育研究室等基础设施,还积极提供国际动画制作信息、周期性上映动画片作品和研究产学结合课题等服务。该中心目前已有 11 支创作队伍,拥有创作支援室、商务支援室、教育室等尖端设施,定期举办剧本和动画人物征集大赛,并承办首尔短篇动画片展、首尔国际漫画节等多种活动。

为推动时装设计产业集群的发展,2000 年,首尔建立了时装设计中心,包含时装信息室、时装计划室、设计开发室、商务洽谈室、展示宣传馆等设施,并把东大门、南大门服装市场列为国际性时装市场的开发计划之一。首尔在每年春、秋两季举行"首尔时装周",进行展示会、时装表演、服装设计比赛等,为国内企业与国际企业的交流互动搭建了有效平台。

11.3.2 着力推动专业机构发展

韩国为推进首尔创意产业发展,建设设计之都,专门设立了设计产业研究中心(见表 11-5),总管首尔总体设计,为城市的总体规划以及相关准则与规章制度提供智力支撑,为首尔建设设计之都提供总体的规划指导。

表 11-5 设计产业研究中心

序号	名称	成立时间	网址	主要功能
1	首尔设计总部	2007.5	http://design.seoul.go.kr	总管首尔设计,制定首尔设计政策
2	韩国设计振兴院	1970.5	http://kidp.or.kr	设计开发支持、教育培训支持、提供设计信息、市场支持
3	韩国创意产业内容机构	2001.8	http://www.kocc.or.kr	推动文化内容产业发展政策,实行行业专业培养计划,支持文化内容开发项目,支持内容产业进入国际市场

资料来源:根据 CNN,SEOUL Application, Annex, http://www.unesco.org/new/en/culture/themes/creativity/creative-industries/creative-cities-network/design/seoul/,2012-3-11 整理。

除了总体规划机构外,首尔还设立了众多的专业设计机构(见表 11-6),分类详细,针对性极强,为每个行业的设计发展提供帮助平台。

表 11-6　专业设计协会机构

序号	名称	成立时间	网址	主要功能
1	韩国设计联合协会	1995 年	http://www.kfda.or.kr	促进设计产业合作,提供行业意见和设计策略
2	韩国工业设计师协会	1972 年	http://www.kaid.or.kr	组织设计竞赛和设计项目,促进国内、国际交流
3	韩国视觉设计信息协会	1994 年	http://www.vidak.or.k	提供设计信息,进行设计技术推广,推动全球化、网络化
4	韩国社会室内设计师/建筑师	1979 年	http://www.kosid.or.kr	为国内设计师提供合作关系的非营利机构
5	韩国建筑师学会	1957 年	http://www.kia.or.kr	举办培训活动,出版宣传资料,进行国际交流
6	韩国设计公司协会	1994 年	http://www.kadfa.or.kr	通过公司之间的信息交流合作,提高创造性思维
7	韩国汉字商业协会	2000 年	http://www.character.or.kr	设计开发字体系,产品制造分销,探索销售渠道
8	韩国通信设计协会	1999 年	http://www.cdak.or.kr	提高韩国设计文化交流,加强相关信息基础设施建设
9	韩国饰品设计协会	1993 年	http://www.koreajewelrydesign.com	提高饰品相关设计开发,促进饰品企业国际交流
10	韩国包装设计协会	1978 年	http://www.kpda.or.kr	韩国唯一的包装设计机构,促进韩国和国际市场
11	韩国纺织设计协会	1992 年	http://www.ktda.or.kr	促进民族纺织工业发展,产学研合作,促进出口
12	韩国插画家协会	1983 年	http://www.kia1983.or.kr	通过举办插画展览和比赛挖掘新人才
13	韩国社会当代设计	1969 年	http://www.kecd.org	图形设计组织,通过开发实验进行新的创作
14	韩国色彩研究所	1986 年	http://www.kcri.or.kr	通过对色彩的基础研究,以及色彩在教育、环境、文化等领域的应用,提高韩国的色彩文化层次
15	韩国品牌管理协会	2006 年	http://www.brands.or.kr	创造品牌价值,树立品牌形象
16	韩国文字设计师理事会	1997 年	http://www.kocda.org	改造公共意识,提高信息交流,开发创造性活动

（续表）

序号	名称	成立时间	网址	主要功能
17	韩国品牌协会	1999年	http://www.koreabrand.org	培育国际品牌,创建品牌体系构架
18	韩国展览协会	1995年	http://www.kodia.org	建设信息系统,培养人才资源,改善学者工作环境
19	韩国公共设计协会	1991年	http://pdak.co.kr/	促进、提高公众设计学术交流和公共文化
20	韩国专业包装工程师协会	2004年	http://kappe.or.kr	通过技术进步提高包装能力,交流国际包装技术
21	韩国礼品包装协会	1998年	http://www.kgwa.or.kr	专门研究礼品包装技术的引进和发展
22	韩国手工艺理事会	1973年	http://www.craft-korea.org	继承韩国手工艺文化遗产,提高手工艺质量
23	韩国户外广告协会	1972年	http://www.koaa.or.kr/	加强户外广告文化保护,创造优美的城市环境

资料来源：根据 CNN, SEOUL Application, Annex, http://www.unesco.org/new/en/culture/themes/creativity/creative-industries/creative-cities-network/design/seoul/, 2012-3-11 整理。

首尔不仅有总部设计机构和相关专业设计机构,同时还创建了设计创新中心,为首尔的设计研发提供孵化基地(见表 11-7)。

表 11-7 设计创新中心

组织名称	主要活动	网址
品牌管理中心	• 韩国生产力创新设计中心 • 研究和推广国家品牌竞争力指数 • 数据库操作综合信息网络品牌 • 自我诊断品牌管理 • 品牌咨询 • 品牌教育	http://www.branddb.or.kr
品牌管理研究所	• 产业政策研究创新设计中心 • 培育品牌专家 • 介绍品牌管理案例教材开发 • 扩大品牌管理文化	http://www.bmi.ne.kr

（续表）

组织名称	主要活动	网址
韩国设计研究所	• 国立首尔大学创新设计中心 • 创造亚洲价值的设计知识基础 • 通过产学研结合,迸发创造新思想、新知识 • 通过国际网络研究进行知识信息交换 • 出版研究成果,进行知识拓展	http://www.kdri.org
工艺文化设计创新中心	• 国立首尔大学技术创新设计中心 • 支持工业艺术设计开发 • 为相关公司的工艺美术设计师提供教育培训 • 传播相关工业艺术学院技术研讨会和演讲 • 先进设备的支持	http://www.c2dic.com
数字 4D 中心技术支持中心	• 世宗大学设计创新中心 • 数码影像设计/支持专家参与国内外展览 • 为专业人才提供最先进的数字视频设计技术 • 为相关公司提供数字视频设备支持 • 为相关公司提供数字视频设计专业技术专家	http://www.d4d.co.kr
实用设计研究中心	• 韩国设计公司协会创新设计中心 • 建设输出实验室/建设数码摄影工作室 • 主办信息交流研讨会和在设计领域从事管理/操作设备的实践教育以及设计的商业实践 • 公关成功案例分析和中心设计的实践运用	http://www.duc.or.kr
设计创新中心	• 设计开发支持:设计开发、研究、教育和研发咨询通信(用户界面,图形用户界面)设计 • 支持设备和装置:试验产品制造系统和逆向设计系统 • 教育:数字工程课程设计和工业设计课程	http://www.idas-dic.com
国际设计中心	• 弘益大学国际设计研究生院 • 研究设计趋势 • 提供信息设计趋势 • 设计咨询服务(项目) • 教育展览 • 出版服务	http://www.idtc.info

资料来源:根据 CNN, SEOUL Application, Annex, http://www.unesco.org/new/en/culture/themes/creativity/creative-industries/creative-cities-network/design/seoul/,2012-3-11 整理。

11.3.3 全力扶持中小企业

"Hi Seoul"不仅是首尔设计之都的口号,首尔产业通商振兴院(Seoul

Business Agency,SBA)(见图11-6)同时把它打造成中小企业发展平台。2008年10月成立的"首尔设计创作工作室"在援助具有发展潜力的新一代设计师的同时,积极打造除了"Hi Seoul"之外的第二个品牌。

图 11-6　SBA 主要业务

资料来源:根据 Hi Seoul Brand, http://hiseoulbrand.sba.kr/chn/ecatalog/WYSIWeb_WIN_Viewer.html?page=0, 2012-3-15 整理。

SBA 为中小企业打造品牌,同时认为品牌平台就像支配品牌的 DNA,并构建了品牌管理的基本构架,为中小企业拓宽市场,支撑中小企业的长远发展。被纳入"Hi Seoul"的中小企业都是拥有核心竞争力和专利的中小优秀企业,分为电子信息、时尚文化和生活消费品三类。其中,电子信息类的众多中小型企业是 LG、三星和现代的供货商,它们不仅拥有核心技术,而且走向了海外市场,生命力极强。

11.3.4　积极吸引创意人才

为培养一大批具有世界水平和创新精神的高级人才,韩国政府把人才战略置于关系到国家社会经济发展的核心地位给予高度重视,并出台了一系列政策和措施,加强人才培养和使用工作,协调分散在各部门的人才培养计划(见图11-7)。① 在人才流动方面,韩国鼓励人才在国内的流动,同时积极应对人才的外流。为引进国际人才,韩国提出多个专项计划,如"头脑韩国21"工程、"全球奖学金"计划、"世界一流大学"计划、

---

① 李奎泰:《首尔和上海的城市发展战略和城市文化政策之比较》,载《当代韩国》2006年第1期。

"世界一流研究中心"计划等。同时,韩国为国外高级技术人才提供特殊签证,为他们办理"黄金卡"和"科技卡"。另外,韩国在国外设立了数十个海外联合研发中心,并尽量创造条件,吸引外国企业在韩国设立研发机构,为韩国带来科技人才、高新技术和最新的科技信息。除了重金吸引,韩国还放宽了移民政策。2009年3月,在第11次加强国家竞争力会议上,韩国政府批准了法务部提出的有关允许外国优秀人才持双重国籍的议案。①

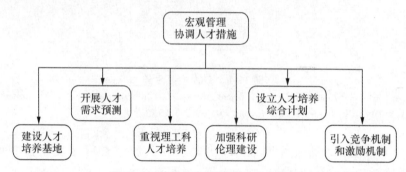

图 11-7　韩国宏观管理协调人才措施

首尔大学

首尔还出台了"全球人才招揽"战略,在世界范围内选拔优秀人才。例如,成立于1946年、全球排名前百的国立首尔大学推出了以培养21世纪高等人才为目标的"BK(Brain train Korea)21战略",注重培养具备竞争力的核心研究人员。为此,学校把目光投向全球市场,招揽优秀留学生。为了吸引海外优秀人才,韩国法务部还从2007年11月起,允许硕士学位以上的人文社科系留学生在韩国国内就业。②

---

① Source from OECD Database, Science and Technology Statistics.
② 韩国科技创新态势分析报告课题组:《韩国科技创新态势分析报告》,科学出版社2011年版。

附表 1 "Hi Seoul" 品牌中小企业一览表

企业名称	成立时间	主营业务
		电子信息类
(株)大成高科技电子	1981 年	汽车音响设备
(株)达尔科技	2000 年	现场管理系统
天时系统(株)	2001 年	LCD 显示器
(株)MONEUAL	2001 年	家庭媒体系统
雾河数码(株)	—	内置服务器与 VOD 解决方案
祥都电气通信(株)	—	配线器具、产业及家庭用断路器、通信设备等
(株)CG波	—	3D 软件
		在全世界率先把全部吴哥遗址群用数字技术复原;承担了制作数字独岛、数字黑山岛、建加平郡电子全景图等文化遗产重建项目;在全罗南道开发具有代表性的海上英雄形象、聋哑残疾人教育系统、移动游戏。
(株)爱达通	1999 年	开发、生产并销售车载用 DVR、便携式摄影记录设备、RFID 综合解决方案
阿托信息技术(株)	2001 年	成功完成了国家规划预算处的"建立政府数字预算与会计系统"项目,国家水资源公司、建设交通部、雇佣信息院等许多国营企事业单位预算与会计 SI 项目,并负责出售网络开发框架(Synergy Frame)SOA/EA 顾问,电子求职交易服务门户项目等。
(株)艺美	—	以开发电子信息系统 H/W 和 S/W 为主,以开发电子广告系统 e-Sign、亲环境浴室吊顶材料环保密封件等为辅的一家综合性解决方案开发企业。
HK e-CAR(株)	—	韩国最早拥有黑盒子商用技术的公司,向现代汽车集团供应运行记录黑盒子、事故记录用黑盒子、新车开发用黑盒子、驾驶员信息系统等。

第 11 章 微电子技术引领的首尔 | 251

(续表)

电子信息类

企业名称	成立时间	主营业务
(株)A-科技	1993年	提供显示设备,还涉足交通解决方案的RFID市场。
(株)N&P科技	—	POS系统开发的专门企业,是三星集团供应商。
ONIX SYSTEM(株)	2001年	专门开发、生产并销售相机的企业,产业用、医疗用等照相用产业、向全球六十多个国家出口产品。
优一谋技术(株)	—	引进FMEA(Failure Mode and Effect Analysis),加强开发部门的研发能力,致力于未来产业型CCTV和DVR开发。
	1971年	LMR(Land Mobile Radio),是国内第一个利用自身技术力量,在产业无限发报机和视频监控器械国产化方面取得了成功的企业。
(株)MP MEDIA	1996年	是一家响应数字时代的专门企业,在韩国最早开发、销售照片打印机,可以把数字照相机与手机照相机拍摄的数字照片以原样或经过图像处理之后,七秒钟打印出来。
(株)W谷(WAREVALLEY)	—	是具有代表性的信息维护方案的专业企业,开发、出售数据库安全方案"查克拉"(Chakra)和数据库开发管理工具"奥良吉"(Orange)。
(株)埃纳热	—	致力于成为引领数字新时代的先导企业。
(株)应普拉网	1999年	是一家为KT开通、维护检修超高速互联网,开发产品与解决方案,并统一提供服务的信通信专业企业。
(株)菁波EMT	—	是一家制造教学习设备和提供有关教育解决方案的企业,在国内广泛推销微处理器、传感器、PLC、新型再生能源、液压空压机等各种教育设备。
(株)科艺系统	—	在全世界率先开发出多喷视频板卡,获得了国产新技术标志(KT Mark),并被评选为技术革新型中小企业;获得了ISO9001认证;相继成立了美洲分公司(2004年)和欧洲分公司(2005年)。

（续表）

电子信息类

企业名称	成立时间	主营业务
（株）凯科高新技术	1989年	是一家引领韩国出入控制保安产业技术标准的领先企业，提供指纹确认方式的出入控制及出勤管理系统、门锁、安全通道等综合保安解决方案。
（株）法速	1998年	在全世界率先把数字著作权管理（Digital Rights Management, DRM）商业化，是韩国国内第一个开发DRM方案和业务的领军企业，已为信息通信部、外交与通商部、三星集团、浦项钢铁、KTF、日立建机等政府公共机关和制造、金融、互联网等各种行业的六百多家用户提供了DMR方案和服务，是韩国具有代表性的软件企业。
（株）PLK TECHNOLOGIES	2000年	从2000年以现代汽车社内风险企业开始，开发、销售发生事故时保存事故影像及数据的车用黑盒子和辨认车道后向驾驶员发出危险信号的警报装置。
（株）佳人 ENTERPRISE	—	是一家时尚皮包专门生产企业，从1999年开始参加在巴黎、伦敦、纽约、米兰等国际时尚城市举行的时装展示会。
（株）GAMEUS	2003年	是一家网络游戏开发公司，在韩国最早开发MMOFSG飞行模拟游戏（红色飞行围巾在线），射击游戏（SUPASUPA），实际军事飞行射击游戏（Heroes in the Sky, HIS）并提供服务。
（株）乐博乐博	—	是韩国教育用机器人制造的龙头企业，拥有从幼儿园到大学有关教育机器人的最好教育体系；在停留玩具水平的国内教育用机器人中植入了"智能机器人"的概念，并开发了学生能够自己培养创意能力和逻辑能力的创意教育系统——机器人创意工程课堂，在全国普及。
（株）L明亮	1997年	是一家具世界水平和最高品质的身体穿孔和首饰制造公司，为追求个性化的国内外顾客美化生活。公司从1997年开始介绍"穿孔"的概念和正确的使用方法，并以达到世界标准的穿孔产品引领市场；同时，作为全球性企业，重视"对人体无害的穿孔首饰"最优先考虑顾客满意的穿孔首饰。

（续表）

企业名称	成立时间	主营业务
VENTEX（株）	—	开发对人体有益的新概念——复合智能型纤维，在纤维产业领域最早获得风险企业认证的企业，还被选为优良技术企业。公司拥有53个专利，是一家发展前景好、年轻、具有创意的同时，通过技术实力与成果，公司还获得了茶山技术奖和优秀发明大奖。
（株）沙普帽业	—	是一家集策划、设计、制造、流通、销售、研究、开发于一身的专业帽业公司。
（株）塞勒???	—	是一家以最上等的原石和宝石作为原料，制造出能够保持身体平衡及韵律，将生物工程学与装饰相结合的功能性珠宝的企业。
（株）丝逸服饰	1967年	是一家童装公司，为了满足每位顾客个性与整体需求之间的和谐这一文化的两面性，推出了一系列价格合理、品质优良、设计灵动的实用款童装。
3D转印纸开发（株）	—	J-CROSS品牌创立公司，成功开发了亲环境、无毒性、三维立体发泡图文转印手法的新技术，并利用该技术生产各种新样式商品。
（株）IR机朴	—	是一家利用专利技术，研发无须更换电池的无线遥控机器人和游戏系统，在国内率先开发出真正利用机器人的新概念机器人游戏机的公司。
韩国MB珠宝有限公司	1998年	是一家加工天然软玉、翡翠、原石等，生产嫁接韩国独特的穿孔技术、手工制作饰品的公司，为韩国饰品文化发展做出了贡献。
（株）制美流通	1989年	成功推出时尚袜子品牌"Socks Top"和国际品牌"贝纳通""希思黎"首饰，是一家时尚品牌专门公司。公司通过在韩国最早向"袜子"注入"时尚"概念的经营战略，以"袜子也是服装""Socks Top"为口号，为袜子品牌领先企业奠定了基础。
（株）宙山物产	—	是一家生产出口假发的专业企业，开发出了把发环和头发结合起来后安装Loop的Extension System，并在韩国国内以及美国、欧盟、中国等地注册了专利。
吉吉娱乐有限公司	—	是一家在国内外积极开展3D和2D动画的创作策划、制作和进行角色授权的企业，是韩国最大的电视动画、剧场动画制作公司，建有一套较稳定的制作系统和技能体系。

（续表）

电子信息类

企业名称	成立时间	主营业务
（株）G-1MANIA	1989年	一直是韩国人物形象产业的基石,以设计与营销的差别化、信用为基础,是韩国人物形象、娱乐、专利使用权、店面管理系统领域的领导企业,为了成长为全球人物形象综合娱乐市场的先导企业而不断努力。公司成功推出凯蒂猫(Hello Kitty)及Sanrio形象的销售规划和专利使用权,使其成为顶尖的形象品牌。
（株）科纳德	—	是一家生产指甲艺术工具并出口的企业,以创意为基础,致力于项目开发和生产。其产品曾在2006年国际发明优秀产品博览会上获奖。公司拥有四项发明专利、四项实用新案,多项使用产权等,现正向全球八十多个国家出口。
（株）科三	—	公司以人造宝石制造方法相关专利为基础,在世界上最早开发出任何人都可以轻松使用的装饰用人造宝石贴纸产品,并销往全球各地。公司通过不断的产品开发和营销活动,现向全球一百五十多个企业供应装饰用人造宝石贴纸产品及其应用产品。

动画角色

企业名称	成立时间	主营业务
（株）菲利克斯·金	—	利用从豆类中提取的大豆脂肪酸和卵凝脂等,生产以大豆为主原料的亲环境生活用品的公司。已获得以豆类为主原料的天然制剂的专利权,并以此为基础开发洗涤用品,获得了环境标志认证。

生活消费品

企业名称	成立时间	主营业务
（株）GREEN & CLEAN	—	利用从豆类中提取的大豆脂肪酸和卵凝脂等,生产以大豆为主原料的亲环境生活用品的公司。已获得以豆类为主原料的天然制剂的专利权,并以此为基础开发洗涤用品,获得了环境标志认证。
GILLA C&I（株）	1987年	1987年,公司生产出无须其他照明而自身发光,可以在黑暗处做笔记的班迪照明笔。截止到2007年,公司已经拥有二百五十多个发明专利创新产品,其中有二十多种已成为商品。

第11章 微电子技术引领的首尔

(续表)

企业名称	成立时间	生活消费品主营业务
(株)DYNATONE	1987年	公司自1987年在韩国最早生产电子乐器以来,在音源和音响开发、软件设计、键盘的设计研究等电子乐器领域,积累了高水平的技术力量。其产品出口到海外26个国家,每年出口增长达到30%以上。2002年开始,公司连续六年实现了韩国国内外销售量第一。
美的斯达医疗电子有限公司	—	公司专门开发、生产耳鼻咽喉科医疗设备。
(株)LOOFENLEE	—	是生产环境亲物垃圾处理器的专门企业,在多个国家获得技术专利权与商标权注册,且还获得世界一流商品及大统领奖、红点产品设计奖等各种奖项。
(株)名门LC	1970年	公司拥有厨房用具专用品牌,取得了多项厨房用具专利权,技术能力得到了公认。公司很多产品荣获了产业资源部和韩国设计振兴院授予的Good Design奖。
(株)米兰进出口	—	是一家制造、销售汽车冷却水添加剂——卡玛丝(Car-Max)的新技术风险企业。
(株)生态雾科技	1996年	1996年第一个向世人介绍了芳香营销,带动了韩国的感性营销的企业。公司开发出一种天然抗菌剂原料,即利用药草油制成消毒剂并获得了专利。公司利用该项专利开发出记录资料和文物消毒设备、环保备自动消毒系统,积极开拓国内、国际市场。
(株)宝美化妆品	1988年	是用从天然植物和芳草中提取的香料制成高功能型、高品质的天然亲肤和皮肤产品和纳米功效等新技术风企业,为迎合全球化时代,正在不断研发嫁接包括高功能型和纳米功效等新技术的产品。
宝佳思(株)	2002年	公司主要开发指甲刀和美容小品。通过顶尖的技术实力与试剂,占据着全球美容小品市场。公司获得了大韩民国发明特大典国务总理奖、蒋英实奖、Good Design奖等,还以德国亨克尔公司等世界著名品牌的名义出口。
(株)富兴医疗器械	1980年	是一家致力于开发、生产健康与美容设备的企业,特别是作为医疗用具许可企业,在产品开发方面拥有国内外多个专利。

（续表）

生活消费品

企业名称	成立时间	主营业务
（株）三宝A-PACK	1942年	是一家综合印刷及包装的专门企业,前身为韩国最早的印刷纸器公司"朝日纸器",现已成长为国际领先的包装制造企业。
三荣新科技（株）	—	是一家从事各种水质污染净化、除臭、恢复被污染土壤等相关净化环境,改善生活事业的专业风险企业,生产"爱科师傅"（Eco Master）牌产品。
（株）三银	1985年	是一家生产高品质的蛋糕装饰工具的公司,生产各种蛋糕装饰管、挤花袋和蛋糕装饰所需的各种工具,在韩国销售的同时,还向美洲和欧洲等全球三十多个国家出口。
善一金库制作	1972年	以其"鹰牌"金库而闻名,是一家金库专业生产企业。自1972年起,公司以耐火金库为主导,制造出一千余种样式繁多的金库。
（株）林野	—	是一家专业生产小型环保家电产品的企业,在国内率先研发出负离子变频器支座（Inverter Stand）；在此经验基础上,又推出新一代LED支座,并制造出新概念声疗仪产品和等离子UV杀菌式空气净化器,出口到美国、欧洲、中东等国外市场。
（株）太宇链	—	是一家卫星和通信系统领域的企业,通过不断研究和技术开发,为国家信息通信产业提供优质服务。公司挑战空气动力学领域,在国内吹风干手器（Air Hand Dryer）行业创造出一项新的技术。
（株）I—仙测	—	是一家在先进生物传感技术和电化学技术基础上,研究开发、生产和销售增强人类健康产品的生物公司,其血糖测定系统在国内外市场受到好评。
（株）RYN韩国	—	是韩国生产功能鞋的代表性企业。
阿尔法流通（株）	—	长期致力于"生活文具"产业,是韩国最大的综合文具流通企业。公司以东亚最大的文具商场韩国南大门店为首,在国内拥有四百多家连锁店,并通过网上并链系统,建立了一个顾客中心管理系统。

(续表)

生活消费品

企业名称	成立时间	主营业务
(株)ANYTEKSYS	1987年	在市郡区和法院等地普及无人证明颁发机(KIOSK)和综合民愿发机等,实现窗口业务的简化与电算化,成为窗口行政效率化的领先企业。公司以1990年在韩国最早开发自动符合认证机开发,通过无人证明颁发机,普及电子政务的最前沿与广大市民共呼吸。
(株)ADD 好日子	—	是一家专门生产环保地热铺板,带动国内外干式地热铺板市场的龙头企业。
(株)ECOCAR	2004年	是一家专业生产亲环境电动双轮车、电动车、消防车、防疫除害车,山头消防车的环保型企业。
(株)长寿产业	1992年	公司在石床和电褥子领域,打造了一个高水平的人员与销售网络,相继获得了优秀电气产品总统嘉奖、发明节能部总理大奖、年度最佳品牌奖(韩国消费者论坛)等。
(株)捷尼克	2001年	全球最早利用Bio-Matrix技术,开发出温感应水溶性水凝胶,利用超前一步的技术实力和发展趋向,引领化妆品产业的企业。
(株)K.I.C.A	—	是一家把康乐美容器具和IT产业相结合,引领新生活方式的中小企业。
(株)KOASWELL	—	是一家生产"KAOS"品牌家具的企业。
(株)克莱本	—	公司利用分纤丝和分割丝,开发出一种可轻松地把细小缝隙、窗框、屋内角落的灰尘和污迹清扫干净的产品,可以避免反复打扫地板,有效地清除各种病菌,使屋内环境保持清洁,而且是一种简易干清洗、使用便捷的亲环境纳米材料产品,出口到二十多个国家。
(株)韩国宝元生物	—	公司分别获得"含金粒子健康牙膏制造方法""含银粒子健康牙膏制造方法"的韩国专利,占据韩国功能性牙膏市场顶尖产品地位。公司所有的牙膏产品均属于韩国标准协会推选牙膏,获得项尖产品的认证。公司曾荣获2006年SIIF首尔国际发明展金奖、银奖;2007年荣无危悬念地注册为风险创业企业并成为ISO9001质量认证单位,为满足顾客需求而运用了一套最佳的产销系统。

（续表）

企业名称	成立时间	主营业务
生活消费品		
（株）韩基产业	—	是一家利用纯生物处理系统（BIO-CAT）处理生产现场发生的恶臭及挥发性有机化合物,改善大气环境的环保专门企业,1992年创立,为世界最早成功开发微生物处理系统的企业。
韩一世界（株）	1992年	是一家专门制造、销售新型环保产品的公司,生产以"费利欧"净水机为主的多种生活家电产品。
（株）杏南瓷器	1942年	是一家纯国内资本创建,从生活餐具起步的专业公司。到2007年,公司产品已被选作诺贝尔奖颁奖晚宴餐具,也门总统官中餐具,南北韩峰会晚宴餐具等,产品质量在国内外得到公认。
（株）和苍产物	1987年	是一家生产"HOLY"、"RAZOR"等直排轮鞋产品的专门企业。

资料来源：根据 Hi Seoul Brand, http://hiseoulbrand.sba.kr/chn/ecatalog/WYSIWeb_WIN_Viewer.html?page=0, 2012-3-15 整理。

创意城市
CREATIVE CITIES

下 编
PART THREE

第 12 章
上海创意产业的空间嬗变及测度分析

上海的城市发展是以港兴商、以商兴市、沿江布厂、沿河发展。作为近代中国工业的重要城市之一,大批的工厂、仓库、货栈沿黄浦江、苏州河呈带状分布。从 20 世纪 20—30 年代远东地区的经济中心到解放后中国重要的工业基地,再到改革开放后的经济、金融、贸易和航运中心,上海走过了综合型城市—工业型城市—综合型城市的发展历程。

上海创意产业的发展思路源自于 1997 年的一次重大产业结构调整,即都市产业结构调整。1998 年,上海市政府提出"都市型工业"概念。2000 年,上海确定了 600 平方公里的中心城区优先发展现代服务业、郊区优先发展先进制造业的布局。

上海服务业自 2000 年在经济结构中所占比重达到了 50% 以后,一直处于徘徊状态。实际上,上海市委、市政府也注意到了文化科技发展、深化体制改革与产业结构升级的相互关系。2004 年,中央批准上海试行文化体制改革试点方案。2005 年,上海市委通过了《上海实施科教兴市战略行动纲要》,要求以科学技术为动力,在更高的层次上寻求经济和社会发展的科技支撑。

2005 年 4 月,由上海市经委牵头,成立了以上海创意产业中心为平台的创意产业发展服务机构,为田子坊等 18 个上海创意产业集聚区挂牌。这些园区中有来自美国、日本等 30 多个国家和地区的创意设计企业共 800 多户,从业人员达上万人,产业门类涉及工业设计、游戏软件、动漫、网络媒体、时尚艺术等。同年 11 月以及翌年 5 月、11 月,市经委又分别为第二批、第三批、第四批创意产业集聚区挂牌。2009 年至今,受世博会放大效应的影响,上海又新增了一批园区。截至 2011 年 8 月,上海创意产业园区数量累计已达到 89 个之多。本章试图从世博后上海创意产业的发展态势、园区分布规律、存在问题等方面展开分析。

12.1 上海创意产业的发展态势与结构特征

"十一五"期间,上海提出大力培育和发展创意产业,扩大产业规模的发展目标。特别是在筹博、申博、办博过程中,上海文化创意产业产值快速增长,规模不断扩大。2010 年,上海文化创意产业从业人员为 108.94 万人;实现总产值 5,499.03 亿元,比前一年增长 14.2%;实现增加值 16,712.79 亿元,比前一年增长 15.6%(按可比价格计算,下同),高于全市 GDP 增幅 5.3 个百分点;占上海生产总值的比重为 9.75%,比前一年提高 0.51 个百分点;对上海经济增长的贡献率达到 14%[①]。上海还形成了设计、网络信息服务、媒体、咨询策划等一批具有比较优势的行业门类,涌现出一批龙头企业以及颇具活力的中小企业。

12.1.1 创意产业目标定位日趋明晰

上海与伦敦、纽约和东京等国际大都市相比较,发展创意产业的条件不同,后者是在进入后工业化时代启动创意产业的;因此能够充分利用数字化技术和全球化环境带来的资源;而中国是在快速工业化的背景下发展创意产业的,这使上海拥有了一个不断增长的巨大市场空间。所以,上海创意产业的重点是为先进制造业和现代服务业服务,同时也提升了上海的人文精神和创新环境。

目前,国际上对创意产业的分类指标或统计口径尚未严格地界定,各国或地区依据自身的社会经济发展水平确立了不同的行业划分标准。上海现阶段的创意产业发展不同于西方发达国家,主要立足于为城市功能转型、产业结构升级服务,推进"科教兴市"战略。基于此,上海根据产业的共同特征及与创意产业的相关度,并结合上海经济发展目标,确定了"十一五"期间创意产业的五大类重点发展行业(见表 12-1)。

---

① 《2010 年上海文化创意产业发展情况和统计数据等》:http://www.shio.gov.cn/shxwb/xwfb/node169/node261/userobject1ai9040.html,2011 年 9 月 30 日访问。

表 12-1 "十一五"期间上海市创意产业发展重点

产业	内容	主要相关行业
研发设计创意	主要指工业生产和计算机软件领域相关的研发与设计活动	工业设计、工艺美术品设计、软件设计、服装设计、产品设计、包装设计、电脑动画设计、广告设计、研究与试验发展等 10 个中类行业、21 个小类行业
建筑设计创意	主要指与建筑、环境等相关的设计活动	工程勘察设计、建筑装饰、室内设计、城市绿化设计等 3 个中类行业、5 个小类行业
文化传媒创意	主要指在文化艺术领域中的创作和传播活动	文艺创作表演、广播、电视、电影制作、音像制作等 9 个中类行业、12 个小类行业
咨询策划创意	主要指为企业和个人提供各类商务、投资、教育、生活消费及其他咨询和策划服务的活动	市场调研、证券咨询、会展服务、市场调查等 9 个中类行业、12 个小类行业
时尚消费创意	主要指在人们日常消费、生活娱乐中体现创造性及价值的行业	休闲体育、休闲娱乐、美发及美容设计、婚庆策划、摄影创作、娱乐游戏、旅行等 8 个中类行业、8 个小类行业

资料来源:根据上海市经济委员会、上海市统计局:《上海创意产业发展重点指南》整理。

2010 年世博会对上海文化创意产业发展的拉动作用十分明显,文化创意产业 10 个行业中的工业设计、建筑设计、网络信息业、咨询服务业、广告及会展服务业和休闲娱乐服务业 6 个行业均实现了两位数增长。其中,广告及会展服务行业受益最大,2010 年实现增加值 196.93 亿元,增长 71.4%(其中,会展业实现增加值 72.19 亿元,增长 2.8 倍);休闲娱乐服务业实现增加值 129.37 亿元,增长 12.4%,呈现出快速发展的态势(见图 12-1)。创意产业园区的数量也明显增加(见表 12-2)。

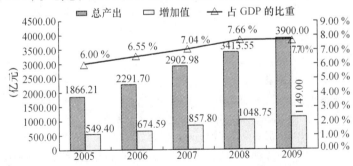

图 12-1 2005—2009 年上海创意产业增加值

资料来源:根据上海创意产业中心测算数据(2008—2009)、《2006—2009 年创意产业发展报告》整理。

表 12-2　创意产业园区数量和规模变化情况表

	世博前			世博后
	2005 年	2006 年	2007 年	2010 年
园区个数(家)	18	59	75	89
园区总面积(万平方米)	41	—	221	250

资料来源:根据上海设计之都官方网站:http://www.creativecity.sh.cn/相关资料整理。

上海市"十二五"规划将创意产业确立为支柱产业优先加以发展。作为国内最早推进创意产业发展的城市之一,上海发展创意产业的先发优势和品牌效应所带来的示范作用在世博后充分显现。世博后,8 号桥、M50 创意园(下文简称"M50")、田子坊等一批创意产业园区的形象伴随世博会对上海形象的提升而提升。国内外知名创意产业企业和机构纷纷入驻上海,世界各地的创意人才"沪漂"加盟,空间集聚逐步形成。世博后,《上海市文化创意产业发展"十二五"规划》进一步提出,要抓住上海加入联合国教科文组织"创意城市网络"、建设"设计之都"的新机遇,按照"创新驱动、转型发展"的总体要求,以"创新、融合、提升"为发展主线,从上海城市战略的高度规划文化创意产业的新发展,着力营造创新氛围,着力加强高端要素集聚,着力构建产业特色和品牌,着力完善文化创意产业服务体系,充分发挥文化创意产业在转变经济发展方式、优化产业结构、提升城市软实力、增强国际竞争力方面的重要作用,将文化创意产业打造成为引领和支撑上海新一轮发展的重要支柱产业(见表 12-3)。

表 12-3　"十二五"期间上海创意产业发展重点

产业	重点发展领域与内容
媒体业	广播电视、新闻出版
艺术业	文艺创作、演艺、电影、动漫、非物质文化遗产开发利用、艺术品展示及拍卖
工业设计业	机械及装备设计、消费品设计
时尚产业	服装服饰、日用化学品、黄金珠宝首饰、家居用品、时尚数码消费品
建筑设计业	城市规划设计、建筑设计、室内装饰设计、工业勘察设计
网络信息业	网络游戏、网络视听、数字出版、面向重点行业的信息服务业
软件业	基础软件、工业软件、行业应用软件
咨询服务业	智库建设、商务咨询、科技咨询、社会科学咨询
广告业和会展业	广告、会展
休闲娱乐业	文化娱乐、旅游休闲、休闲健身

资料来源:根据《上海市文化创意产业发展"十二五"规划》整理。

12.1.2 创意产业组织构架逐步健全

经过将近十年的发展,上海创意产业组织构架初步确立,由政府、市场、社会公共服务和企业组织四部分组成。上海市委宣传部与上海市经信委[①]建立了密切的沟通互动和合作关系,联手推动创意产业发展。上海市政府所属的发改委、市建交委、市规划和国土资源管理局、市国资委、市科委、市教委、市统计局、市知识产权局、市外办、市外国专家局等十多个部门积极配合,形成横向联系。各区尤其是中心城区政府十分重视创意产业发展,形成了市、区两级政府的纵向联系。此外,上海创意产业中心、上海创意产业投资有限公司、上海设计中心、上海创意产业协会、上海时尚联合会、上海创意产业研究所等一批社会中介组织、投资机构和研究机构相继成立,成为上海创意产业发展的助推器。

12.1.3 创意氛围更加浓郁

为推动创意产业发展,上海市积极打造创意产业公共平台,着力强化创意产业的平台服务。上海创意产业公共平台分为媒介平台、展会平台、服务平台等类型。媒介平台是依托网络实现的数字化、信息化的公共平台。2006 年 4 月,上海创意产业中心网站开通启用,信息平台提供了多层次、多渠道的信息服务。展会平台是推广创意产业园区、产品的重要载体。

表 12-4　上海各区创意产业园区的分布、重点产业和特色载体

所在区	园区名称	重点产业	特色载体
徐汇区	2577 创意大院;尚街 LOFT;设计工厂;文定生活家居创意广场;西岸创意园;D1 国际创意空间;数娱大厦;虹桥软件园;汇丰创意园;SVA 越界创意产业园;乐山软件园;X2 创意空间	研发设计、数字内容应用设计、咨询筹划	交大、复旦医学院、各类研发院所

[①] 上海市经济和信息化委员会,简称"经信委",2008 年根据《中共中央办公厅、国务院办公厅关于印发〈上海市人民政府机构改革方案〉的通知》设立,前身为上海市经济工作委员会。本书将其笼统称为"经信委"。

(续表)

所在区	园区名称	重点产业	特色载体
长宁区	新十钢(红坊);时尚园;映巷创意工场;湖丝栈创意产业园;时尚品牌会所;创邑·河;创邑·源;周家桥创意产业集聚区;天山软件园;华联创意广场;原弓艺术创库;聚为园;法华525创意树林	时尚设计、软件设计和信息服务业	环东华大学时尚产业带
虹口区	1933老场坊;智慧桥;花园坊建桥69;绿地阳光园;空间188;新兴港;彩虹雨;优族173;通利园;物华园	节能环保等研发设计、文化旅游	品牌园区,如1933老场坊等
静安区	静安现代产业园;传媒文化园;800秀;汇智创意园;3乐空间;98创意园;同乐坊;安垦绿色;安垦绿色仓库;源创创意园	广告设计、时尚设计、传媒和出版	电视台、报业集团的资源
闸北区	创意仓库;新慧谷;工业设计园名仕街;合金工厂;老四行仓库;孔雀园	工业设计等	老厂房、旧仓库
杨浦区	东纺谷;铭大创意广场;海上海上海国际设计交流中心;昂立设计创意园;上海创意联盟产业园;建筑设计工场;中环滨江128;上海国际家用纺织品产业园;环同济设计创意集聚区	城市规划设计、建筑设计、工业设计	同济建筑设计集聚圈
普陀区	M50创意园;天地软件园;创邑·金沙谷;E仓创意园;景源时尚产业园;中华1912	动漫设计、软件设计、工业设计和文化艺术	苏州河沿线、华东师大周边地区
(原)卢湾区	田子坊;8号桥;江南智造;卓维700;智造局	建筑设计、广告设计等	8号桥、田子坊等品牌园区
黄浦区	南苏河;旅游纪念品设计大厦;上海滩	旅游纪念品设计	专业化公共服务平台
浦东新区	张江文创产业基地;鑫灵创意园	研发设计、动漫、网游等	产业基础及人才和政策优势
宝山区	上海国际节能环保园	动漫衍生品的研发设计、展示,以节能环保为主题的研发设计	老厂房、旧仓库

（续表）

所在区	园区名称	重点产业	特色载体
闵行区	古北鑫桥	设计、广告咨询等	老厂房、旧仓库
嘉定区	智慧金沙·3131	电子商务、建筑和艺术设计、广告咨询	专业化公共服务平台
松江区	第一视觉创意广场	文化传媒、婚庆服务、情景会展、研发设计和咨询策划	泰晤士小镇、松江大学城

资料来源：根据上海设计之都官方网站：http://www.creativecity.sh.cn/相关资料整理。

品牌节事活动具备传播创意理念的功能。2004年，上海举办了"首届上海国际创意产业论坛"；2005年，举办了"上海国际创意产业活动周"和"联合国创意产业研讨会"；2006年，举办了"第三届创意产业发展论坛——创意人才论坛"；2007年，举办了"上海国际创意产业活动周暨国际城市创意产业论坛"；2010—2012年，分别举办了以"创意后世博""创意生产力——探索上海创意产业发展新理念和新模式""设计点亮生活"为主题的创意产业国际周活动。近年来，上海专项的展会有创意设计大赛、动漫原创展、上海工艺美术创新产品展示、国际电影节、电视节、音乐节、艺术节、各类设计展等二十余项。上述论坛和展会及时传递了全球创意信息、概念与理念。

同时，上海市政府各有关职能部门会同上海创意产业中心，积极搭建创意服务平台。一些教育机构也设立教育服务平台，探索创意人才的培养。比如，上海已经先后设立了上海戏剧学院创意学院、复旦大学上海视觉艺术学院、上海电影艺术学院，培养紧缺的创意产业人才，并将在上海交通大学、同济大学、东华大学等高校建立创意产业人才培训基地，推动创意产业、文化产业的产学研联动。上海社会科学院也成立了创意产业研究中心，开展相关研究。全国第一家创意产业协会也于2005年5月挂牌运作。

三大平台的构建，尤其是世博会的筹办和举办，极大地培育了上海市的创意氛围，推动了创意产业园区的空间溢出，即由园区向周边区域溢出，泛化发展。例如，虹口区1933老场坊的开发，带动了周边1.1平方公里的历史风貌区的发展，在盘活老厂房资源的同时，联动区域内业态的转变和能级的提升。8号桥、田子坊的集聚效应，已经将建国中路、泰康路的地带联结成创意时尚块。特别是 8 号桥创意产业园区实施了品牌输出，紧邻世博园建立了 8 号桥二期、三期园区，通过这种点—面—块的空间溢出，实现了创意产业空间的局部泛化。

12.2 上海创意产业园区的空间分布特点

上海创意产业园区具有鲜明的地域分布规律。美国经济学家保罗·克鲁格曼(Paul Krugman)认为，产业集群在区域内的哪个区位上形成是由历史的偶然性决定的。但是，一旦这个产业集群形成之后，集群所产生的规模经济和外部经济使其自身在同行业中获得竞争优势，这种优势会吸引更多的企业、资源进入集群，并且获得更好的政策、环境条件，使得产业集群的发展具有"路径依赖"效应，甚至是"锁定"。上海创意产业园区的空间分布反映了这一规律。本章利用 Mapinfor 软件，将 89 个创意产业集聚区的分布反映到上海地理空间上，通过一组地图，分析上海创意产业园区的分布特点。89 个创意产业园区作为集聚热点(Hot Spot)集中分布在上海中心城区，空间上呈现集聚热点—集聚团组—集聚带的嬗变过程。世博后，上海创意产业园区呈现"一带两圈一走廊"的特点，即以世博园为核心的黄浦江和内环线围合，形成创意产业园区集聚带；大学密集区周边的创意产业园区点状散布，形成集聚圈；苏州河沿岸的创意产业园区组团式发展，形成集聚走廊。

12.2.1 以世博园为核心的黄浦江和内环线围合，形成创意产业园区集聚带

图 12-2 显示，在以苏州河、黄浦江和内环线为界的围合地带，密集分布了多个创意产业园区。创意产业在这一围合地带的集聚反映了上海市政府在市中心区域大力推进都市型产业的发展战略，市中心区域逐步呈现"退二进三"的态势。尤其是以举办世博会为契机，上海对黄浦江两岸进行开发和利用，依托区位优势和沿岸老厂房资源，结合黄浦江南北延伸段的规划完善和世博会场馆建设、运营以及后续利用，重点发展研发设计、会展、广告、时尚消费等创意产业，形成了体现产业历史文脉、反映近代工业文明、展现国际化大都市特点的创意产业集聚带。

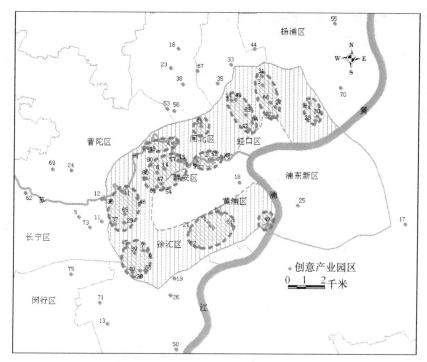

图 12-2 以世博园为核心的黄浦江和内环线围合地带的创意产业园区分布图
资料来源：上海市经济委员会、上海创意产业中心：《创意产业》，上海科学技术文献出版社 2005 年版；上海设计之都官方网站：http://www.creativecity.sh.cn/。

说明：
1. 田子坊
2. 创意仓库
3. 昂立设计创意园
4. M50 创意园
5. 天山软件园
6. 乐山软件园
7. 虹桥软件园
8. 传媒文化园
9. 8 号桥
10. 卓维 700
11. 时尚园
12. 周家桥创意产业集聚区
13. 设计工厂
14. 同乐坊
15. 静安现代产业园
16. 工业设计园
17. 张江文化科技创意产业基地
18. 旅游纪念品设计大厦
19. 2577 创意大院
20. 尚建园
21. 尚街 LOFT
22. X2 创意空间
23. 合金工厂
24. 天地软件园
25. 逸飞创意街
26. 车博汇
27. 海上海
28. 东纺谷
29. 旅游纪念品设计大厦
30. 上海创意联盟产业园
31. 建筑设计工场
32. 通利园
33. 智慧桥
34. 空间 188
35. 德邻公寓
36. 创邑·河

第 12 章 上海创意产业的空间嬗变及测度分析

37. 创邑·源	38. JD 制造	39. 数娱大厦
40. 西岸创意园	41. 湖丝栈创意产业园	42. 1933 老场坊
43. 绿地阳光园	44. 优族 173	45. 新十钢（红坊）
46. 华联创意广场	47. 98 创意园	48. E 仓创意园
49. 外马路仓库	50. 汇丰创意园	51. 智造局
52. 老四行仓库	53. 新慧谷	54. 梅迪亚 1895
55. 中环滨江 128	56. 名仕街	57. 3 乐空间
58. 孔雀园	59. 南苏河	60. 静安创艺空间
61. SOHO 丽园	62. 时尚园品牌会所	63. 物华园
64. 建桥 69	65. 聚为园	66. 新兴港
67. 彩虹雨	68. 文定生活家具创意广场	69. 创邑·金沙谷
70. 长寿苏河	71. SVA 越界创意产业园	72. 第一视觉创意广场
73. 原弓艺术仓库	74. 临港国际传媒产业园	75. 古北鑫桥
76. 智造局	77. 浦原科技园	78. 500 视觉园
79. 法华 525 创意树林	80. 大柏树数字设计创意产业集聚区	81. 源创创意园
82. 安垦绿色	83. 上海国际家用纺织品产业园	84. 环同济设计创意集聚区
85. 五维空间	86. 张江创星园	87. 上海动漫衍生产业园
88. 时尚谷创意园区	89. 创异工房	

12.2.2　大学密集区周边的创意产业园区点状散布，形成集聚圈

创意产业的发展依赖具有独立创新能力的高质量人才。因此，上海一些创意产业依托大学、科研机构集聚，行业类型都是与设计类相关的。例如，位于杨浦区，依托同济大学土木建筑专业的人才技术优势集聚而成的环同济创意产业集聚带；位于徐汇区的天山软件园和乐山软件园则是借助上海交通大学而发展起来的；而围绕东华大学的服装设计环校园带也正在形成（见图 12-3）。

尤其值得一提的是环同济现象。环同济产业带位于杨浦区赤峰路，依托同济大学土木建筑专业的人才技术优势集聚形成。这里云集了五百多家城市规划、建筑设计及相关产业的企业，年产值超过 10 亿元，吸纳各类就业人员近万人。

赤峰路现代设计街是由校园经济演变而来的，入驻的企业中有 80% 是由同济大学的师生所创办的，他们利用自身的专业优势和同济大学的金字招牌，迅速打开了市场。从高级技术人才、打工者、律师、监理、中介

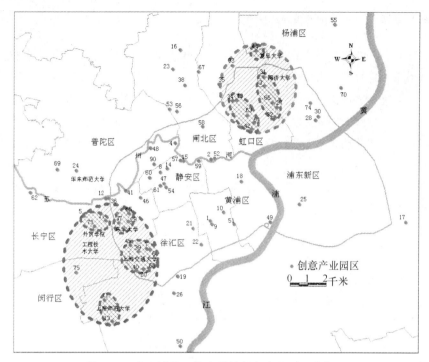

图 12-3　中心城区环绕大学的创意产业园区分布图

资料来源：同图 12-2。

人到软件设计者,几乎都是同济人。可以说,同济大学为现代设计产业提供了丰富的优秀人才资源。另一方面,同济大学也为现代设计提供了巨大的市场。同济大学的学生遍布全国各地,他们担任着建筑、规划这一领域的政府官员,或建筑设计企业的 CEO 及工程技术人员。他们本身就是市场和市场中介。因此,赤峰路上的设计企业所接受的设计任务中,有 80% 来自上海以外地区,其分布之广、覆盖面之大,在全国都是独一无二的。①

基于上述人才和市场优势,环同济设计创意产业带成了加快杨浦知识创新区建设的助推器,为市、区、校合作共赢带来新的发展机遇。② 2009 年 9 月 12 日,市、区两级政府为其挂牌,目标是实现从创意园区到

---

①　厉无畏、于雪梅:《上海城市文化创意产业基地发展的问题和策略》,http://www.chinacity.org.cn/csfz/cswh/66900.html,2012 年 7 月 3 日访问。

②　《上海环同济设计创意产业集聚区在杨浦区揭牌成立》,http://www.shanghai.gov.cn/shanghai/node2314/node2315/node15343/userobject21ai363559.html,2012 年 7 月 4 日访问。

创意社区、创意城区的发展,充分发挥大学知识溢出效应和政府政策扶持效应,加快推进相关区域内设计创意产业的发展,使之成为一个以设计为特色、学科链和产业链相结合的设计创意产业集群。① 因同济大学在申博、筹博、办博过程中的突出贡献,对创意产业的影响力和吸引力明显提升,带动了校园周边创意产业企业的快速集聚。世博后,环同济产业带的发展也成为学术界研究的热点、政府关注的重点。这种发展模式对校区、城区的发展产生了较大的影响,并引发了东华大学等高校的效仿。

12.2.3 苏州河沿岸的创意产业园区组团式发展,形成集聚走廊

沿着苏州河由西往东,集中了周家桥创意中心、宜昌路 E 仓创意园、莫干山路 M50、昌化路静安现代产业园、光复路四行仓库的创意仓库、安垦绿色园、1933 老场坊等一批上海市经委授牌的创意产业园区。这条创意产业园区带跨越了长宁、普陀、静安、闸北、虹口等行政区(见图 12-4)。

众所周知,苏州河两岸是中国近代工业的发源地,也是中国近代工业发展的缩影,承载了民族工业的繁荣兴盛。与黄浦江沿岸近代工业不同的是,苏州河沿岸分布着生产生活必需品的工厂、水上运输的船只、岸边囤仓的货栈、融合江浙地区农宅式样的民居等,这些具有浓郁上海地方色彩的人文景观对创意人员来说特别具有启发意义。苏州河沿岸创意产业带以苏州河两岸开发和旧区改造为契机,充分利用苏州河沿岸的老厂房、老仓库以及其他历史建筑资源。世博后,在 M50、创意仓库的基础上,一批以设计、动漫游戏、媒体、广告等为特色的创意产业园区正在形成,涌现了安垦绿色、景源时尚产业园等一批国际化程度颇高的创意产业园区。这一创意产业园区集中分布带充分体现了仓库文化与河岸文化相融合的特点。

---

① 《上海建立"环同济设计创意产业集聚区"》,http://www.360cxy.cn/front/Infotemp.aspx? InfoID=671862,2012 年 7 月 5 日访问。

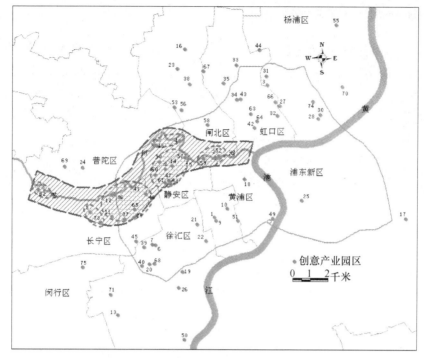

图 12-4 沿苏州河两岸的创意产业园区分布图

资料来源:同图 12-2。

12.3 上海创意产业园区的现状分析

创意产业园区是上海城市发展的产物,受到各种历史和环境因素的制约。对比前文介绍的世界级创意都市,尤其是通过世博会这一"万花筒",我们能够更清醒地看到上海创意产业园区存在的主要问题。

12.2.1 创意产业园区发展模式的潜在性局限

上海创意产业园区的形成与政府主导推动密切联系。截至 2011 年,上海市经信委在全市挂牌了 89 家创意产业园区。细细观察,可以发现创意产业园区的做法与 20 世纪 90 年代都市工业园区的推进有许多相似性,创意产业园区在一定程度上是都市工业园区的再升级。2011 年 6 月是建国西路上上海第一家都市产业园挂牌 10 周年,创意产业中心等举行纪念活动将此作为上海创意产业园区建设的起点,恰好佐证了这个观点。

20世纪90年代建立的都市型工业园依托都市的资金流、信息流、人才流,重点发展技术开发、产品开发、加工制造、产品设计等行业。当时倡导的都市工业尝试把研发和服务部分从传统制造业中剥离出来。到世纪之交,都市工业更多地关注研发、品牌等产业链两端,上海市政府也更注重对都市工业园区和周边地区产业群的培育。

按创意产业园区的动因属性分类,可以将其分为自发型、政府导向型和综合型三种类型。自发形成的创意产业园区有早期的M50、创意仓库、田子坊等。政府导向型园区多是政府先确立园区,然后通过招商引资等办法,吸引创意组织机构入区。8号桥就是成功运行的园区。综合型园区是前两种园区的复合类型。例如,现在的M50、创意仓库、田子坊早期是自发集聚形成的,而其后期发展又是政府规划和政策导向的结果。

因此,不同于伦敦西区戏剧产业、东京练马区动漫产业的自发集聚,上海创意产业园区一定程度上是政府积极倡导的空间表现,大部分创意产业园区在发展初期还或多或少地套用了都市工业园的发展模式,是与都市工业园共同成长的伴生物(见图12-5)。这是积极的一面。另一方面,正是这种创意产业园区空间演进的模式使得一些创意产业园区在创意产业集聚、创意人员汇聚等方面存在局限。先前的研究表明,创意产业具有"三个结合"的特征,即文化的思想性与知识的技术性的结合、生产性服务业与消费性服务业的结合、产业组织区域集群化与企业组织小型化的结合。创意产业的文化内涵是对过去、现在与未来三个不同时间纬

图 12-5 都市工业园区转化为创意产业园区的示意图

资料来源:褚劲风:《创意产业集聚空间组织研究》,上海人民出版社 2009 年版,第 133 页。

度上文化的融合。目前,相当数量的创意产业园区是利用旧厂房、旧仓库改造的,不少管理商、开发商会不加选择地实施商务性开发、市场性运作,以获取近期的经济效益和数字政绩,但缺乏长期的战略规划与文化价值追求。此外,这在本质上没有摆脱用传统制造业的思维方式运营新兴的创意产业,换言之,就是简单地套用都市工业园区的模式经营创意产业园区。于是,首先遭遇的便是创意产业自身发展的不适应。

创意产业园区发展模式的潜在性局限直接导致以下的情况:

第一,一些园区的产业功能定位不清晰,同质化现象明显。近年来,结合区域特色,上海创意产业园区在打造自身特色上初见成效。但是,由于很多园区的开发建设缺乏合理的战略规划,没有明确的产业发展导向,发展路径主要为对少数成功园区经验的复制和照搬——厂房改造开发,引进几个成熟的企业、知名的艺术家,导致园区同质化问题严重;同时,忽略了创意产品的研发过程及培育文化产品消费市场的过程,发展起来的一些动画产业园、软件产业园甚至没有多少创意的要素,只是生产基地,而不是研发中心,只是将原有的产业聚集到园区,消费群体还是原来的群体,市场并没有扩大。这与原来的都市工业园区建设本质上是一个思路,只是打造了一个创意产业的外壳,并没有创意内容加以填充。

第二,个别园区在结构上,创意与商业配比本末倒置,存在"挂创意、做地产"现象。这些园区在运营过程中,创意概念不浓,出现了商业配套比例过高、零售商业化趋势明显等现象。这种现象在一些定位于文化、时尚的创意产业园中表现得尤为明显。个别园区酒吧、俱乐部、餐厅、咖啡厅配比高达80%,而另有20%左右是零售概念店,配套产业反客为主,淡化了创意园区培育孵化创意的基本功能。

第三,部分园区在经营现状上、客户群不稳定,空置率较高。从调研的情况看,除部分园区基于入驻行业协会的纽带作用,在招商初始期客户群较为固定、空置率较低之外,在金融危机之后,一些园区面临客户迁出率较高的局面,空置率明显上升。同时,客户群流动性加大,甚至有些客户以三个月为租期,频繁更换。另外,伴随地产热的升温和创意园区的日趋成熟,近年来,上海各主要创意产业园区的租金价格都呈上升趋势,幅度在20%—30%左右,越来越多小微创意企业因难以承受园区一轮轮的租金上涨压力而被淘汰。

12.3.2 创意产业园区空间演进格局的一般性问题

上海市经信委挂牌的第一批18家创意产业园区主要分布在内环线内,空间流向呈现由中心城区向外围城区发展的趋势。2000年以来,上海中心城区的地价上涨迅速,旧城更新的速度加快,内环线以内尚未被利用的工业厂房资源所剩无几,创意产业园区的发展因此逐步向环线周边地区演进。

在空间布局上,如果把内环线圈层比作一个圆核,创意产业园区空间演进的方向分别是东北、西、西南(见图12-6)。从第一批到第二批挂牌创意产业园区在空间指向上初步呈现出的规律是:一是沿着苏州河向西延伸;二是指向以上海交通大学、华东师范大学、东华大学、上海师范大学、上海工程技术大学等为主体的西南片大学圈;三是指向以同济大学、复旦大学为核心的东北片大学圈。这种空间演进方向为之后创意产业园区挂牌提供了空间指向。

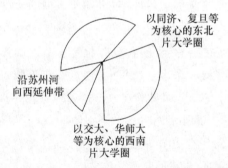

图 12-6 上海创意产业园区空间演进方向示意图

资料来源:褚劲风:《创意产业集聚空间组织研究》,上海人民出版社 2009年版,第 134 页。

从产业结构分析,第二批创意产业园区已经开始从以艺术设计、工业设计等为主向综合性的创意产业发展。表12-5是根据上海创意产业中心网络提供的各个创意产业园区所涉及或规划的主要行业,按照上海市提出的重点发展行业类型,对创意产业集聚区进行的初步分类统计。其中,研发设计类和文化艺术类行业发展程度较成熟,空间集聚较明显(A类有8个创意产业园区,C类有6个创意园区);建筑设计类、咨询策划和时尚消费类(B类有2个创意园区,D类和E类各有1个创意园区)初具规模,

表 12-5　上海创意产业园区行业类型划分表

行业类型划分	名称	现有规模（建筑面积 M²）	入驻企业数	主要涉及行业
A类	天山软件园*	25,000	70余家	软件研发,数字技术,IT培训
	乐山软件园*	21,300	80余家	软件研发,数码技术,IT培训
	虹桥软件园*	35,000	100余家	软件研发,动漫游戏,教育培训,产业孵化
	工业设计园*	9,300	85家	工业设计,产品研发,成果转让,建筑艺术
	合金工厂	19,383	不详	广告设计,软件设计,视觉产业
B类	创意仓库*	12,000	20余家	城市规划,建筑设计,环境艺术,品牌发布
	建筑设计工场	25,621	51家	建筑设计,工艺美术,规划设计,景观设计
	田子坊*	15,000	153家	视觉艺术,工艺美术,影视制作,网络媒体,艺术摄影,工业设计,建筑设计,室内设计
	传媒文化园*	4,730	21家	动漫艺术,影视制作,网络媒体,艺术摄影,美术摄影
C类	周家桥创意产业集聚区*	12,000	30余家	艺术设计,动漫艺术,美术摄影
	时尚园	12,000（一期）	30家	时尚发布,服装设计,品牌培育
	设计工厂*	5,000	不详	设计服务,设计教育,设计研发,创意产业孵化基地
	2577创意大院	40,000	60余家	广告设计,咨询策划

第 12 章　上海创意产业的空间嬗变及测度分析 | 279

(续表)

行业类型划分	名称	现有规模(建筑面积 M²)	入驻企业数	园区概况 主要涉及行业
D类	同乐坊*	19,300	80余家	艺术创意,时尚会展,娱乐休闲
D类	8号桥*	20,000	46家	建筑设计,设计咨询,影业制作,品牌展示
D类	卓维700*	12,300	60余家	动漫广告,投资咨询,软件开发,项目设计
D类	M50*	41,000	140家	广告影视,当代艺术,视觉艺术,服装艺术
D类	静安现代产业园*	14,000	40家	动漫设计,广告设计,教学培训,装潢设计
E类	昂立设计创意园*	31,000	40余家	工业设计,建筑设计,设计咨询
E类	张江文化科技创意产业基地*	100,000	80余家（规划200家）	影视制作,游戏软件,动漫制作
E类	海上海	234,000	正在引进	动漫设计,广告设计,艺术设计等,涉及13个行业

说明：A类代表研发设计类,B类代表建筑设计类,C类代表文化艺术类,D类代表时尚消费类,E类代表多种行业相互交融集聚发展的综合类。

资料来源：
1. 上海市经济委员会,上海创意产业中心:《创意产业》,上海科学技术文献出版社 2005 年版；
2. 上海创意产业中心：www. creativecity. sh. cn；
3. 实地资料调查整理。

注：带*号的为首批创立的上海创意产业园。

发展潜力大;综合类园区(F类)有7个,这类园区多是结合旧城改造,政府主导,市场运行,社会效应大。

创意产业园区的空间演进格局一方面使上海成为世界上拥有创意产业园区最多的城市,这也是上海申报联合国"设计之都"的有力支撑;另一方面,与之相随的是创意产业园区在城市空间分布上松散无序,并带有结构性缺陷。这主要表现为:

第一,空间布局上,园区过于分散,体量小,集聚度不够。自2005年市经信委牵头授牌第一批产业园区开始,上海创意产业园区即进入了一个高速发展阶段,创意产业园区大量涌现。但是,主要开发模式为原有旧厂房改造或自发形成。由于缺乏市、区级的统盘考虑,创意园区经过级级开发,土地被过度征用,形成数量多而规模小、分布广而集聚弱的格局。园区的分散建设不仅分散了土地、资金、项目,加大了管理难度,也降低了资源利用的集约度,使得园区低水平建设问题突出。此外,有些园区的布局没有与属地的产业布局和城市发展空间有机结合,园区与周边、园区与社区之间缺乏联动,环境不协调,造成的结果是:一方面,周边社区环境嘈杂影响园区发展;另一方面,又因园区体量既定,无法扩大,限制了发展。

第二,空间结构上,同质园区均质分布,缺乏优势园区,或缺少具有增长极作用的园区。现有的89个园区中,类似8号桥、M50等涉及工业设计、现代设计等领域,具有影响力、竞争力的园区不多,园区的竞争力大多位于同一能级,缺少层级差异,处于无序竞争状态,或者说处于传统的"红海"竞争体系,尚未形成"蓝海战略",不利于创意产业园区进一步发展。

正因为上海创意产业园区在空间演进过程中缺少具有主导作用、引领作用的园区,使得园区空间分布的变化过程类似于20世纪80年代上海城市空间"摊大饼"似的蔓延。这种蔓延具有巨大的放大效应,但是带来的潜在影响是,一些创意人员、海归人员、企业家等简单复制、效仿世博园,使"形似"创意产业园区的集聚点迅速发展,而其内部"神似"创意产业的内容并不多,一定程度上加大了这种无序蔓延。

第三,园区发展嬗变过程中,"重形态、轻业态",未能与城市经济形成融合发展。从上海创意产业园区发展现状看,以土地级差收入为利益导向的完全市场化行为在园区蔓延,园区经营者为获取利润而进行概念炒作,存在着"重文化表象、轻产业实体"的现象。从文化内涵分析,上海创意产业园区大多为借鉴模仿国外现代作品,形式上偏重于艺术文化画廊、艺术品展示等虚拟环节,缺乏具有中国元素、具有上海特质的文化内涵,缺乏对具有上海故事和城市文化特色进行挖掘和开发的战略意识。例如,对苏州河、黄浦江沿岸等大尺度创意产业集聚区的引导和培育还较薄弱,与长三角地区其他城市的联动也比较有限。[1] 从经济功能分析,创意园区未能与上海其他产业发展形成对接、联动、融合,缺少能够实现产业化、提升上海产业竞争力的创意。由此可见,财富驱动型商业开发制约了园区内创意要素的集聚,不利于园区平台作用的发挥以及园区内创意企业的培育和孵化,将园区等同于地产,影响了上海创意产业园区的空间布局。

12.3.3 创意产业园区转型升级的内动力不足

从空间指向规律层面分析,上海既有的 89 家创意产业园区,从市区东北片大学圈,沿内环线,在苏州河一侧折向西延伸,向西南发展,恰似"人"字形,构成了上海创意产业集聚的主体空间特征(见图 12-7)。在"人"字形结构中,创意产业园区的密度加大,集聚规模大小不等,功能定位参差不齐,运行管理各自不一。按照创意的产生及创意产品的生产流通过程,创意产业大致可以分为两大类:一类是艺术创作,包括文字书写、声音、图像录制、现场表演、视觉印象等;另一类是融入到传统产业中的创意活动,包括工业设计、建筑设计、广告、会展策划等。[2] 可以说,这两种形态在上海都有发展,表明上海已开始由单一行业的创意产业向综合性的创意产业发展。

但是,从上海产业结构调整和建设"设计之都"的目标要求看,上海创意产业存在着内涵提升缓慢、园区亟待转型升级的突出问题。究其原因,核心在于内生动力不足,主要体现为:

第一,创意产业园区的利益主体性质多元,缺乏协调竞合机制。创意产业在上海还是一个新事物,需要相当长的时间去认知它。上海虽然具有全国首屈一指的文化资源和良好的文化产业基础,但是在创意产业发

---

[1] 姜晓凌:《以"设计之都"理念树差异化标杆》,载《上海科技报》2011 年 12 月 14 日。
[2] 厉无畏:《创意产业导论》,学林出版社 2006 年版,第 66 页。

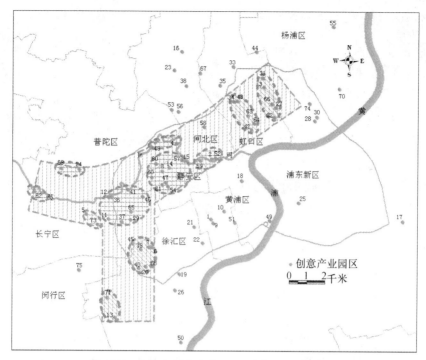

图 12-7 上海市创意产业园区"人"字形的分布图

资料来源:同图 12-2。

展上缺乏长远和整体规划,相关政策支持和相配套手段还不到位。[①] 也就是说,创意产业的发展缺乏战略层面的全盘设计及统筹部署,还没有形成推动合力。虽然创意产业的相关理论研究日臻成熟,但在实际操作层面上,目前挂牌的创意产业园区在形态、功能和地理分布上均缺乏整体的设计、规划和部署。在如何推进产业发展、扶持企业孵化以及规范园区管理等方面,相关部门还缺乏统一的认识,尚未形成合力。同时,各个城区内园区的发展步伐也不一致。一个区内的各个部门,比如城市规划、文化、经济、房地产等部门之间也存在协调问题。[②]

从发展路径看,上海的一些创意园区主要为原产权所有者从变废为用、提升土地价值的目标出发,通过市场化招商的方式,引进企业入驻而

[①] 张欣、高长春:《世博会对上海创意产业发展作用探析》,载《科技进步与对策》2009 年第 6 期,第 52—55 页。

[②] 孙洁:《上海创意产业园区可持续发展的问题与对策研判》,载《科技和产业》2010 年第 5 期,第 22—25 页。

形成的,从而造成园区内部主体的多元和芜杂以及观念上的差异和错配。从面上看,上海创意产业园区分属于不同区县,涉及开发、建设、管理等不同利益主体,其中有的是商业公司,有的是原产权主体即企业自身。由于缺乏统一规划布局,同时区县之间欠缺竞合协调机制,即便是属于同一辖区,园区之间也是分离而自成体系,难以建立必要的分工与合作。

第二,创意人才尤其是既懂创意又能经营的人才匮乏。上海创意产业面临的最大问题就在于缺乏创意人才,尤其缺乏以自主知识产权为核心的、以"头脑"服务为特征的、以专业或特殊技能为路径的高端创意人才。众所周知,创意产业的灵魂是创意,而创意的核心要素是创新型人才。因此,创意产业的国际竞争的关键是创意人才的竞争。可以说,创意产业是以人为本的产业,其核心竞争力是创意人才,包括研发人才、管理人才和操作人才。创意人才的匮乏制约着创意产业的发展,使创意产业园区"巧媳妇难为无米之炊",缺少发展的原动力。

第三,创意产业的自主品牌缺乏。按照"微笑曲线"的分析,品牌位于"微笑曲线"的上端,是高附加值部分,但是集聚空间缺乏本土创意品牌,会使上海的创意产业在国际分工发展过程中处于不利的地位。① 因此,实现创意品牌的本土化是上海创意产业发展急需解决的问题之一,而支持品牌的关键是专利和版权,这也是创意产业本身最突出的问题。如果知识产权保障不足,原创人员的大量人力、物力、财力投资就会难以回收甚至白费。在知识产权保护方面,创意企业可使用的法律武器包括申请商标、版权、专利。但是,很多创意企业往往缺乏这方面的意识,或不了解正确维权的方法和方式。此外,一些机构缺少很好的保护专利和版权的机制。在我们实地调研的大量园区中,几乎无一对专利或版权进行统计,大量的企业通过各种非正式渠道保护企业的创新与创意。这在一定程度上会挫伤创意动机,妨碍创意产业的可持续发展。

---

① 厉无畏、于雪梅:《上海城市文化创意产业基地发展的问题和策略》,http://www.chinacity.org.cn/csfz/cswh/66900.html,2012 年 9 月 15 日访问。

第13章
上海创意产业的优势条件与发展趋势

创意产业园区是衡量创意产业的重要内容之一,这是一个复杂的空间组织系统,它的嬗变和调整受到经济、文化等多重因素的影响。上海开放型经济发展的交融性、经济增长方式转变的递进性、旧城空间秩序优化的需求性、海派文化沉淀的历史性、移民城市人才集聚的多样性等因素是影响上海创意产业园区空间结构嬗变的条件。世博后,受世博会空间效应、放大效应的影响,这些要素重新组合,产生新的发展条件。

13.1 创意理念推动:上海创意产业园区空间结构优化的形势要求

上海世博会极力宣扬、倡导的"和谐"以及"低碳""创新""包容""共生"等理念不仅是一笔宝贵的精神财富,还有力地影响了城市经济社会的可持续发展和产业结构调整,进一步推动了上海创意产业发展跨界化、国际化和网络化的新趋势,进而对创意产业园区空间结构优化提出了必然要求。

13.1.1 世博后上海创意产业园区发展的跨界化趋势

世博会是全球性的经济、文化与技术的博览盛会。创意产业是新经济时代文化内容与数字技术的融合,是生产性服务业与消费性服务业的融合,是经济与文化的融合。创意产业贯穿于国民经济第一、二、三产业,渗透于农业、制造业、服务业等各个行业。上海世博会是在全球创意产业蓬勃发展的背景下举办的,在世博会历史上第一次以"城市"为主题,围绕"城市让生活更美好"主题,充分展示了创意产业融合第一、二、三产业,跨文化、跨产业、跨领域的跨界化发展趋势。这一趋势表现为:

第一,跨文化的发展。世博会被誉为全球性的文化盛宴。不同国家、不同民族的文化在一百多天时间里得到充分展示、交流、交汇、交融。这种文化的碰撞与融合也潜移默化于创意产业中。于是,以一国、一地为地方特质的创意产业增加了跨地区、跨国家、跨历史的理解与认同。这种超越时空的跨越极大地助推了上海创意产业的跨文化发展趋势(见图13-1)。

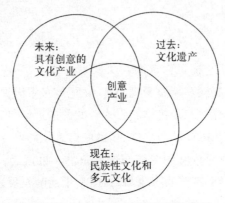

图 13-1　创意产业跨文化发展示意图

第二,跨产业的发展。上海世博会充分体现了创新和创意的魅力,展示了创意产业与农业、制造业和服务业等产业相融合的广泛发展前景。世博后,上海创意产业与农业进一步结合,通过创意经济思想促进科学技术创新,提高农业研发设计能力,为农业机械化、现代化的生产等提供研发设计的生产性服务,大大降低了农产品受灾害影响的程度,增强了农产品的有机价值,提高了农产品的附加值。创意产业与制造业进一步结合,以研发创新和工业设计为主导,既从制造品的创新突破下力气,又为制造业产品的外观造型、包装设计、形态构造、品牌设计等提供具有艺术设计性的生产性服务,大大丰富了制造品的个性化特征,增强了竞争力,提高了产品附加值。创意产业与服务业进一步结合,体现出个性消费、体验经济的特点,大大满足了消费者多样化、个性化的消费需求。比如,创意旅游就是赋予个性体验很好的佐证。

第三，跨领域的发展。上海"十一五"创意产业规划提出了上海重点发展建筑设计、研发设计、文化传媒、咨询策划以及时尚消费五大类的创意产业。世博后与"十二五"期间，上海创意产业的重点发展领域包括：建筑设计、影视广播、创意产业、数字化内容、网络和新媒体、艺术品和工艺品、出版和版权开发、演艺和娱乐、会展服务等门类。这些门类已不能被简单划归哪个具体的产业部门，而是多个行业部门的集合体，是一种跨领域的组合。可以说，创意产业是一种跨领域的创意经济，是推动新经济发展的方式或模式。

13.1.2 世博后上海创意产业园区发展的国际化趋势

世博会作为一次世界级的创意产业盛会，汇集了世界各国、各组织机构的各种创意理念与创意产品。这些国家、机构在上海也找到了拓展市场与发展自身的机遇。可以说，世博会进一步助推了上海创意产业园区的国际化趋势。

第一，上海创意产业园区内部机构的国际化比重提高。世博会给海外、境外企业提供了了解上海的机会；创意产业园区良好的创意氛围、配套设施等为创意企业的集聚提供了基础。世博后，海外组织机构在创意产业园区中的比重有所加大。

表13-1　上海世博会参展国、参展组织数量表

参展国家或组织	参展国家或组织数量
参展国家	189个
参展世界组织机构数	57个

资料来源：根据上海世博会官方网站整理。

表13-2　2011年上海静安区部分创意产业园区中外资机构比重

序号	园区名称	外资机构占园区机构的比重(%)
1	800秀	62.5
2	静安现代产业园	37.84
3	传媒文化园(明圭)	31.25
4	传媒文化园(窗钩)	87.5
5	98创意园	60
6	同乐坊	12.82

(续表)

序号	园区名称	外资机构占园区机构的比重(%)
7	静安创艺空间	80
8	3乐空间	8.33
9	汇智创意园	5.4
10	文教都市产业园	0
11	富安都市产业园	0
12	机床都市产业园	0
13	宝石花都市产业园	0
14	马利都市产业园	0
15	源创创意园	27.27
16	安垦绿色	91.33
17	创艺空间528园区	56
18	静工园	—

资料来源:根据实地调研资料整理。

第二,上海创意产业园区品牌的国际化影响加大。创意产业的研发设计与品牌营销处于"微笑曲线"的两头,也是产业链中附加值最高的两端。世博后,从创意产业的品牌到创意产业园区的品牌,越来越受到政府和业界的关注。借助世博推动,上海已经初步培育出 M50、8 号桥等一批品牌创意园区(见表 13-3),它们在参与国际化合作过程中作用显著。

表13-3 上海首批15家示范创意产业园区

园区名称	主导产业/产业定位	特色
张江文化科技创意产业基地	动漫、网络游戏、影视后期制作、创意设计	政策优势、高科技背景
尚街LOFT	时尚生活、时尚设计	设计企业孵化器
2577创意大院	时尚生活、时尚设计	设计企业孵化器
时尚产业园	时尚产业、服装业	本土时装品牌研发设计
新十钢(红坊)	视觉文化艺术产业	以雕塑为主题的公共文化艺术平台
M50创意园	当代艺术、画廊、广告影视、服装设计、工业设计	M50设计联盟
天地软件园	软件产业、信息服务业	高科技背景
800秀	时尚产业	时尚秀展
创意仓库	城市规划、建筑设计、环境艺术	设计领先的公共活动空间
1933老场坊	时尚产业	建筑设计、时尚生活、品牌推广

(续表)

园区名称	主导产业/产业定位	特色
花园坊	节能环保产业	节能环保综合服务平台和集成商务平台
环同济设计创意产业集聚区	建筑设计	依托同济大学的建筑设计优势
8号桥	建筑及室内设计、服装设计等	设计类知名企业集聚、工业旅游示范点
上海动漫衍生产业园	动漫衍生产业	依托宝山科技园载体资源
智慧金沙·3131	电子商务	网上商城互动体验

资料来源:根据上海设计之都官方网站:http://www.creativecity.sh.cn/相关资料整理。

第三,上海创意产业园区交流平台的国际化程度提升。2004年,联合国教科文组织发起建立"创意城市网络",这是世界创意产业领域最高层次的非政府组织。该网络旨在提升发达国家和发展中国家城市的社会、经济和文化发展,为其成员城市提供展示、交流文化资源的全球平台,从而使各成员城市获得更多的技术、信息和经验。加入创意城市网络的城市被分别授予"文学之都""电影之都""音乐之都""设计之都""媒体艺术之都""民间艺术之都"和"美食之都"七种称号。创意城市网络一定程度上可以被理解为推动创意城市发展的全球性载体。这种跨地域、跨国家、跨大洲的城市网络与创意城市发展的地理过程、空间格局直接影响创意产业园区空间结构的嬗变与优化。世博会筹办期间,上海获得了联合国创意城市网络授予的"设计之都"称号,这为上海创意产业的推进增加了一个国际化的交流平台;而创意产业园区作为这个大网络平台中的空间节点,必将在国际化交流中得以调整和优化。

13.1.3 世博后上海创意产业园区发展的网络化趋势

网上世博会的建立以及世博形成的网络组织对创意产业园区的示范作用与启示借鉴是显著的,进一步助推了上海创意产业园区发展的网络化趋势。这一趋势的具体表现为:

第一,创意产业资源配置与传播的信息化。互联网作为创意产业发展的新介质载体,世博后,在创意产业领域得到了更广泛的应用。信息技术使创意产业可以在更广泛的空间里掌握产业信息、进行资源调配,以调整战略、选择定位。同时,互联网也改变了传播路径与传播方式,使信息扁平化、多极化,并通过改变创意产业企业的经营方式,①从多维度推广创意产业及园区,以提升城市在创意领域的竞争力。

第二,创意产业园区空间集聚的虚拟化。上海世博会展示的数字化内容、网络和新媒体产业的创新理念给创意产业园区的发展以诸多启示与借鉴。当今的社会空间因网络的发展而大大改变,已不再是传统意义上的地理空间。②创意产业是高度依赖网络信息传播交流的产业,这种产业的集群形态未必一定要依靠地理空间,更多的可能是信息空间。也就是说,原有园区发展要以地理空间为依托,进行相关产业的集聚。但是,在某些情况下,大都市的创意产业园因地价高而无法集聚成地理意义上的园区。因此,创意产业通过集聚而形成密集产业群和航母型集团,从而强化研发与推广能力,可能不再是最佳的或唯一的发展战略。③世博后,上海充分利用传统互联网优势深化、移动互联网迅猛发展、有线电视网数字整转等重大机遇,重点做专、做优、做强四大新媒体产业领域,④使创意园区摆脱了地理意义上的园区对观念的限制,通过建立全国性乃至全球性网络,实现了同行沟通和共享资源的机会,逐步走出把大兴土木与产业发展捆绑在一起的原始产业生态理念,从而为众多创意园区在实质性的竞争中争取到了新的生存发展空间,势必带来上海创意产业园区空间结构的新一轮嬗变。

第三,创意产业园区实体空间资源整合的网络化。世博后,上海新的创意产业园区如雨后春笋般涌现。但是,由于不同的创意产业园区有不同的建设主体,既有政府助推的,又有企业投资的,涉及不同的利益主体,各创意产业园区之间因行业隔断、行政区隔断而自成一体的现象屡见不

---

① 高骞主编:《上海打造国际时尚之都的探索与实践》,上海人民出版社、格致出版社 2010 年版。
② 高小康:《创意产业园区应超越地理空间》,载《中国社会科学报》2011 年 3 月 8 日。
③ 周任远:《上海创意产业集聚现状分析及动因探讨》,载《管理观察》2009 年第 15 期,第 13—113 页。
④ 花建等:《后世博文化遗产与上海文化产业发展研究》,载《科学发展》2011 年第 6 期,第 26—41 页。

鲜,并造成了重复建设和资源浪费。① 因此,**整合资源、培育中介组织、推进平台经济、构建创意产业链、错位有序发展**,成为世博后创意产业园区发展的需求与方向。

13.2 创意资源注入：上海创意产业园区空间结构优化的要素基础

世博会被誉为世界经济、科技、文化的"奥林匹克"盛会。在"一切始于世博会"的创新旗帜引导之下,各国有识之士通过科技和文化创造,不断开辟文明的发展道路。历届成功的世博会不但在举办期间给人类的文明和进步以巨大的推动,而且在闭幕之后的"后世博"阶段,其积累的文化资源源源不断地造福于举办国家和世界的人民。开发世博会的文化资源,推动文化创意产业可持续发展,成为具有普遍意义的历史规律。②

13.2.1 世博后创意产业园区文化元素的多样化融合

文化是世博会的灵魂。世博会提供了文化交流的平台,以展示各个民族、各个国家特有的文化传统、科学发现和创新精神。从世博会诞生起,文化这条主线始终贯穿历届世博会,而世博会本身就是一种文化。世博会展示的是当期文化的最新最高形态,体现出创新与传承。一部世博会的历史其实也是一部世界文化交流和交融的历史。它既影响当代,也影响未来。人类文明既在物质里,也在文化里。③ 世博会的文化资源主要可以归结为图13-2所示的几个方面。这些文化元素也深刻烙印于上海世博会并影响着创意产业等诸多领域。

上海世博会的成功举办是一次把文化产业化,将版权效益扩大化的成功案例。在世博会的筹备和举办过程中,上海积累与获得了许多文化资源(见图13-3),并对创意产业各相关部门产生积极影响。通过开发世

---

① 王谖萍、潘瑾:《上海创意产业园区的发展现状与战略研究》,载《中国市场》2009年第40期,第513—556页。
② 花建:《从世博会到"后世博":中国文化产业的新战略和新资源》,载《江西社会科学》2010年第8期。
③ 郭铁民:《城市是什么,如何发展——上海世博会的经济学意义》,载《福建师范大学学报(哲学社会科学版)》2011年第1期。

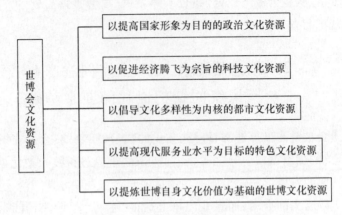

图 13-2　世博文化资源构成示意图

资料来源:花建等:《后世博文化遗产与上海文化产业发展研究》,载《科学发展》2011年第6期。

博会的文化资源,不断保护和传承人类的文化遗产,挖掘其中所包含的人类智慧的密码,并且把它们转化成当代人可以消费的文化产品和文化服务,[①]正是创意产业发展的重要内容。

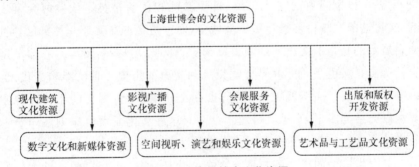

图 13-3　上海世博会文化资源

资料来源:根据花建等:《后世博文化遗产与上海文化产业发展研究》,载《科学发展》2011年第6期整理。

上海世博会的展品和展馆充分显示出各国不同的价值观和生活方式,展示了文化成为产品的过程,激发了创意转化的灵感和创作路径;展示了独特的文化韵味,提高了上海文化的知名度和公众的文化素质,增强了文化的内涵。对这些文化元素的深度挖掘和密码破解,必将极大地推

---

① 花建:《从世博会到"后世博":中国文化产业的新战略和新资源》,载《江西社会科学》2010年第8期。

动上海创意产业的内涵发展和空间结构布局调整。

13.2.2 世博后创意产业园区科技要素的多层次渗透

科技创新是世博会的追求。每一届世博会几乎都是创新科技、创新理念的秀场（见表13-4）。现代世博会也许并未出现轰动性的科技发明，但它对文化价值和理念的探索越来越深入，它所带来的影响也许并不亚于革命性的科技成果。

表13-4　历届世博会标志性成果一览表

历届世博会	标志性成果
1851年首届世博会（即伦敦博览会）	水晶宫作为历史上第一个利用玻璃、钢铁和木材建造的大型建筑物，开创了世博会的建筑时代。从此，很多引领时代潮流的建筑风格从世博会上传扬开来。展示工业革命的伟大结晶——蒸汽机、火车头、汽轮船、起重机、开槽机、钻孔机、纺纱机、造币机、抽水机等，它们都使用了蒸汽机提供的强大动力。蒸汽机车作为英国人最骄傲的技术成就，吹响了工业化的号角。
1853年纽约世博会	首次展出了被誉为"世界上最著名的机械"——电梯。从此，电梯促使摩天大楼拔地而起，加速了现代城市发展。
1855年巴黎世博会	展出混凝土、铝制品、橡胶、穿越大西洋的多芯金属缆线、三色印刷机等。同时，第一次展出了新发明的乐器——萨克斯。
1862年伦敦博览会	展出了蒸汽纺织机、火车头、世界上第一台洗衣机、人造燃料等。同时，展出了以蒸汽驱动的第一台计算机——英国数学家巴贝奇发明的名为"解析机"的机械数码计算机，被认为是现代电脑的真正雏形。
1867年巴黎世博会	展出了电灯塔、海底电缆、水力升降机、滚珠轴承等工业新产品；克虏伯大炮；自行车的雏形。
1873年维也纳世博会	被后世誉为"电动机之父"的施拉姆由于疏忽竟把带去的发电机的电线接反了，却意外地发现电能可以转化为机械能。之后，有轨电车、无轨电车、电梯、电气火车等相继问世，人类由此拉开了电气化时代的序幕。
1876年费城世博会	动力织布机、水泵、车轴、打字机、多路传输电报机等亮相。"电话之父"贝尔在世博会上成功利用电流传送人与人的对话，宣告电话的诞生。为了纪念美国独立100周年，法国人花费10年时间建造自由女神像赠送给美国。
1880年墨尔本世博会	展出了爱迪生发明的留声机、电报机。

(续表)

历届世博会	标志性成果
1889年巴黎世博会	展出了第一辆奔驰制造的用汽油发动的汽车,从此拉开了汽车时代的序幕。第一卷黑白民用胶卷亮相,人们由此认识了(柯达)胶卷,这改变了人类影像世界的发展,后人借此技术发明了电影机。
1893年芝加哥世博会	有力地宣告了美国开始跨入世界一流强国的行列,并一跃成为GDP世界排名第一的国家。
1990年巴黎世博会	展出了地铁、大型发电机和无线电收发报机等。
1904年圣路易斯世博会	向世人展出了伟大的发明——"飞机"。冰淇淋也出现在世博会上,受到世人的追捧。
1962年西雅图世博会	首次展出了航天器,表明人类已经能够借助高科技进入宇宙。
1967年蒙特利尔世博会	展出了航天器模型、宇宙舱设施等。
1970年大阪世博会	可视电话成为明星展品。
1985年筑波世博会	展出了大型机器人、高速列车、菲利斯转盘。
1993年大田世博会	展出了人造卫星、运载火箭。
2000年汉诺威世博会	展出了720度的环形全景式电影,使人们眼睛一亮。
2005年爱知世博会	展出了仿真机器人、丰田概念车。

资料来源:根据历届世界博览会介绍:http://www.docin.com/p-213385763.html 整理。

以"城市"为主题的上海世博会,通过各种新能源汽车、先进医学技术、绿色建材、智能机器人、"零排放"社区等,为人们开启了未来的城市之门,并呈现了未来生活的映像。世博会上的这些民生科技让民众更加理解、宽容和崇尚科学创新,播撒科普种子,碰撞创新理念,这是世博后的一笔财富(见表13-5)。① 世博科技从多维度融入产业与居民日常生活,以实现科技的产业化、生活化。

表13-5 上海世博会主要科技创新理念的产业化发展前景

主要技术创新成果	产业化价值
新型显示技术	显示技术与传感技术的集成,LED、OLED及激光显示技术,电子纳米技术和三维技术网络应用的产业化发展将在电影、电视里达到较为普及的程度。基于此技术,3D产业链将迎来高速发展的时期。

---

① 王春、刘虹:《迎接"后世博时代":创新科技将从场馆走向生活》,http://news.e23.cn/content/2010-11-01/2010B0100078.html,2012年9月3日访问。

(续表)

主要技术创新成果	产业化价值
新型照明技术	LED比一般的白炽灯省90%的能量。OLED与纳米技术结合,将照明器具变得更小、更柔软。未来LED产业发展将保持年增长15%—20%,2012年LED产业规模为103亿美元,2015年达到1000亿美元。
网路通信技术:从互联网到"物联网"	物联网引起了网速的变革,和物联网相关的新技术使网速提高到目前一般物联网的40倍。物联网一旦建立,中国将拥有100亿个IPv6,为每一个终端提供一个地址。使得"云城市"得以真正实现。
城市可持续发展相关技术	包括旧城区的保护和再生、打造节能低碳建筑、以城市的长远发展为出发点,深化可持续的人居环境理念。在增加GDP的同时,以科教卫生医疗占GDP的比重、碳排放总量的指标、老百姓财富的年增长率为目标,实现产业的可持续发展。

资料来源:《战略专家黄仁伟解读上海世博会新技术应用趋势》,http://www.cas.cn/jypx/gzdt/201012/t20101216-3045265.shtml。

上海世博科技的高塔效应、辐射效应多层次、多维度地对创意产业产生了深刻的影响。从2004年开始,国家科技部和上海市政府联合多个部委,启动了"世博科技行动计划",实施了新能源、生态环保、建筑节能、智能化技术等230余项科技攻关项目,取得了1100多项具有自主知识产权的科技成果,并在世博会上实现了广泛应用,诠释世博科技主题。[①] 上海世博会展示的国内外先进科技成果有500多项,涉及19个大的行业领域,其中有58%为国际领先,17%为国内领先。这些集中于低碳技术、网络技术、新材料技术等应用的成果中,有53%可以马上投入生产,32%在二次开发后可以进行产业化生产,15%处在试验阶段。[②]

此外,上海世博会在规划与建设、新能源应用、生态环境、安全健康、运营管理、展览展示等方面都体现了科技创新及成果运用。世博园区的低碳排放、生态和谐、便捷高效的运营管理和健康安全、精彩的展览展示、互动和创新等方面都融合了战略性新兴产业的渗透。世博科技行动计划的管理经验和理念为世博后的创意园区建设提供了经验。世博科技成果

---

① 杨清刚:《科技创新让后世博时代更精彩》,载《解放军报》2010年10月28日。
② 《战略专家黄仁伟解读上海世博会新技术应用趋势》,http://www.cas.cn/jypx/gzdt/201012/t20101216-3045265.shtml。

尤其是绿色、低碳、新能源、新材料等技术为上海市创意产业园区建设以及调整科技产业发展方向提供了借鉴。① 世博科技还将直接影响建筑设计、研发设计、工业设计、时尚设计、文化传媒、品牌设计等诸多领域，也将提升上海创意产业核心竞争力，推进上海"设计之都"的发展。

13.2.3 世博后创意产业园区人才因素的多维度复合

人才是第一资源。创意人才是创意产业发展的核心因素。美国创意产业学者理查德·佛罗里达早在2001年就在其著名的"3T理论"中提出了这一观点。欧盟国家则把创意人才作为考量创意产业的重要指标。近年来，上海的创意产业发展迅速，但是在创意人才的规模和层次方面，与伦敦、纽约以及东京等国际大都市相比差距明显。尤其是高端创意人才缺口较大，已成为制约上海创意产业发展的瓶颈。2010年世博会为缓解上海创意人才不足提供了一个非常好的机会，世博会汇集了大量来自世界各地的创意类人才，形成了庞大的创意类专业人才队伍。

第一，世博人才多样性对上海创意产业园区的示范作用。世博人才涉及多个方面，从境内外分类，包括国内人才与涉外人才。从行业分类，世博人才包括世博文化创意人才、世博服务业专业人才、世博科技专业人才。这三类人才对上海创意产业都具有积极、重大的推动作用（见表13-6）。

表13-6 世博人才的主要类型

世博人才类型	世博人才专业领域	涉及内容
文化创意人才	规划设计	主题演绎策划、园区建设规划、交通规划、景观设计、园区夜景照明设计等
	建筑设计	园区历史建筑保护与利用、标志性建筑设计、国家馆设计、基础设施的改善修建等
	会展设计	会展与空间设计、展览内容策划、会展运营服务、展示工程、会展管理等
	艺术设计	多媒体设计、大型主题活动演绎（开幕式、闭幕式）、主题演绎、活动策划等
	文化演艺	文化演出、广播电视编导等

---

① 上海市科学技术委员会：《世博会科技创新与上海可持续发展能力建设》，载《科学发展》2011年第5期，第3—12页。

(续表)

世博人才类型	世博人才专业领域	涉及内容
服务业专业人才	经纪类服务	品牌策划与推广、项目管理、市场开发等
	金融类服务	艺术金融、财务、会计等
	专(业)项服务	中介服务、法律服务、物流、电子商务、知识产权等
	公关	高级公关、公共事务管理等
	语言	园区、场馆、游客服务,以及世博会各种活动、会议等的书面翻译、口译、同步翻译等
科技专业人才	建筑科技	钢结构建筑设计、无柱大空间设计、生态墙等
	能源科技	新能源汽车、太阳能技术应用与示范、半导体技术、园区供冷供热系统能源、江水源热泵供能、场馆排减效果等
	环境科技	雨水收集利用、直接饮用水系统、生态环境与绿化、固体废物处理与处置、空气污染控制技术、园区控温降温控制等
	运营管理科技	智能交通技术和综合集成技术、RFID射频识别技术、园区综合信息和管理系统、TD-LTE移动通信技术、网上世博会等
	会展科技	影像互动、动车驾驶体验、4D影院、动感电影等声光电研发

资料来源:根据上海世博会官方网站整理。

第二,世博人才集聚效应对汇聚创意人才的积极作用。首先,世博会集聚了一大批服务类经济人才。通过世博会这个平台,规划设计、会展旅游、文化创意等多领域、跨学科的专业人才在上海的集聚效应明显;同时,还带动银行、保险、零售、商业、信息、交通等相关产业专业人才发挥有效作用。这对上海加快人才结构调整,提升人才构成能级,适应服务经济为主的产业结构产生了积极作用,并对创意产业人才的重组带来诸多的启示。这也为上海在更大的范围内和更高的层次上参与国际人才竞争与合作,吸纳具有国际视野的创意人才,进一步推进、提升创意人才的国际竞争力,建设创意人才高地,奠定了坚实基础。

第三,世博专业人才选拔、管理、使用方式对创意产业的借鉴作用。世博专业技术人才涉及面广、开放性大、复合度高、层次丰富,主要表现在:

一是世博人才选拔配置的市场化机制。据不完全统计,世博所涉及的重大项目和重大工程有近万项,从园区规划到主题演绎,从场馆设计到建筑生态,从智能交通到景观策划等,始终坚持以市场化为纽带,发挥市场配置资源的基础性作用,集聚和吸引了全球的智慧及各类专门人才参与。比如,中国的六大场馆建设都是通过全世界招标,实行公开、公平、公正的市场竞争,吸引最优秀的专业人才和创新团队,其中有三个馆建设项目的标的被德国、意大利、荷兰摘取。

二是世博人才配备的国际化与专业化程度高。在申博、筹博、办博过程中,以世博重大项目和建设工程为平台,集聚了一批通晓国际规则和国际惯例的海外高层次专业人才,同时形成了与世界顶级人才联络、沟通网络,从而吸引了大批海外留学人员、外国专家及国际智库为世博服务。整个世博会涉及的专业类别量大面广、层级丰富。以各类重点科技项目为例,既具有国际领先水准,又体现了创新导向。例如,包括新能源汽车节能减排、半导体照明灯具、智能交通技术、射频识别技术等在内的大批专业性强、科技创新度高的项目,都体现了大批专业人才的创新智慧与创新能力。

三是世博专业人才管理的柔性化。世博会最大的特点就是阶段性、动态性和变化性。从世博申办、筹办到举办的不同阶段具有不同的任务侧重点,决定了对专业人才的需求重点也不同。世博会对项目管理实行的是"人才+项目+企业"的用人机制,同时以动态的项目建设衡量人才、集聚人才和使用人才,项目聚、人才聚,项目结、人才散。这一做法对吸引、集聚创意人才具有很好的借鉴意义。

13.3 创意溢出效应:上海创意产业园区空间结构优化的直接机遇

上海世博会不仅为创意产业的发展注入了新的文化、科技和人才资源,而且在场馆改造利用、区域功能调整乃至城市布局规划等方面,对创意产业的推进和发展、创意产业园区结构的嬗变和优化产生了直接的影响。

13.3.1 世博园后续利用构筑上海创意产业的新空间

世博园和世博场馆具备发展创意产业的良好条件和独特优势,世博园的后续利用将成为上海创意产业的新空间。

第一,世博园丰富的工业遗产为创意产业提供了充裕的实体空间。上海世博园区所在地原本是一片重工业厂区,也是中国近代工业的发祥地。世博会的申办、筹办、举办,直接改变了这一工业区域的发展方向。伴随着工厂搬迁,遗存的二三十幢不同时期的工业建筑以及散碎的钢铁部件,在保护城市文脉、保护工业遗址的原则下,被"改头换面"成各种不同的展示场馆和展品。比如,1865年创立的江南机器制造总局,1953年改名为"江南造船厂",是中国近代工业的发源地。在经历了一百四十余年的工业文化变迁后,这片厂址成了浦西片区的世博主场地。世博会期间的船舶馆就建在江南造船厂旧船坞之上。又如,昔日上钢三厂的特钢车间和连铸车间等旧厂房,没有被推倒重建,而是被改造成为宝钢大舞台等景观式观演场所(见表13-7)。

表13-7 上海世博园区内工业遗址列表

序号	旧工业遗址名称	现使用状况
1	江南造船(集团)有限责任公司若干生产车间	工业展示博物馆
2	南市发电厂	世博会未来馆
3	南市自来水厂	工业用地
4	上海集装箱厂	仓储用地
5	求新造船厂	办公用地
6	南市自来水制水有限公司	工业用地
7	南江路轮渡站	工业用地

资料来源:根据李增军、曹永康、侯实:《黄浦江滨江工业遗产保护的共生策略》,载《华中建筑》2010年第6期整理。

第二,世博园的景观设计更新了旧城空间并优化了创意氛围。20世纪90年代开始,上海城市区域"退二进三"的产业布局调整尚未涉及世博园所在的区域,而世博园区的规划设计集中了众多世界著名设计师的智慧与力量,赋予了世博园区域新的景观。园区跨越原先黄浦区与卢湾区的滨江交界地带,人文景观资源丰富,上海特色文化明显。园区的规划贯穿了从"制造到创造"的设计理念:各场馆区展示了世界各国文化创意的成果;世博公园、白莲泾公园、后滩公园展示了城市人居环境的创意;浦西滨江绿地规划不仅仅是景观设计,更创造了一个人与环境和谐共存的场景。深厚的市民基础、良好的配套设施、优越的人文资源所形成的氛围有利于激发艺术家、设计师的创作灵感,集聚创意人员。

第三,世博园及其场馆后续利用为创意产业提供了要素空间。上海世博会在世博历史上创下的世界之最,使上海城市的知晓度明显提升,吸引了更多的企业、资本关注上海市场。根据市政府公布的规划方案,世博园区被分为五个区域,分别是位于浦西的城市最佳实践区、文化博览区以及位于浦东的国际社区、会展和商务区、后滩拓展区(见图13-4)。其中,城市最佳实践区将延续世博期间的基本建筑格局,传承世博理念,形成一个文化创意街区;文化博览区将汇聚多座博物馆。① 这样,在世博园区的范围内将形成资源、信息、资金、技术、人才等要素集聚的区域,使文化创意产业发展所需的要素得以充分利用,文化创意产业各组成部分的发展空间更加明确,进而有利于促成创意产业专业性发展区域的形成。

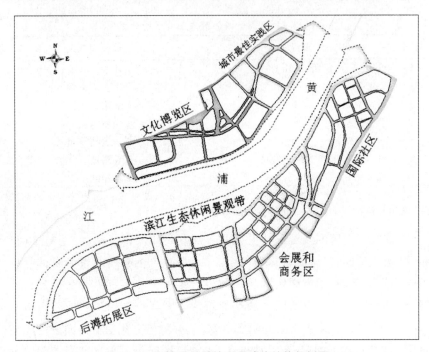

图13-4 世博园区后续利用功能结构规划图
资料来源:根据 http://www.shgtj.gov.cn/2009/ztxx/sbzt/整理。

---

① 杨静:《上海世博园后续利用规划完成　将打造5大区域》,http://www.chinanews.com/gn/2011/03-09/2893392.shtml,2012年9月15日访问。

13.3.2 黄浦江滨江地带转型发展形成创意产业的新空间

黄浦江发源于淀山湖,蜿蜒数百里,贯穿上海全境。充足的水源和便捷的航运条件,使黄浦江孕育了上海最早的手工业、航运业以及商业贸易。上海开埠以来,黄浦江沿岸更是承载了棉纺织、交通运输、机械制造、船舶修造、仓储等城市工业职能:19世纪40—60年代,出现以修船造船、丝绸纺织、印刷等为主的近代外资工业;19世纪60年代初到19世纪末,出现了中资官办和华商企业并迅速发展;①1865年,李鸿章等创办了官办江南制造总局,制造军火、轮船、火药、机床,冶炼钢铁,开设翻译馆,传播西方工业技术,成为中国近代工业的摇篮;至20世纪20—30年代,上海近代工业发展至巅峰。新中国成立后,上海城市功能转型,黄浦江沿岸又一次承担了上海作为我国工业重心的功能。黄浦江两岸的工业建筑在一定程度上塑造了上海的城市面貌,见证了上海城市和社会的发展历史,是上海城市文明的重要组成部分。进入20世纪90年代后,上海的城市功能经历了第二次转型,迈入"退二进三"的进程,第二产业大幅衰退,大量工厂停产搬迁,形成了数量众多的工业存量资源——工业遗产。滨江工业的衰退导致作为城市中心区的黄浦江两岸丧失了原有的活力,滨江经济功能消退。伴随着上海成功举办世博会以及"创新驱动,转型发展"、建设国际大都市这样新的城市定位,黄浦江滨江地带连同积攒着上海变迁的"故事",又将演绎成为创意产业发展的新空间。

第一,世博后滨江地带的改造为创意产业发展提供了产业发展空间。滨水地带是许多城市承办世博会的首选地点,例如塞纳河畔的巴黎世博会、密西根湖畔的芝加哥世博会和旧金山湾旁的旧金山世博会等。早期世博会的滨水选址可能是人类"亲水"本性使然,而近期滨水世博园的出现则与席卷世界各地的滨水地区更新和开发关系紧密。②2010年的上海世博会选择了南浦大桥和卢浦大桥之间的黄浦江两岸地区作为世博园区,园区浦西片区范围内包括原江南造船厂和求新船厂厂地,浦东片区则有原溶剂厂厂址,有大量历史建筑留存。世博园浦西片区曾经是中国近代工业的发源地,具有特殊的历史价值和景观资源。同时,这些污染严重的厂区和生存环境较差的危棚区又是急需改造的。世博会选址于此,意

---

① 吴申元主编:《中国近代经济史》,上海人民出版社2003年版,第713—792页。
② 吴志强、干靓:《世博会选址与城市空间发展》,载《城市规划学刊》2005年第4期。

在以世博会为契机,将世博园区的开发和都市新中心培育紧密结合,并让世博会的设施在日后得到更有效的后续使用。

为此,早在2002年1月10日,上海市委、市政府就正式提出开展黄浦江两岸地区综合开发工作,并成立了黄浦江两岸开发办公室,设立了执行机构——申江集团。这是上海继浦东开发以来的又一次城市发展新跨越。开发范围包括从吴淞口到徐浦大桥的黄浦江两岸共计73.3平方公里的土地,涉及宝山、杨浦、虹口、黄浦、(原)卢湾、徐汇、闵行、浦东新区8个区域,岸线总长85公里。上海世博会的申办、筹办、举办,将世博效应与机遇在空间上延伸放大至黄浦江滨江地带(见图13-5)。在这一过程中,资金、信息、人才等要素的重组为创意产业提供了良好的发展空间。

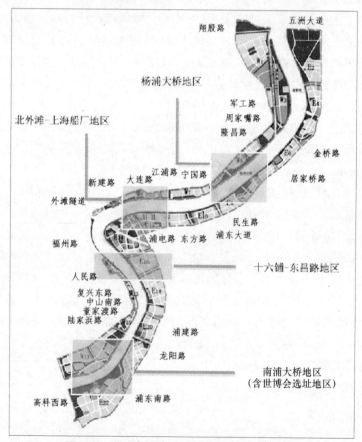

图13-5 黄浦江滨江地带重点发展区域规划图
资料来源:根据黄浦江两岸开发办公室:http://www.hpjbanks.com/index.asp的相关资料整理。

第二，黄浦江滨江地带工业遗址为创意产业发展提供了实体空间。近年来，在上海快速发展过程中，外来人口大幅增加。人口密度、人均居住面积、人均公共绿地面积、人均公共设施、人均公共交通占有量等一系列指标显示，上海已成为世界上最庞大的密集城市之一。上海的城市发展对土地、空间充满渴求，而黄浦江两岸的空置土地和工业遗产的空间开敞、结构坚固等特点为创意产业发展提供了巨大的可能（见表13-8）。黄浦江作为城市的母亲河，凝聚着上海近代城市发展的历史。从明清时期的老城厢、十六铺到近代的外滩，从工业时代虹口、杨浦一带连绵的产业港口到代表后工业时代的陆家嘴金融贸易区和世博园区，黄浦江的发展轨迹集中反映了上海城市功能、空间格局的演变。留驻浦江两岸的历史遗存就是珍藏上海发展史的缩影，传承着城市的历史文脉。①

表13-8　黄浦江滨江工业遗产保护改造统计

工业遗产	地理区位	原有功能	改造后功能
江南造船厂	世博园区	船舶修造	工业展示博物馆
江南弹药厂旧址	世博园区周围	化工工业	创意产业
南市发电厂	世博园区	市政工业	世博会未来馆
上海第三钢铁厂	世博园区	钢铁制造	世博会特钢大舞台
求新造船厂	世博园区	船舶修造	工业展示博物馆
新仓仓库	外马路	仓储	创意产业
老码头仓库	外马路	仓储	休闲娱乐、办公
上海动力机厂	外马路	机械制造	创意产业
外滩信号台	外滩地区	市政工业	休闲酒吧
杨树浦水厂	杨树浦路	市政工业	市政及工业展示博物馆
耶松船厂办公楼旧址	杨树浦路	船舶制造	运输公司办公楼
马登码头仓库旧址	杨树浦路	仓储	办公建筑
公和祥码头仓库	杨树浦路	仓储	酒店及创意产业
上海电工仪器厂	杨树浦路	机械制造	创意产业
新华码头	浦东大道	码头工业	休闲办公
江海北关验货场办公楼	浦东大道	码头工业	休闲办公

资料来源：根据李增军、曹永康、侯实：《黄浦江滨江工业遗产保护的共生策略》，载《华中建筑》2010年第6期整理。

第三，黄浦江滨江地带的景观规划将再塑具有上海特质的文化社会

---

① 李萱：《走向市民——黄浦江两岸综合开发历程》，载《时代建筑》2009年第6期。

环境,从而为创意产业营造氛围。从城市景观而言,黄浦江贯穿上海市区,是城市的景观轴线和地域名片。黄浦江滨江景观环境的优劣无论是对上海城市景观体系的建设,还是对为市民提供良好的公共空间,都具有重要的战略意义。从这一意义上说,有计划地改造城市滨水区,通过水体空间资源、历史资源、文化资源和景观资源的综合开发,恢复滨水空间的魅力,促进城市滨水区由码头、工业区转变为具有人文、社会、经济多重复合功能的综合开发区,必将带来生产型创意活动向生产型与生活型融合的创意活动转变,为创意产业集聚营造良好的氛围。

13.3.3 上海城市旧城空间秩序优化催生创意产业的新空间

世博会的后续效应和放大效应还在于,随着上海开放型经济的持续推进、经济增长方式的持续转变,将会进一步引发旧城空间秩序的优化需求。换言之,即意味着世博后上海将会加快城市空间重新塑造的步伐,上海创意产业的空间集聚形态也将会随之得以优化。

第一,苏州河沿岸旧城空间进一步释放。苏州河沿岸是上海较早吸引众多艺术家和创意人员开始创意活动的地带。沿着苏州河由西往东,集中了周家桥创意中心、M50、老四行仓库、1933老场坊等一批由上海市政府挂牌的颇具影响的创意产业园区。这些创意产业园区跨越了长宁、普陀、静安、闸北、虹口等多个行政区,覆盖了设计、动漫游戏、媒体、广告等多个产业,形成了仓库文化与河岸文化相融合的创意产业集聚带。受世博效应的影响,世博后,苏州河沿岸的旧城空间进一步释放,安垦、景园等一批新型创意园区在业内的口碑大幅提升,促进了创意产业企业在苏州河沿岸新一轮的集聚。

第二,大学园区周边创意空间进一步发育。同济大学在参与申博、筹博、办博的过程中,着力推进校园周边赤峰路创意产业园区建设,扩大了园区的集聚效应,世博后更加显现。在市、区两级政府积极推进校区、城区、产业区的三区联动,探索大学、地区、政府协同创新的大背景下,大学周边创意空间进一步得到培植。比如,长宁区在东华大学周边积极推进服装设计创意的集聚,在上海工程技术大学周边则尝试推进包装设计与多媒体设计等创意企业的集聚等。

第三,郊区新城地区新型创意制造空间初见端倪。世博前,上海创意产业集聚空间主要分布在中心城区。伴随着世博效应的放大与扩展,创意理念逐步辐射到郊区新城地带。同时,近年来,在推进郊区城市化的过程中,新城地带的基础设施、文化设施、产业配套日趋完善,为创意制造业的发展奠定了较好的硬件基础,形成了良好的文化社会氛围。可以说,为实现创意产业园区在空间上的错位发展,松江区、嘉定区、青浦区、浦东新区(原南汇区部分)、金山区等地的创意制造业基地已现雏形,新型创意制造空间已经初见端倪。

总之,上海世博会的成功在世博历史上是空前的,对上海创意产业的影响是深远的。世博理念必将融入上海创意产业的发展,跨界化、国际化、网络化的趋势成为上海创意产业园区空间结构优化的形势要求;世博资源必将融入上海创意产业发展,文化元素多样化、科技要素多层次、人才因素多维度的特点构成上海创意产业园区空间结构优化的要素基础;世博后续效应成为上海创意产业园区空间结构优化的直接机遇,世博园后续利用构筑的新空间、黄浦江滨江地带转型发展形成的新空间、上海旧城空间秩序优化催生的新空间,将共同构成世博后上海创意产业发展的实体空间,并实现创意产业园区在形态、业态、生态等不同层次的转型发展。

第 14 章
上海创意产业的发展评价与实证分析

创意产业园区,尤其是空间绩效明显的园区,是一个复杂的空间组织系统。创意产业园区内部组织有赖于生存的基础条件和要素,旧城空间与创意人员是创意产业的内部因素。近年来,尤其是世博后,受世博空间效应、放大效应的影响,创意产业园区对创意发展和经济增长的影响进一步受到关注。

14.1 世博后上海创意产业园区空间绩效评价研究方法及设计

有关创意产业集聚的理论脱胎于产业集聚理论。近来,欧美国家的学者在探讨新产业区理论过程中,也开始关注服务业集聚、文化产业集聚、创意产业集聚,这些研究都是在欧洲或美国集聚区的案例研究基础上抽象出来的理论。本章在借鉴国外研究基础上,结合上海创意产业发展实际开展研究。

14.1.1 研究方法

在国内学界,对上海创意产业园区绩效评价的学术研究尚不多见,主要原因一是缺少比较权威部门的统计资料;二是对"创意产业"概念界定的差异,国外研究成果并不完全适用于上海创意产业园区,但彼此之间又存在一定的共通性。

本章采用了两个阶段研究方案,综合使用了深度访谈、问卷调查和档案资料等方法。第一阶段的深度访谈与问卷调查工作始于2011年5月至6月之间,在对上海创意产业园区的基本情况有一定认识的基础上,将深度访谈与问卷调查的对象分为三组:第一组为学术研究型的机构和专家,主要有华东师范大学、同济大学、上海戏剧学院、上海师范大学、上海工程技术大学、中国浦东干部学院、上海社科院等曾经参与创意产业研究的专家,意在通过对学术研究型的机构和专家的深度访谈与问卷调查,了解和把握理论研究层面对于创意产业集聚主要因素的认识。第二组深度访谈的对象以市、区两级政府职能部门为主,有上海市委宣传部、上海市经信委、上海市政府研究室、上海市经济发展研究中心、上海市发展与改革委员会等,主要通过对政府的机构和管理者的深度访谈,了解和把握政府决策管理层面对于创意产业园区的导向作用。第三组深度访谈的对象是介于政府与企业之间的服务机构,包括上海创意产业中心、上海创意产业信息服务平台、上海工业旅游促进中心等,主要通过对中介机构的深度访谈与问卷调查,了解和把握社会组织对于创意产业园区的推动作用。

第二阶段的深度访谈和问卷调查是在第一阶段的基础上完成的,选取田子坊、8号桥、M50、张江文化科技创意产业基地、周家桥、新十钢等上海首批15家示范创意产业园区(见表13-3),以入驻创意产业园区管理商、运营商、典型企业或机构为深度访谈和问卷调查的对象,试图从创意企业或机构角度了解影响创意产业园区的主要因素。

在整个调研过程中,注重定性和定量相结合的研究方式,以便清晰地反映上海创意产业园区整体现状以及各个影响要素之间的关系,并解释相关机理。在影响因子的分析上,注意结合上海创意产业园区的实际,偏重定性分析,通过对深度访谈的案例分析得出结论。

综合问卷分析的结果,将创意产业园区的影响因素投放在图14-1中考察。具体而言,将以上三组访谈对象笼统地称为"专家",纵轴为"专家对创意集聚因素的选项列为首选项排序",横轴表示"专家对创意集聚因素的选项出现频率排序"。分布显示,同时位居第一位的是"城市经济状况",其次分别是"文化环境""人力资源",再次有"科技研发""知识产权"等。这一结果为初步确立影响上海创意集聚的主要因素提供了依据。如前文所述,各国、各地区对创意产业的界定不一,各地区、各城市所处的城市化阶段不一,因此对创意产业园区主要因素的评判可能也会存在差异的情况。结合国外文献研究的线索,确定影响上海创意产业园区的主要因素包括"城市经济状况""文化环境""人力资源""科技研发""知识产权""城市基础设施"等。

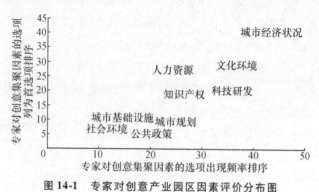

图14-1 专家对创意产业园区因素评价分布图

14.1.2 研究范围与数据来源

本章立足于上海行政区域划分,以黄浦区、(原)卢湾区、徐汇区、静安区、长宁区、普陀区、闸北区、虹口区、杨浦区、闵行区、宝山区、嘉定区、浦东新区、金山区、松江区、青浦区、(原)南汇区、奉贤区、崇明县 19 个区县为主要研究范围。

研究所选用的数据资料主要来源于调查问卷、统计年鉴、档案资料:(1)从历年《上海统计年鉴》中获取了 2006 年到 2010 年的各区县人口总数、人口密度的数据;(2)从《2009 年上海文化统计年鉴》中提取了上海各区县公共文化设施数、每万人拥有的文化娱乐设施数;(3)从上海市发展与改革委员会以及各区县官方网站"2010 年经济形势分析报告"中获得各区县国民经济总产值、第三产业和文化产业的产值数据,并参照发改委使用的权威性数据,对各网站获取的数据逐一进行比较并修正;(4)通过对上海市教委、市科委的调研,获取上海市及国家部委在上海的高等院校数、大科研院所数以及在全市各区县的分布情况;(5)通过对上海市工商局的调研以及网上公开数据的整理汇总,获得各区县注册企业数;(6)通过对上海市知识产权局的调研以及有关行政区历史档案的检索,梳理出申报专利数等单项数据。

本章采用的各区县创意产业值是一个相对数值,采用的方法是用文化产业在第三产业中的权重作为系数,校正各区县的第三产业权重以获取创意产值相对结果。为保证数据的可靠性,采取了两条验证措施:一是把计算获得的数据与《2010 上海创意产业发展报告》中的有关数据进行比较,结论是基本吻合的;二是将计算形成的数据做成曲线分布图,同时提取了上海市发展与改革委员会 2010 年上海区县经济运行分析报告中第三产业、服务业的产值数,也将其做成曲线分布图,并将两者进行比较,曲线走势是基本一致的,证明数据是有效的。

14.2 多元线性回归模型的建立与解释

14.2.1 多元线性回归模型的建立

本章采用 Excel 编制信息查询系统,应用电脑技术完成各项信息的存储、修改、查询、统计,并根据系统中所存储的信息,对数据进行修正,作出科学的技术分析,确定影响创意产业集聚的因子。

本章选择的影响因子有:

$x1$ 人口密度:一定程度上与上海的城市化水平呈正相关,可以指代拥有创意人员的密集状态,是经济水平、人力资源的反映指标之一。

$x2$ 人口总量:可以指代拥有创意人员的总体规模。一般意义上,人口总量规模越大,可能产生的创意人员几率越高,是人力资源的反映指标之二。

$x3$ 每万人拥有的文化娱乐设施数:用以说明居民个体通俗文化消费的便捷程度,是文化环境的反映指标之一。

$x4$ 每十万人拥有公共文化设施数:用以说明区域公共文化的建设水平状况,是文化环境、社会环境、城市基础设施的综合反映指标。

$x5$ 单位面积专利申报数:是知识产权普及程度的综合反映指标。

$x6$ 单位面积发明专利申报数:是科技研发能力、原创能力、知识产权普及程度的综合反映指标。

$x7$ 单位面积高等院校科研院所数:是文化环境、科技研发能力的综合反映指标。

14.2.2 多元线性回归模型的解释

假设创意产业的产出值 Y 受上述诸区位因子 $x1$、$x2$、$x3$、$x4$、$x5$、$x6$ 和

$x7$ 的影响,且其内在联系为线性关系。通过得到的上述地理数据,设其数学结构模型为:

$$Y_\alpha = \beta_0 + \beta_1 X_{\alpha 1} + \beta_2 X_{\alpha 2} + \beta_3 X_{\alpha 4} + \beta_5 X_{\alpha 5} + \beta_6 X_{\alpha 6} + \beta_7 X_{\alpha 7 8} + \varepsilon_\alpha$$

式中,β_1、β_2、β_3、β_4、β_5、β_6、β_7 为待定系数,ε_α 为随机变量。

采用最小二乘法估算参数,得到回归方程如下:

$$Y = 114.9847 + 0.0011 x_1 + 0.0201 x_2 + 0.6659 x_3 - 0.3396 x_4 - 0.1433 x_5 + 0.5600 x_6 + 7.0953 x_7$$

通过检验,说明回归方程是显著的,表明区位因子 $X1$、$X2$、$X3$、$X4$、$X5$、$X6$ 和 $X7$ 与创意产业集聚之间的线性关系是密切的。从回归方程中可知:$X1$、$X2$、$X3$、$X6$、$X7$ 与创意产业集聚 Y 呈正相关关系;$X4$、$X5$ 与 Y 呈负相关关系。

用多元回归分析所选用的样本,只是分析问题的一个过程。各因子间也存在相关性,能互相抵消影响,不能很好地说明问题。因此,为了剔除不显著因子和其他影响,使回归方程在分析影响创意集聚因素时更具实际意义,对其进行逐步回归分析,即将因子逐个引入。引入的条件为,该因子的偏回归平方和在没有进入方程的其余因子中为最大,而且经过检验是显著的。同时,每引入一个新因子后,在新的方程的基础上,再在已进入方程的因子中找出偏回归平方和最小的一个因子,并作检验,如不显著则将其剔除。在每引入一个因子或删除一个因子的前后,都要进行 F 检验,直到最后没有显著的因子可以引入,也没有不显著的因子可以剔除为止。

经过计算和检验,先前拟定的 7 个因子中只有 $X1$、$X6$ 被引入方程,最终得到的回归方程为:

$$Y = 16.6436 + 0.0009 x_1 + 0.3973 x_6$$

经检验,在 $R^2 = 0.9087$,F 检验值 $= 49.78$,$RMSE = 3.547$ 的情况下,$X1$、$X6$ 均显著。因此,从方程的回归结果显示看,对创意产业园区影响最大的是人口密度、单位面积发明专利申报数。

回归方程说明,人口密度、单位面积发明专利申报数对创意产业园区具有明显的影响。这两个因素恰好与英国关于创意产业的概念吻合。创新人才的高密度将会促使大都市的创新。任何一个测量方式都不能完整地包括密度构建所需的"本质",而每一个测量方式却可以反映不同的测量范围。因此,本章选用的7个因子都是密度变量,即单位面积与单位人口的变值。这样的演算至少可以说明一个相对的情况,可以较为全面地运用"密度"概念并解决问题。从已有的国外文献研究中可以发现,密度是更能体现地域接近性的最直观的指标。在城市人口密集的地方,可以使来自不同国家、不同地区的人们开展不同层面的交流成为可能,这种可能会促进交流甚至文化的多样性,而多样性交流又促使了创意和创新。这种假设在回归分析中得到了印证,人口密度是影响创意产业园区的主要因素之一。具体剖析上海创意产业园区的主要区域可以发现,(原)卢湾区、徐汇区、静安区、黄浦区、长宁区、普陀区等中心城区是创意园区空间效应较好的地区。

此外,专利包含了高度细致化的有关创新本质的信息,同时也包括发明者、最初生成的科技区和行业等。除此之外,还存在着大量的专利的"贮存"和"流动"。最近,国外一些研究也把专利作为测试空间创新和地理信息的指标。当然,仅仅就专利数而言,这也有其严重的局限性。正如格里利谢斯(Griliches,1990)指出的那样,并不是所有的发明和创新的想法都可以获得专利。但是,也有研究发现,从制造业向基于知识和服务为主的经济转变与专利数相比产生了很多重要的缺陷。就如希普(Hipp)和克鲁普(Grupp,2005)指出的那样,服务创新过程"不能有目的地获得或生成科技技能"。例如,专利在生物科技中所起的作用最大,而生物科技往往与大学研究有着密切的联系。但是,我们在研究上海创意产业园区过程中发现,专利版权没有充分的统计积累,专利和知识产权保护已经成为上海创意产业发展的瓶颈之一。

14.3 世博后上海创意产业园区空间绩效评价指标的建立与诠释

我们比较美国、欧洲、香港创意产业评价指标,结合上海创意产业的评价指标,综合影响上海创意产业的主要因素,运用德尔菲法、优序法,并经过三轮的专家征询意见和行业调研访谈,建立了上海创意产业园区绩效评价指标(一)(见表14-1)。

表 14-1　上海创意产业园区绩效评价指标（一）

序号	一级指标	权重	二级指标	指标属性	权重
1	园区服务与运营	20	园区区位条件与公共配套设施	定性	4
2			园区创业公共服务体系	定性	6
3			园区融资与运营管理	定性	5
4			园区技术服务及其转移体系	定性	5
5	园区创新能力	20	园区企业年均新增自主知识产权比例	定量	5
6			园区内 R&D（研发机构）数	定量	5
7			园区接受各类设计等行业协会数	定量	3
8			园区与大学（科研院所）建立联系数	定量	3
9			园区高新技术企业占园区企业总数比例	定量	4
10	园区创意孵化能力	30	园区知名品牌企业数比例	定量	6
11			依托高校（院所）成果创办的企业数比例	定量	6
12			依托艺术家（创意人员）创办的企业数比例	定量	6
13			在孵化的创意企业数	定量	6
14			年度孵化企业成功率	定量	6
15	创意人员集聚	20	园区接纳艺术家占园区从业人员总数	定量	7
16			工程师（技术人员）占园区从业人员总数	定量	7
17			园区吸引海外高层次人才占园区从业人员总数	定量	6
18	社会经济贡献	10	2008—2010 年年均税收增长率	定量	5
19			对地方经济、社会、文化的贡献	定性	5

14.3.1　世博后上海创意产业园区空间绩效评价指标（一）的建立与诠释

（1）园区服务与运营

园区服务与运营主要是从创意产业园区的创业服务体系、运行机制与管理体系等方面衡量园区具备的创新创业条件。

园区区位条件与公共配套设施：为入园企业提供工商、税务、金融、信息、咨询、市场推广、人才交流与培训、物业等服务。

园区创业公共服务体系：为园区技术创新活动提供专业技术支撑的专业服务平台的建设和运行情况；为提高园区科技成果转化能力，园区在技术转移服务方面具有的条件和采取的相关措施。

园区融资与运营管理：投融资服务，包括孵化基金、种子基金、风险投资、金融化担保等；运营机制的运营管理能力，包括：组织机构设置是否科学,应具备的各项职能是否有效行使,各项规章制度是否健全,基础管理文档是否完备,业务流程是否合理,管理控制手段是否有效等。

园区技术服务及其技术转移:包括直接从事园区服务的人员费用、机场费用、办公费用和其他服务型费用。这是反映运营机构的服务能力。

(2) 园区创新能力

园区创新能力主要是衡量创意产业园区在创新(创意)成果孵化与培育方面的绩效。

园区企业平均新增自主知识产权比例:用园区企业在考核周期内新增的自主知识产权数除以园区企业总数(上年度末数据)。自主知识产权是指园区企业通过自主研发、受让、受赠、并购等方式拥有的知识产权,以及通过5年以上的独占许可拥有其主要产品(服务)的核心技术的知识产权。它主要包括专利、软件著作版权、集成电路布图设计专有权、植物新品种、新药等。

园区内 R&D(研发机构)数:园区内研发机构的数量占园区企业总数的比例。

园区接受各类设计等行业协会数:反映园区在设计领域的引导作用。

园区与大学(科研院所)建立联系数:反映园区在创新与创意方面的可能性。

园区高新技术企业占园区企业总数比例:反映园区在创新方面的潜在可能性。

(3) 园区创意孵化能力

园区创意孵化能力主要是衡量创意产业园区培育创意企业的情况,以及在孵化创意企业方面的绩效。

园区知名品牌企业数比例:衡量创意产业园区在创意产业领域的创新能力。

园区依托高校科技成果创办的企业数:衡量园区内依托高校科技成果创办的企业总数,能直接反映高校科技成果产业化的情况,衡量的是科技元素的作用。

园区依托艺术家(创意人员)创办的企业数:衡量园区内依托艺术家或创意人员创办的企业总数,能直接反映文化创意产业化的情况,衡量的是文化元素的作用。

在孵化的创意企业数:在孵化的创意企业总数,反映创意产业企业孵化的数量成果。

年度孵化企业成功率:年度毕业企业数与在孵企业数的比率,反映孵化器在入孵企业选择、在孵企业培育方面的工作效率。

(4) 创意人员集聚

创意人员集聚主要是衡量创意产业园区创意人才培养和集聚方面的情况,以及在创意人才培养与集聚方面取得的绩效。

园区接纳艺术家占园区从业人员总数比例:衡量艺术家的集聚状况。

工程师(技术人员)占园区从业人员总数比例:衡量科技创新人员的集聚状况。

园区吸引海外高层次人才数占园区从业人员总数比例:年度园区企业引进的海外高层次人才数量。海外高层次人才以各省、自治区、直辖市认定的结果为标准。引进海外高层次人才可采取核心人才引进、团队引进、高新技术项目开发引进等方式,也可采取岗位聘用、项目聘用和任职等方式。

(5) 社会经济贡献

社会经济贡献主要是衡量创意产业园区服务于经济和社会发展的情况,以及在促进经济发展和就业方面的绩效。

2008—2010年年均税收增长率:指代衡量园区经济贡献程度。

对地方经济、社会、文化的贡献:用于衡量创意产业的社会效应。

14.3.2 世博后上海创意产业园区空间绩效评价指标(二)的建立与诠释

世博后上海创意产业园区空间绩效评价指标(一)(见表14-1)从理论上得到了专家的认可,但是在典型园区试点抽样中,园区对专利等多项内容尚无统计,对上海市专利局的访谈也证实了目前尚存在专利意识淡薄、统计数据难以收集等情况。我们在调研时了解到,在这一指标体系中,有关专利、园区内 R&D(研发机构)数、园区接受各类设计等行业协会数等尚未被列入园区设置的条件中。但是,这对于真正意义上的创意产业园区而言,却是十分重要的。此外,在访谈园区管理商或运营商的过程中,我们也发现这些内容尚未被谋划,更不用说统计了。有部分园区虽已经有所考虑,但鉴于企业不愿提供等原因也没有启动。为此,我们结合国外评价指标的内涵,作了进一步简化,形成世博后上海创意产业园区空间绩效评价指标(二)(见表14-2)。指标(二)是对指标(一)的改进。

表 14-2　上海创意产业园区绩效评价指标（二）

序号	一级指标	权重	二级指标	指标属性	权重
1	园区服务情况		租金（元/日/平方米）	定量	3
2			园区周边交通状况	定性	6
3			园区内公共配套设施占总体机构比例	定量	8
4			园区内餐饮设施占总体机构比例	定量	6
5			单位面积企业数	定量	7
6	园区运营情况		世博前园区三年产值年均增长率（2006—2008年）	定量	5
7			世博间园区三年产值年均增长率（2008—2010年）	定量	5
8			园区税收年增长率	定量	10
9	园区创新能力		创意企业占园区机构百分比	定量	10
10			R&D 机构占园区机构百分比	定量	10
11			园区所在区域单位面积大专院校数	定量	5
12			园区年新增专利数	定量	5
13	人口密度		人口密度（人/每平方千米）	定量	10
14			外籍人口密度（人/每平方千米）	定量	10

（1）园区服务状况：衡量园区的公共配套设施等硬件条件以及提供中介服务等基础运营条件

租金：园区单位面积租金，用以衡量园区配套服务的一个指标。

园区周边交通状况：定性评价园区交通的便捷程度，指代园区的区位状况。我们根据创意产业园区周遍交通出勤的状况，结合调研样本，将交通便捷程度分为四类（见表14-3）。

表 14-3　交通状况便捷程度分类表

交通状况	地铁站（x 个）	公交线（y 条）	评价值
便捷	$x > 2$	$y > 4$	2
较便捷	$1 < x \leq 2$	$2 < y \leq 4$	1
一般	$x \leq 1$	$x \leq 2$	0
差	$x = 0$	$y = 1$	-1

园区内公共配套设施占总体机构比例：衡量园区管理与公共服务的质量，充裕的配套设施是吸引中小型创意企业的重要因素。

园区内餐饮设施占总体机构比例：上海市经信委将创意产业园区餐饮设施总量控制在园区机构总数的 20% 内。这一指标旨在考量园区提供创意企业以及创意人员工作、交流、互动的便利程度。

单位面积企业数：衡量园区吸引企业的状态，是考量园区管理服务优劣的一个指标。

（2）园区运营情况：用以指代园区绩效状况

办博前园区三年产值年均增长率（2006—2008年）：园区2006—2008年年均产值增长率指代的是世博前创意产业园区的经济增长状况。

办博间园区三年产值年均增长率（2008—2010年）：园区2008—2010年年均产值增长率指代的是世博创办期间创意产业园区的经济增长状况。这一阶段是世博临近时基础设施大投入、世博期间大运营的阶段，可以反映世博背景下创意产业园区的经济增长状况。

园区税收年增长率：衡量园区经济贡献程度。

（3）园区创新能力：衡量园区空间绩效状况

创意企业占园区机构百分比：创意企业数/总企业数，是指园区内创意企业数量占园区企业总数的比例。

R&D机构占园区机构百分比：衡量园区内研发机构对园区创新、创意的作用。

园区所在区域单位面积大专院校数：衡量园区创意来源的可能性。

园区年新增专利数：衡量园区原始创新的状况。

（4）人口密度：考量创意人员集聚程度的主要指标

人口密度：园区所在街道人口密度，指代园区创意人员可能的密集度。

外籍人口密度：园区所在街道外籍人口密度，指代园区创意人员的国际交流频度和密度。

14.4　世博后上海创意产业园区空间绩效评价实证：以中心城区静安区为例

14.4.1　数据来源

静安区创意产业园区空间绩效评价数据主要来自于三方面：（1）统计年鉴，即从历年《上海统计年鉴》《2008年静安年鉴》《2009年静安年鉴》中获取静安区以及所属街道的面积、总人口数、外籍人口数等数据。

(2)通过上海市统计网站、上海市政府网站、静安区政府网站、上海市创意产业服务平台(创意城市网站)等获取静安区各个创意产业园区的面积数、租金、园区内公共设施数、中介服务数、餐饮数以及园区周边的交通状况。(3)通过对静安区政府、上海市发改委、上海市教委等部门的调研,获取各个园区2006—2008年和2008—2010年的产值年均增长率、税收等数据。(4)通过对园区发放问卷等途径,获取园区入驻企业、专利和版权等数据。我们在汇总上述数据的基础上,建立了上海静安区创意产业园区基本数据情况表(见表14-4、14-5)。

表14-4 静安区创意产业园区基本情况表

名称	占地面积(m^2)	建筑面积(m^2)	产业特色
800秀	11,333	22,000	时尚设计、发布、展示、传媒
静安现代产业园	3,200	14,000	传媒设计、咨询策划、媒体制作、建筑设计
传媒文化园(明圭)	3,500	8,000	影视创作、广告策划、文化传播
传媒文化园(窗钩)	1,600	4,730	影视创作、广告策划、文化传播
98创意园	5,100	14,200	影视动漫、广告传播、时尚设计
同乐坊	10,000	20,000	艺术展示、文化娱乐
静安创艺空间	8,200	19,400	广告、设计、咨询、文化传媒、会展等
3乐空间	1,775	10,300	广告传媒、出版印刷
汇智创意园	5,200	16,000	研发设计、广告策划、IT应用
文教都市产业园	1,300	3,900	电子通信科技、生物医疗工程、广告印刷
富安都市产业园	3,700	4,200	机电一体化、自动化设计工程
机床都市产业园	1,300	3,410	机电一体化、自动化设计工程
宝石花都市产业园	3,000	5,500	IT、电子产品
马利都市产业园	2,291	5,740	科技开发、广告印刷

资料来源:根据静安区实地调研及政府网站整理。

我们按照上海创意产业园区绩效评价指标体系(二),结合上海静安创意产业园区基本数据表(见表14-5),对各园区绩效进行综合评价,其过程如下:

(1)对表14-5的数据进行归一化处理,剔除量纲,得到基础数据(见表14-6);

(2)按照上海创意产业园区绩效评价指标体系(二),通过对基础数据的加权打分,得到静安区各创意产业园区绩效综合评价结果(得分区间为0—100分)(见表14-7)。

表 14-5　上海静安创意产业园区基本数据表

园区名称	租金(元/日/平方米)	园区周边交通状况	园区内公共配套设施占总体机构比重	园区内餐饮设施占总数比例	单位面积企业数	世博前园区三年产值年均增长率(2006—2008年)	世博间园区三年产值年均增长率(2008—2010年)	园区税收年均增长率	创意企业占园区机构百分比	R&D机构占园区机构百分比	园区所在区域单位面积大专院校数	园区年新增专利数	人口密度(人/每平方千米)	外籍人口密度(人/总人数)
J1	5.00	1.00	0.13	0.33	0.01	0.00	0.00	0.00	0.54	0.04	0.54	2.00	46,270.11	0.05
J2	2.50	1.00	0.14	0.00	0.03	0.01	0.08	0.32	0.86	0.16	0.54	0.00	46,270.11	0.05
J3	2.40	1.00	0.25	0.06	0.02	−0.01	0.21	0.05	0.68	0.00	0.67	1.00	43,950.33	0.03
J4	2.80	1.00	0.33	0.00	0.02	0.02	0.05	0.03	1.00	0.33	0.67	1.00	43,950.33	0.03
J5	14.30	1.00	0.10	0.10	0.01	0.00	0.04	0.45	0.80	0.15	0.67	0.00	43,950.33	0.03
J6	5.50	1.00	0.18	0.18	0.02	0.34	0.16	0.70	0.62	0.00	0.67	0.00	43,950.33	0.03
J7	2.60	1.00	0.32	0.21	0.01	0.18	0.07	14.80	0.21	0.05	0.54	0.00	46,270.11	0.05
J8	2.20	1.00	0.58	0.00	0.01	−0.26	−0.05	−0.03	0.33	0.11	0.54	1.00	46,270.11	0.05
J9	1.70	1.00	0.46	0.03	0.02	0.00	−0.27	−0.12	0.32	0.06	0.67	0.00	43,950.33	0.03
J10	1.50	1.00	0.19	0.14	0.09	0.31	0.18	−0.28	0.42	0.11	0.54	0.00	46,270.11	0.05
J11	14.00	1.00	0.16	0.11	0.05	0.05	0.04	0.19	0.42	0.00	0.54	0.00	46,270.11	0.05
J12	1.70	1.00	0.17	0.17	0.02	0.33	−0.28	−0.31	0.67	0.00	0.67	0.00	43,950.33	0.03
J13	1.80	1.00	0.17	0.17	0.01	0.16	0.13	−0.50	0.50	0.00	0.54	0.00	46,270.11	0.05
J14	1.70	1.00	0.33	0.00	0.01	−0.11	0.04	0.01	0.33	0.00	0.54	0.00	46,270.11	0.05
J15	1.40	1.00	0.18	0.09	0.02	0.00	0.00	0.00	0.86	0.05	0.63	0.00	269,514.78	0.04
J16	1.70	1.00	0.44	0.03	0.05	0.00	0.00	0.00	0.51	0.43	0.54	2.00	46,270.11	0.05
J17	3.00	1.00	0.32	0.21	0.03	0.00	0.00	0.00	0.21	0.05	0.54	0.00	46,270.11	0.05
J18	2.60	1.00	0.00	0.00	0.00	0.00	0.00	0.00	0.54	0.00	0.54	0.00	46,270.11	0.05

表 14-6 上海静安区创意产业园区数据处理情况表

园区名称	租金(元/日/平方米)	园区周边交通状况	园区内公共配套设施占总体机构比重	园区内餐饮数占总体机构比例	单位面积企业数	世博前园区三园区三年产值年均增长率(2006—2008年)	世博期间园区三年产值年均增长率(2008—2010年)	园区税收年增长率	创意企业占园区机构百分比	R&D机构占园区面积百分比	园区所在区域大专院校数	园区年新增专利数	人口密度(人/每平方米)	外籍人口密度(人/总人数)
J1	0.878	1.000	0.214	1.000	0.101	0.436	0.572	0.094	0.540	0.096	0.000	1.000	1.000	1.000
J2	0.268	1.000	0.232	0.000	0.326	0.457	0.740	0.154	0.864	0.379	0.000	0.000	1.000	1.000
J3	0.244	1.000	0.429	0.188	0.213	0.423	1.000	0.104	0.680	0.000	1.000	0.500	0.880	0.000
J4	0.341	1.000	0.566	0.000	0.213	0.475	0.676	0.099	1.000	0.771	1.000	0.500	0.880	0.000
J5	0.707	1.000	0.172	0.300	0.101	0.436	0.649	0.178	0.800	0.350	0.000	0.000	0.880	0.000
J6	1.000	1.000	0.307	0.538	0.213	1.000	0.907	0.226	0.615	0.000	1.000	0.000	0.880	0.000
J7	0.293	1.000	0.542	0.632	0.101	0.725	0.718	1.000	0.211	0.123	0.000	0.000	1.000	1.000
J8	0.195	1.000	1.000	0.000	0.101	0.000	0.473	0.088	0.333	0.333	1.000	0.500	1.000	1.000
J9	0.073	1.000	0.787	0.081	0.213	0.436	0.014	0.071	0.324	0.252	0.000	0.000	0.880	0.000
J10	0.024	1.000	0.334	0.417	1.000	0.955	0.953	0.041	0.417	0.131	0.000	0.000	1.000	1.000
J11	0.634	1.000	0.271	0.315	0.551	0.520	0.653	0.131	0.421	0.245	0.000	0.000	1.000	1.000
J12	0.073	1.000	0.286	0.501	0.213	0.979	0.000	0.036	0.667	0.000	1.000	0.000	1.000	1.000
J13	0.098	1.000	0.286	0.501	0.101	0.705	0.832	0.000	0.500	0.000	0.000	0.000	0.880	0.000
J14	0.073	1.00	0.571	0.000	0.101	0.252	0.661	0.096	0.333	0.105	1.000	0.000	1.000	1.000
J15	0.000	1.00	0.310	0.270	0.213	0.436	0.572	0.094	0.863	1.000	0.692	0.000	0.000	0.500
J16	0.073	0.000	0.762	0.084	0.551	0.436	0.572	0.094	0.514	0.000	0.000	1.000	1.000	1.000
J17	0.390	1.000	0.542	0.632	0.326	0.436	0.572	0.094	0.211	0.123	0.000	0.000	1.000	1.000
J18	0.293	1.000	0.000	0.000	0.000	0.436	0.572	0.094	0.000	0.000	0.000	0.000	1.000	1.000

表 14-7　上海市静安区创意产业园区绩效综合评价结果

园区名称	综合绩效评价得分
J16	56.8
J7	56.3
J1	514.4
J4	53.8
J10	53.7
J2	50.9
J11	49.7
J6	47.9
J17	46.9
J12	414.9
J5	414.5
J3	414.0
J8	41.9
J14	40.3
J9	39.5
J13	38.8
J15	35.7
J18	32.9

根据上海市静安区创意产业园区绩效综合评价结果,结合对上海市静安区创意产业园区的实地调查,可以将园区分为成长性空间、缓和性空间和凝滞性空间三种类型(见表14-8)。

表 14-8　上海市静安区创意产业园区分类表

三组类型	创意产业园区
Ⅰ 成长性空间	J16、J7、J1、J4、J10、J2、J11
Ⅱ 缓和性空间	J6、J17、J12、J5、J3、J8、J14、J9、J13
Ⅲ 凝滞性空间	J15、J18

在成长性空间的园区,产业定位比较清晰,发展呈现成长性态势,绩效明显。比如,四行仓库淮安库/安垦绿色、800秀等创意园区在世博后的发展势头良好。缓和性空间的园区包括多种门类的创意企业与机构,产业定位尚在凝练过程中,发展绩效一般。比如,同乐坊的休闲娱乐的业态已超过创意产业。凝滞性空间的园区则是增长不明显、绩效不理想的园区。

第15章
上海创意城市的转型发展与路径选择

上海在世博会的申办、筹办与举办过程中积累了丰富的资源。尤其是世博会之后,经过多方面、多层次的研究论证,上海提出了有效利用世博资源的方案,以延续和放大世博效应,这对创意产业亦产生诸多影响。本章立足于如何发挥世博后续效应,结合上海创意产业园区发展现状及存在的问题,就上海创意产业的转型发展与路径选择,提出一些建议与对策。

15.1 统筹规划设计,以世博园为核场,优化创意产业园区布局

15.1.1 总体设计,统一规划,优化创意产业园区空间格局(总体布局)

如果说2004年前后上海创意产业园区处于起步阶段,布局以市场主导、政府扶持并举,那么世博后上海创意产业园区的空间布局则应重新审视、总体设计、统一规划。

第一,制定创意产业园区总体规划。上海应积极借鉴国际先进经验,按照城市发展目标以及"设计之都"的建设要求,在全面梳理创意产业园区产业导向定位的基础上,明确市、区两级政府的功能定位,科学制定《上海创意产业园区总体规划》。在园区的空间布局上,应结合区域与园区自身的特点,重点培育一批产业特色明显、服务平台完善、产业链带动效应

明显的示范园区,并以此为基础,培育一批具有国际知名度的品牌园区。同时,应加强园区与其所在区域的联动,扩大园区的辐射效应、旁侧效应、示范效应,推进创意街区、创意社区、创意城区的发展成熟。

第二,建立统计、评价机制。上海应由市统计局牵头,市委宣传部、市经信委等相关职能部门协同,确立创意产业统计口径,由市人力资源和社会保障局(人事局)、市知识产权局、市科委、市教委等委办提供支持,逐步建立适合上海产业发展实际的统计口径,准确掌握园区的经济运转情况,科学评价创意产业园区的运转绩效,为制定合理政策提供基础支撑。

第三,采取动态管理机制。从2004年到世博会举办期间,上海市经信委授牌的创意产业园区已达89家,当时"广播种、广撒苗"式的园区培育方式对扩大创意产业园区影响、提高市民对创意产业的认知起到了积极作用。但是,世博后,伴随着上海创意产业创新驱动、转型发展的战略调整,创意产业园区也应有相应的优化调整。具体而言,应对已授牌的园区采取动态管理,通过年度审核评价,淘汰创意产业主导不清晰的园区;对新申报的园区采取准入制,明确主导产业的发展。比如,对与"设计之都"指向不相符合的予以整顿,对无改进的则摘牌。又如,在遵循"三不变"①原则的基础上,对商业配比超过20%、违反园区认定标准规定的,采取差异化土地政策等惩罚性措施,通过改变用地性质、提高税收等办法,促使园区适度控制商业配套,回归创意产业的属性。

第四,建立协同创新机制。上海应借鉴张江高科技园区、漕河泾新兴技术开发区、闵行紫竹园区、嘉定汽车产业园区、宝山工业园区等园区的创新经验,鼓励这些园区发展相关创意设计以及制造业专业试验和认证,通过市场交易,构建上下游环节紧密联系、功能完整的产业链。应通过市级平台,建立这些高新技术园区与现有以科技为导向的创意产业园区的"结对牵手计划",或者通过"品牌输出",用张江高科技园区、漕河泾新兴技术开发区、闵行紫竹园区等园区品牌带动现有创意产业园区向纵深发展。

第五,完善工作沟通机制。上海应加强市、区两级政府以及委办局的

---

① "三个不变"和"五个变化"是上海创意产业的特色。"三个不变"指房屋产权不变、房屋建筑结构不变、土地性质不变;"五个变化"指老厂房在产业结构、就业结构、管理模式、企业形态和企业文化五个方面发生了变化。

联系与工作协调,加强政府机构与园区管理、中介组织的联系沟通,进一步完善创意城市上海推进工作办公室、上海创意城市网络推进办公室(上海市文化创意产业推进办公室)的工作机制,整合多方力量,推进创意产业园区的良性发展。

15.1.2 聚焦世博园,布局创意产业在核心圈"大空间"的"大集聚"

世博后续效应为上海城市创新驱动、转型发展带来良好的机遇。尤为重要的是,世博园后续利用能够极大地带动城市的旧城改造。世博后,创意产业的发展应重新审视上海城市空间,充分考虑世博后上海创意产业发展的条件与优势,聚焦世博园作为上海创意产业发展的核心"点",布局创意产业在世博园"大空间"的"大集聚"(见图13-4)。

世博园区的后续功能定位已基本明确:突出公共性特征,围绕顶级国际交流核心功能,形成集文化博览创意、总部商务、高端会展、旅游休闲和生态人居为一体的上海21世纪标志性公共活动中心,成为功能多元、空间独特、环境宜人、交通便捷、体现低碳、创新、富有活力和吸引力的世界级新地标。① 这为将世博园构建成上海创意产业核心提供了极好的条件。为此,我们建议:

(1)浦西城市最佳实践区。以打造文化创意展示、交流、实践和体验区为目标,结合城市最佳实践区的保留建筑,培育、引进全国乃至全球顶级创意企业、工作室、创意人才,设置创意设计中心、国际知名设计师工作室等,打造文化创意设计展示、交流、实践和体验集中区。

(2)浦西文化博览区。注重容纳多元文化,激发创意,综合设置演出、展览、论坛等多元文化元素,与街区生活相融,创建或引入国际品牌节事活动,搭建先锋设计展示舞台,在"世界城市日"创设"上海设计节"或"上海设计日",吸引国际大师、艺术家集聚交流,营造具有中国特征、上海地方特质、独一无二、具有活力、激发创意灵感的文化策源地。

浦西城市最佳实践区与文化博览区联动,共同形成以文化为主导的文化创意产业集聚区。

(3)浦东会展及商务区。结合"一轴四馆"改造利用,以中国馆为核心,完善会展配套服务及商务功能,形成国际会展及商务集聚区。在突出

---

① http://www.shgtj.gov.cn/2009/ztxx/sbzt/.

会展、商务办公等核心功能的基础上,综合设置特色商业、餐饮、画廊、酒店及公寓等体现高品位、生活化的多元配套功能,打造城市综合活力街区。应将文化创意元素融入到高端商务活动中,进而打造具有国际水准的新型商务区。同时,借助大型企业总部集聚优势,积极吸纳大型企业R&D 的入驻,引导以科技为导向的创意制造产业的集聚。

(4)浦东国际社区。包括原"世博村"在内的地区,生活软硬件设施齐全,并与会展和商务区配套。① 建议结合"世博村"建筑保留和部分建筑功能转化,延续"世博村"功能,形成包括高星级酒店、公寓式酒店、商务酒店、公寓等多样居住类型的、具有国际文化内涵和多元生活方式的国际社区。根据国际社区的要求,完善商业、文体、教育等配套设施,通过构建步行网络、完善街道设施,优化白莲泾滨水景观,营造人性化、生态型的社区环境,将文化创意融入社区,进一步提升地区环境品质,②吸引国际人士、创意阶层入驻,为创意人才集聚提供品质空间。

(5)浦东后滩拓展区。规划为城市可持续发展预留战略空间,同时结合已建成的后滩湿地公园,承载世博记忆,演绎生态理念,引入公共生活,形成融生态、商务、居住、文化等功能为一体的公共活动区。③ 部分场馆引入会展及创意设计企业;部分场馆设置展示演艺、艺术交流、餐饮娱乐、商业配套等功能,引入公共活动。这一区域与浦东**国际社区**一起构成指向生活性创意产业地带,以区别于其他生产性指向的创意产业区,丰富创意氛围。

浦西的**城市最佳实践区**与**文化博览区**,浦东的**会展及商务区**、**国际社区**、**后滩拓展区**,遥相辉映,既有文化导向的创意产业集聚,又有科技导向的创意制造产业集聚;既有生活型创意产业,也有生产型创意产业,在世博园 15.2 平方公里的**大空间**内形成**综合性**、**高端型**、**主导性**的,与上海城市发展目标相符的创意产业集聚区。

---

① 杨静:《上海世博园后续利用规划完成 将打造 5 大区域》,http://www.chinanews.com/gn/2011/03-09/2893392.shtml,2012 年 9 月 15 日访问。
② http://www.shgtj.gov.cn/2009/ztxx/sbzt/。
③ 同上。

15.1.3 依托黄浦江滨江,协同苏州河沿岸,布局创意产业重点区域"集聚热点"

(1)黄浦江滨江地带重点布局创意产业六大"集聚热点"

黄浦江滨江地带地理条件优越,历史建筑集中,具有发展创意产业的优势条件。黄浦江自上而下的各区均以世博为契机,纷纷制定了相关的规划措施,引导创意产业集聚,促进相关产业发展(见图15-1)。这一地带主要包括宝山滨江区域、杨浦大桥区域、北外滩—上海船厂区域、十六铺—东昌路区域、南浦大桥—世博区域、徐汇滨江区域六大"集聚热点"。

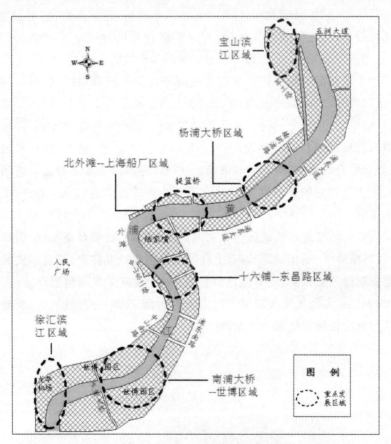

图15-1 黄浦江滨江地带创意产业重点发展区域示意图

资料来源:根据黄浦江两岸开发办公室:http://www.hpjbanks.com/index.asp以及各行政区规划整理。

① 宝山滨江区域创意产业"集聚热点"。根据《黄浦江北延伸段结构规划》《宝山新城总体规划(2006—2020)》,宝山区内的黄浦江岸线的发展导向以现代工业和研发、生态涵养、休闲旅游、水上集散为主,突出现代工业、高科技研发、生态、旅游、水上集散、城市基础设施建设以及城市发展储备七大功能。借世博会浦江开发的契机,重点改造淞宝地区沿长江和黄浦江的"三角地带",使之成为具有良好滨水景观的生活岸线,沿线重点开发滨水公共开放功能与空间。为此,宝山滨江区域应"积极挖掘宝山沿江历史文化底蕴,注重历史文化风貌的保护与继承","沿江重点发展邮轮、游船及游艇业,形成具有良好滨水景观的生活性岸线",着力发展以江海汇流景观为基础的,包括生活设计、城区设计、景观设计等适宜居住、具有现代化生活园区特征的**生活型创意产业**;同时,大力发展以研发创新为主导的,服务于精品钢及其延伸产业基地、世界级的造船基地、上海国际航运中心,包括工业设计、研发设计、服务设计(针对创意制造产业)等在内的**生产型创意产业**。

② 杨浦大桥区域创意产业"集聚热点"。依据《2010上海杨浦滨江总体城市设计》,杨浦滨江区域应突显智慧创新、文化体验、生态宜居的特色,形成科技和文化体验的"智慧滨江",并建设成世博园外的最佳实践区,突出现代服务、自主创新、生态宜居和文化活力,实现从制造到"智造和创造"的转型,探索建立科技创新与文化创意共同作用的**综合型创意产业实验区**。

③ 北外滩—上海船厂区域创意产业"集聚热点"。应以航运为特色,建设商贸办公发达、居住舒适、交通便捷、历史文化内涵丰富的新兴城区。同时,发展融合创意产业的商住综合区(河南北路—吴淞路)、商务办公区(虹口港以西、吴淞路以东的地区)、航运商贸区(虹口港以东、公平路以西、黄浦江以北、长治路以南的地区)、提篮桥历史风貌及现代商业街区(公平路以东、大连路以西、黄浦江以北、唐山路以南的地区)、高档居住区(周家嘴路以南、汉阳路以北、大连路以西、吴淞路以东的地区),形成以生活设计、服务设计等为主导的创意产业"集聚热点"。

④ 十六铺—东昌路区域创意产业"集聚热点"。《上海市黄浦区国民经济和社会发展第十二个五年规划纲要》指出,要发挥黄浦与卢湾两区合并后作为上海心脏、窗口、名片和文化平台的优势,发挥世博后续效应,对

该区域北段（原黄浦区范围内），以"金融外滩、经典黄浦"为主线，打造现代化国际大都市核心商务区和上海"四个中心"重要功能区；以创造更美好生活为目标，实施集聚发展高端服务业和改造提升传统服务业"双轮驱动"，并以加快旧区改造作为最大的发展和最大的民生。据此，这一区域应着力培育商贸、会展、文化创意、金融等功能融合发展的，以服务设计为主导的创意产业"集聚热点"。

⑤ 南浦大桥及南部（不含世博园）区域创意产业"集聚热点"。应以世博滨江为重点，聚焦功能培育，主动配合世博会场馆后续利用，配套总部经济、创意经济、体验经济发展，推动南部滨江地区（原卢湾区）发展智能程度高、生态环境优、低碳效能好的滨江生态商务区，推动世博滨江地区功能、形态、产业联动发展，使之成为上海现代服务业发展的重要增长极，延续世博"城市，让生活更美好"的主题。这一带可望形成以服务设计、生活设计、城区设计等为主导的创意产业"集聚热点"。

⑥ 徐汇滨江区域创意产业"集聚热点"。应重点发展以文化为导向的创意产业。结合《上海徐汇滨江商务区城市设计》的要求，建议加快黄浦江两岸地区综合开发、龙华机场的功能调整，完善城市公共活动中心体系，提高城市综合服务能力，加速发展现代服务业，创造复合、活力、生态、休闲的滨江商务生活。应结合上海水泥厂的改造，构筑滨江公共开放空间，提升城区形象；挖掘航空文化内涵，利用历史遗迹资源，设计三个特色商务广场：航空记忆广场、航空展示广场、国际商贸广场，进而形成以研发设计（大飞机项目）、服务设计、城市文化设计等为主导的创意产业"集聚热点"。

（2）苏州河沿岸向东、西两头延伸，重点布局一组创意产业"集聚热点"

结合第十四章对创意产业园区的绩效评价，有必要建立创意产业统计标准，对创意产业园区的评价进行分类，针对不同类型的创意产业园区采取不同的措施，即对呈现成长性空间（Ⅰ类）的创意产业园区实施优化战略，对具有缓和性空间（Ⅱ类）的创意产业园区推行提升战略，对处于凝滞性空间（Ⅲ类）的创意产业园区启用调整战略。同时，应结合世博会场馆的后续有效利用，积极布局城市经济新的增长空间。

从空间布局上来说，上海现有的89个创意产业园区呈"小空间、大分散"的空间态势,即创意产业园区单体规模小,大多分散在黄浦江与内环线围合地带、苏州河沿岸、外环线内西南与东北两个大学集聚区周边等地。世博后,创意产业园区空间结构应向"**大空间、大集聚**"(**单体**)、"**大空间、大分散**"(**整体**)发展,世博园区、迪斯尼乐园拟为大空间,指向研发设计、媒体设计、服务设计、生活设计(时尚设计)等创意产业,集聚上海主导设计领域的相关创意产业。同时,在"设计之都"框架下,调整优化现有创意产业园区,指向工业设计、媒体设计、生活设计(时尚设计)、艺术设计等,保持适度大分散布局,形成"双核(世博园、迪斯尼乐园)一线(黄浦江沿岸)一轴(苏州河沿岸)"与"多区(中心城区)多片(增长性空间(Ⅰ类)、缓和性空间(Ⅱ类))"的空间结构(图15-2)。

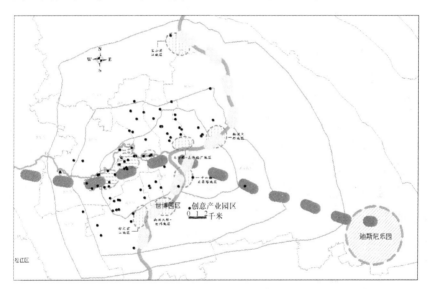

图15-2 世博后上海创意产业园区空间优化示意图
资料来源:同图12-2。

15.2 注重研发设计,优化园区品牌,推进创意产业转型升级

创意设计产业是上海创意产业发展的龙头产业,也应是今后创意产业发展的重中之重,上海应该充分利用世博会为创意产业发展提供的良

好氛围,尽快明确上海以"大设计"为概念的研发设计、建筑设计、文化传媒设计、咨询策划设计和时尚消费设计等重点创意设计产业领域,使其产值达到城市 GDP 总量一定的比例,实现从"上海制造"向"上海设计"的转型,有力地推动上海"设计之都"的发展和建设。① 同时,上海创意产业园区的发展应突出文化引领,着力培育园区品牌,实现创意产业跨界发展。

创意设计产业是创意制造产业的核心门类,是现代服务业的重要组成部分。它既对第二、三产业的发展有较大的依附性,又对其有明显的带动作用,亦不同于第二、三产业的发展规律与要求。为促进上海市经济发展方式转变和城市发展转型,推进重点产业的设计创新,提升产业核心竞争力,打造更具创新活力和国际影响力的"设计之都",上海于 2011 年 5 月 27 日出台了《关于促进上海市创意设计业发展的若干意见》,结合上海产业发展重点和优势,选择工业设计、时尚设计、建筑设计、多媒体艺术设计等产业规模较大、产业带动效应强、在国内外具有一定影响力、具有较好发展基础和潜力的创意设计行业给予重点支持,着力推进上海创意产业的转型升级。

但是,与发达国家的"设计之都"相比,上海在产业融合发展带动能力、设计服务能力等方面尚有不少差距,这也突出表现为现有创意产业园区整体竞争力不强。为此,市、区两级政府要加强对创意设计产业重要性的认识,加强顶层设计,加大支持力度,加快上海由"制造工厂"向"产品设计创意中心"转型的实现步伐。

15.2.1 引入创意,促进产业转型

首先,调整创意产业链在上海地域空间的布局。处于"微笑曲线"前端的设计创意、研发以及后端的销售、售后服务应布局在上海市中心,处于"微笑曲线"中段的生产制造部分可以根据产业特点向郊区和周边地区转移,上海应逐步形成创意设计—生产制造—销售、售后服务的新格局,实现创意产业和第二、三产业的协同发展。

其次,推进创意产业向其他相关产业的渗透。围绕发展先进制造业

---

① 黄昌勇:《上海,创意城市的想象和未来》,载《文汇报》2011 年 1 月 8 日。

和现代服务业的主攻方向,以市场需求为导向,依托上海产业配套完善、人才优势突出等有利条件,借鉴 DMS 体系,鼓励上海本土设计企业进行发展模式创新,加大对其他行业的渗透,充分发挥设计拉动经济增长、带动产业结构高端化调整的作用,并借助对其他行业的渗透提高设计企业的成果转化率水平。

最后,加大对设计创新的奖励力度。从需求的角度出发,激发下游企业对设计的需求,鼓励其通过设计创新提升企业竞争力,推广设计的产业化。一是实施非科技型的创新设计奖励,将以科技创新为主的一般性税收奖励范围,扩大至对产品功能、结构、形态及包装等进行整合优化设计创新的非科技型创新领域。二是设定创新与营销整合的奖励措施。基于营销活动是设计创新的重要内容,其对于进一步将设计创新往市场端推动,促进产品时尚流行具有重大意义,因此应在设计创新奖励中进一步包含市场营销的补助,内容包括展览展示、研讨会的支出以及制作印刷费用等。

15.2.2 引导集聚,加快园区转型

改变上海现有设计产业园区的房地产驱动模式,合理引导园区转型和产业集聚。**鼓励**政府在对园区进行充分功能定位和规划的基础上,通过市场化的方式,聘请在该领域具有充分实力的社会团队,如行业协会、行业龙头企业等负责经营管理,通过各类平台的搭建提供专业化的产业服务。**鼓励**专业程度高的中小型制造业创意企业集聚发展,通过企业的主体活动,逐步实现创意产业园区对都市工业园发展模式的转型。可先期选取一至两个新增园区进行相关试点,适当实施管理团队政策补贴等相关优惠,打造以功能为导向的试点园区。通过将创意产业园区与第二、三产业相关的技术研究、产品开发设计及制作、人才培养等功能集于一体,以有效促进制造业、创意产业的产学研结合,优化制造业、服务业与创意资源的组合,实现设施设备共用、共享,培育适合"设计之都"、具有上海特色的创意产业集群。在试验成功后,将经验向其他既有园区推广。通过运营主体资质的专业化、规范化,推动上海设计产业向纵深发展(见表 15-1)。

表 15-1　创意产业园区被授牌"工业旅游基地"情况表

区县	园区名称	园区特色	备注
普陀区	M50	当代艺术、画廊、广告影视、服装设计、工业设计	2006年全国工业旅游示范点
卢湾区	8号桥	建筑及室内设计、服装设计等	2011年"上海市工业旅游景点服务质量优秀单位"
	田子坊	时尚消费、旅游消费	2008年"国家AAA级旅游景点"
静安区	800秀	时尚产业	
	同乐坊	艺术创意、时尚设计	
黄浦区	老码头园	时尚设计、艺术展示	
虹口区	1933老场坊	时尚产业	全国工业旅游示范点
	花园坊节能环保产业园	节能环保产业	
宝山区	上海国际节能环保园	节能环保产业	
	上海国际工业设计中心	工业设计、产品展示	
	上海动漫衍生产业园·汶水路动漫街	动漫、网络游戏、影视后期制作和创意设计	
	半岛1919	婚庆设计、时尚设计	
杨浦区	五角场800艺术区	当代艺术、画廊、时尚设计	
徐汇区	尚街LOFT	时尚生活、时尚设计	
长宁区	上海时尚园	时尚产业、服装业	
闵行区	西郊·鑫桥创意产业园	建筑设计、服装设计	

资料来源：根据上海工业旅游官网：http://www.itripsh.gov.cn/itripsh/gongyelvyounianpiao/nianpiaojingdian/chuan/整理。

15.2.3　引航设计，推进研发转型

针对上海现有的企业内部研发机构、科研院所仍然是制造业创意产业发展主体的实际，应借鉴"世界500强"的研发机制，着力发展研发设计。首先，要继续支持企业内部研发机构发展，鼓励其参与竞争，引导其与独立创意设计企业合作，共同面向社会承接设计、创意业务。其次，要对在沪大专院校和科研院所尤其是应用型科研院所加大科技研发投入，引导其走专业化道路，充分发挥其技术优势、人才优势，将其逐步培育成为制造业创意产业的专业服务机构和设计研发中心。最后，要转变对设计企业的直接型政策供给方式，加大间接型政策供给。一是在规范园区

主体资质的基础上,通过适当加大对园区运营主体的政策支持配比,激发园区运营主体在优化园区发展环境、提升服务能级方面的积极性和主动性,从而间接作用于园区内企业,以更为市场化的方式,扩大政策的有效性和覆盖面。二是加大对设计相关品牌活动的政策支持,在做优做强既有的"工业博览会""设计双年展""上海国际时装周"等活动品牌的同时,积极筹备举办以上海"设计之都"为指向的"上海设计节""上海设计日"等大型活动,以此扩大上海设计业的影响力,扩大上海在设计领域的话语权。

15.3 汇聚创意人才,以创新驱动为导向,推进"设计之都"生态转向

人才是第一资源。创意人才是创意产业集聚发展的关键因素。针对上海创意人才缺失已严重制约创意产业向纵深发展的情况,世博后,上海创意产业的发展应创新人才机制,进一步集聚创意人才;通过培育创意产业服务平台,围绕创意理念、创意设计、创意活动,拓展创意交流;通过保护知识产权,激励创意涌动,真正推动以版权和专利为核心的创意产业可持续发展。

15.3.1 创新人才机制,以"人"为本,集聚创意人才

"十二五"以及未来一个阶段,上海应充分利用世博后续效应和"设计之都"提供的机遇,广泛开展与其他国家和城市在创意设计、人才培训等各个层面的交流和沟通,制定吸引创意人才特别是高级人才的引进政策。

首先,协同产学研力量,创新创意人才培养模式。政府要充分利用上海的科技和教育优势,加大培训投入,提高现有从业人员和相关专业在校学生的知识水平和工作技能;政府、高校与企业应联手积极推动高校创意人才的培养、研究合作、互访讲学、企业实习等方面的互动交流与实质性合作,培养具有中国特色和上海特点的高层次创意产业设计、策划和制作人才。

(1)依托上海现有教育资源,尤其是应用型大学院校、职业技术学校,创新创意人才培养模式。积极探索文化创意与技术、管理相结合的教

育培养模式,重点加快创新型、复合型、外向型、科技型文化创意产业人才培养,实现多样化文化创意人才供给。

(2) 整合上海教育资源,分类培训创意产业的相关人才。世博会选拔和培养了一批综合实力颇强的创意人才,他们具有较宽广的国际化视野和较强的实际运作能力,具有成为未来创意产业高端人才(领军人物)的潜质。世博后,应充分用好这部分人才,利用专业特色明显的高层次培训机构,加强对他们的培养。结合 2010 年 4 月上海市政府授牌的创意产业人才培训基地的特色,依托中国浦东干部学院在领导培训方面的优势,对世博人才中的决策、统筹类人才实施进一步培养;依托同济大学在建筑设计科学方面的优势,对世博人才中的城市设计与建筑设计类人才实施进一步培养;依托上海交通大学在管理科学方面的优势,对世博人才中的组织、策划、运营与管理类人才实施进一步培养;依托东华大学在纺织与服装专业方面的优势,对世博人才中的时尚设计类人才实施进一步培养。在提高世博创意人才的专业理论素质的基础上,利用交叉培训和交流的方式,进一步将他们培养成为复合型的创意人才。

(3) 协同产业、研究、教育部门,创新人才实习实训路径。鼓励市场化经营较为成熟、社会责任感强的文化创意企业、园区、基地建立专业人才实训基地,加强高校教育基地与专业实训基地在人才培养上的工作对接,为高校学生及青年从业者提供充足的实践培养途径与机会,充分发挥实训基地吸纳和储备文化创意人才、优化文化创意人才队伍结构的重要作用,实现产学研不同机构在地域上协同创新。

其次,激励领军人才涌现,创建创意人才建设高地。

(1) 推进领军人才开发,立足本土挖掘潜力。依托"四个一批"人才培养工程和上海领军人才培养计划,实施文化创意产业领军人才后备梯队建设计划,建立以项目为导向的培养、资助机制。加快研究制定本市高端紧缺文化创意人才的认定标准,对经认定的各类人才按其贡献逐步研究推出奖励办法。通过举办专业研修、组织考察、资助专著出版、举行作品研讨、举办成果展示等途径,不断提升创意产业领军人才的创意创新能力和团队组织能力,适应创意产业发展的新情况、新需求,重点加快创意经营管理人才、创意贸易人才、创意金融人才、创意策划人才、新媒体创意人才、工业设计人才、建筑设计人才、时尚产业人才等紧缺创意产业人才的培养,积极推动产业中介等营造产业环境人才的培养,提升政府产业管理人才的水平。

（2）优化人才引进机制,建立人才信息管理库。编制和发布创意产业高层次人才开发目录,完善有利于"沪漂"创意人才的绿色通道,完善引进高层次创意人才的配套政策,健全海外高层次创意人才引进工作体系,引导和扶持一批创意骨干企业建立高层次人才引进基地,采取咨询、讲学、聘任制、签约制、项目合作制等多种形式柔性引进高层次创意人才和智力,突出环境聚才、项目引才、事业育才,不断优化创意人才的引进机制,建设高层次创意人才信息库。充分发挥行业管理机构、行业协会和有关专业机构作用,建立行业人才信息库,促进创意人才的有序流动和健康发展。

15.3.2 培育创意平台,构建创意生态环境

诸多实践与案例表明,越是高端的创意人才,越是跨界发展的;越是具有不同行业、不同领域、不同文化背景的创意人才合作,创意成果的品质就越高。

（1）以创意设计类节事活动营造创意氛围,发现、吸引创意人才。延续世博论坛的品牌效应,建立"**上海创意论坛**",以创意城市网络为基础,加强与国内外创意大师的沟通。将"上海创意论坛"作为一个国内外创意产业交流的国际平台,定期邀请国内外创意大师进行演讲或进行作品展示,增强业内人士的交流与合作,普及创意理念,推广创意产品,通过论坛的运营,不断扩大在国际创意领域具有影响力的"**上海创意版图**"。

创建和完善以"创意""文化""设计"为主题的节事活动,在节事活动中遴选创意成果。通过各种具有品牌影响力的赛事活动,不断**发现创意人才**,把上海打造成"**创意磁场**",牢牢吸引国内外创意人才。因此,建议进一步完善"**上海国际创意产业活动周**"的品牌,举办各类国际创意艺术节,开展创意评选活动,聘请创意产业的权威人士作为评委,通过节事和评选活动,发掘(发现)更多的潜在创意人才;拉近文化艺术、创意设计和市场之间的关系,促进上海创意产品的推陈出新,营造更浓郁的创新氛围;增强公民创新意识,吸纳国内外的创意人才自由流动,提高上海的城市软实力。

（2）用创意市集、创意社区孕育创意生态。已有的实践表明,创意产业的发展后劲还取决于民间创意力量的丰富程度和活跃程度。创意市集

和创意社区建设是推动民间创意力量崛起的重要手段。创意市集是很能聚拢人气的小型售卖与展示活动。在欧洲许多城市,创意市集已成为城市文化形象的一部分,是最为新锐的街头时尚发源地,也是众多才华横溢的原创艺术家与设计师的起点。① 因此,政府应鼓励传统意义上的有围墙、有厂房、有管理机构的创意产业园区与高等院校、企业集群、商业街区等结合,推动工业开发型、创意体验型、设计开发型的创意产业社区的形成,推动创意产业与创意园区、创意街区、创意社区的融合发展,打造真正意义上的创意城市。

15.3.3 保护知识产权,以"例"立项,激励创意涌现

创意产业也被称作"版权产业",版权、专利等知识产权是创意产业创造巨大附加值的核心。针对上海创意产业领域这种优势尚未显现的现状,建议通过采取多种方式,大力加强知识产权保护,激励创意涌动,真正推动以版权和专利为核心的创意产业可持续发展。

(1) 创新知识产权保护和服务体系。采取多种方式,如完善"创意信封"、简化专利申报程序等,大力加强知识产权保护。积极发挥上海文化产权交易所等机构的作用,加强创意产业专利和版权保护,支持现代著作权保护技术的开发和应用,促进版权授权体系发展。加大知识产权保护和违法侵权执法力度,严厉打击各种侵权行为,维护知识产权所有人的合法权益。指导和鼓励创意产业园区结合自身特点,建立知识产权保护组织。加大知识产权宣传力度,保护和推广创意产业著名商标、重要专利,定期编制和发布全市文化创意产业著名商标名录,营造有利于推进创意产业知识产权保护的舆论环境。设立数字著作权登记中心,鼓励文化创意企业登记著作权。鼓励文化创意企业自主创新形成的成果及时申请、注册知识产权。完善知识产权评估体系,鼓励知识产权评估机构发展,建立健全知识产权信用保证机制。

(2) 建立职业行业资质论证体系。创意产业在国内尚属新兴产业,很多职业门类尚未被列入国家职业技能工种,创意职业资格认证在很多领域还存在空白或薄弱环节,给人才培养和企业用人带来诸多不便。上

---

① 胡美香:《后世博时代创意产业的新机遇》,载《经济导刊》2010年第10期,第74—75页。

海世博会将世博人才需求与职业认证进行了有效的衔接,为创意职业资格认证提供了很好的范例和有益的经验。例如,上海世博人才发展中心与上海市人事局、上海市职业能力考试院、上海市会展行业协会合作,在行业内启动了对会展人才的认证工作,共同推出了"上海市会展管理专业技术水平认证证书",填补了上海在会展人才认证机制方面的空白。此外,由上海世博人才发展中心与(原)卢湾区人才开发调节中心主办的"世博广告传媒专业人才资格认证培训"活动相继推出了"广告高级创意人才资格认证证书""广告传媒职业经理资格认证证书"等一系列广告创意人才资格认证,学员信息被收入上海世博人才信息库,并成为评估广告传媒人才综合能力的一个重要标准。

因此,借鉴已经开展的会展、广告等专业的创意人才认证经验,上海可进一步完善其他创意专业的人才认证机制,填补上海在创意产业人才认证机制上的空白,促进创意产业相关行业的健康有序发展。此外,应主动与国际高水平的创意产业人才认证机构合作,推出具有国际水平、能被广泛接受的创意产业人才认证机制,进一步推动上海创意人才认证机制与国际接轨,规范上海创意产业人才市场标准。

上海创意产业的发展内涵应以创意设计为重点,聚焦狭义创意产业,培育广义设计行业,推进创意产业园区转型,拉动创意产业升级。上海创意产业的空间布局应以世博园为核心,分类评价、分层推进,优化空间布局,形成"**双核(世博园、迪斯尼乐园)一线(黄浦江沿岸)一轴(苏州河沿岸)**"与"**多区(中心城区)多片(增长性空间(Ⅰ类)、缓和性空间(Ⅱ类))**"的空间结构。上海应以世博后机遇为契机,建立"**创意磁场**",增强磁力,广泛吸纳国内外创意人才。上海应以人才机制创新为突破,构建创意生态,培养、鼓励、输送本土创意人才参与国际创意领域的重要赛事与国际交流活动,扩大无形的"**创意版图**",增强上海在世界创意领域的影响力。同时,上海应加大创意产权保护力度,大力推进"设计之都"建设,全面提升上海的城市综合竞争力。

参考文献

[1] Allen Scott, On Hollywood, The Place the Industry, Princeton University Press, 2005.
[2] Anderson Archer, Soho: The Essential Guide to Art and Life in Lower Manhattan, New York: Simon& Schuster, 1979.
[3] B. Benedict(ed.), The Anthropology of World Fairs, London: Scolar Press, 1983.
[4] B. Holcomb, Re-visioning Places: De-and Reconstructing the Image of the Industrial City, In G. Kearns and C. Philo (eds.), Selling Places, OXFORD: Pergamon Press, 1993.
[5] C. Landry, Creative City: A Toolkit for Urban Innovators, London, Earthscan Publications, 2000.
[6] C. Landry, The Art of City Making, First Published by Earthscan in the UK and USA in 2006.
[7] C. M. Hall, Hallmark Tourist Events, London: Belhaven Press, 1992.
[8] Can-Seng Ooi & Birgit Stöber, Creativity Unbound-Policies, Government and the Creative Industries, Linköping University Electronic Press, 2011.
[9] Commerce + Design, les cles du success, Bureau of Design of Montreal, 2007, 2e Edition.
[10] Helene Zucker Seeman, Alanna Siegfried, SoHo: A Guide, New York: Neal-Schuman Publisher, 1978.
[11] Peter Hall, Cities in Civilization, London: Phoenix, 1999.
[12] Richard Florida, The Rise of Creative Class, New York: Basic, 2002.
[13] Richard Florida, Cities and the Creative Class, New York: Rouledge, 2005.
[14] S. Page, Urban Tourism, London and New York: Routledge, 1995.
[15] A. Deffner, The Combination of Cultural and Time Planning: A New Direction for the Future of European Cities, City, 2005, 9(1): 125—141.
[16] A. Deffner and L. Labrianidis, Planning Culture and Time in a Mega-event: Thessaloniki as the European City of Culture in 1997, International Planning Study, 005, 10

(3):241—264.

[17] A. Pratt(ed.) Theme Issue Cultural Industries, Environmental and Planning A, 1997,29(11).

[18] Anne-Marie Brouehous, Spectacular Beijing: The Conspicuous Construction of an Olympic Metropolis, Journal of Urban Affairs, 2007, 29(4):383—399.

[19] B. Holcomb, Re-visioning Places: De-and Reconstructing the Image of the Industrial City, In G. Kearns and C. Philo(eds.), Selling Places, OXFORD: Pergamon Press, 1993, pp. 33—43.

[20] C M. Hall, The Definition and Analysis of Hallmark Tourist Events, Geojournal, 1989,19(3):263—268.

[21] Denis Lemleux, Montreal-City of Design, Architecture&Culture, 2007, (4): 75.

[22] Design City Promotion Office, The Basic Policies to Promote "Design City Kobe", City of Kobe, Planning & Coordination Bureau,2010. 10.

[23] F. Dimanche, Special Events Legacy: The 1984 Louisiana World Fair in New Oreleans, Festival Management and event tourism,1996,4(1),49—54.

[24] F. Haydn and R. Temel(eds.), Temporary Urban Space, Concepts for Use of City Spaces, Basel, Birkhauser,2006.

[25] F. E. Sola, The impacts of Mega—events, Annals of Tourism Research, 1998, 25(1):241—245.

[26] Guo Zicheng, Impact of Mega—events in Urban Development: A Case Study of World 2010 Shanghai China, Hongkong University Master Thesis,2009.

[27] G. Richards, Cultural Capital or Cultural Capitals? In L. Nystrom and C. Fudge (eds.),City and Culture: Cultural Processes and Urban Sustainability, Karlskrona, Swedish Urban Environmental council,1999, pp. 403—404.

[28] G. Richards and J. Wilson, The Impacts of Cultural Events on City Image: Rotterdam, Cultural Capital of Europe 2001, Urban Studies, 2004, 41(10): 1931—1951.

[29] Gert-Jan Hospers, Creative Cities: Breeding Places in the Knowledge Economy, Knowledge, Technology & Policy,2003.

[30] H. H. Hiller, Mega—events and Urban Social Transformation, in C. Person, T. Anderson and B. Sahlberg(eds.), The impact of Mega—events, Ostersund: Midsweden University, 1998.

[31] Hyung Min Kim, Sun Sheng Han, Seoul, Cities, 2011(2).

[32] J. Carlsen and A. Taylor, Mage-events and Urban Renewal: The Case of the Manchester2002 Commonwealth Games, Event Management,2003,8:15—2.

[33] L. Huntoon, Innovaions in the Sustainability of the Built Environment at Lisbon 1998, Bulletin de Bureau International des Expositions, 2007, pp. 181—119.

[34] M. Malfas, E. Theodoraki and B. Houlihan, Impacts of the Olympic Games as Mega—events, Municipal Engineer, 2004, 3(9):209—220.

[35] M. Roche, Mega—events and Modernity: Olympics and Expos in the Growth of Global Culture, Routledge, London, 2000, pp. 1—30.

[36] M. Wilson, Event Engineering: Urban Planning for Olympics and World's Fairs, In Brunn. S. D. (Ed) Engineering Earth: The Impacts of Magaengineering Projects, Dordrecht: Springer, 2010.

[37] M. Wilson and L. Huntoon, World's Fairs and Urban Development: Lisbon and Expo98, International Review of Camparative Public Policy, 2001, 12:373—39.

[38] Mistuhiro Yoshimoto, Creative Industry Trends—The Creative-Industry Profiles of Japan's Ordinance-Designated Cities, NLI Research, 2009.10.15.

[39] Miguel Kanai, Iliana Ortega-Alcázar, The Prospects for Progressive Culture-Led Urban Regeneration in Latin America: Cases from Mexico City and Buenos Aires. International Journal of Urban and Regional Research, Vol. 33, No. 2, 2009, 6.

[40] Nico Larco, Both/And: Merging Global and Local Identity through Design, A Case Study of Puerto Madero Buenos Aires, Journal of Urban Design, 2011, 5.

[41] N. Morgan and A. Pritchard, Tourism, Promotion and Power: Creating Image, Creating Identities, Chichester: John Wiley and sons, 1998.

[42] Peter Hall, Creative Cities and Economic Development, Urban Studies37(4), 2000.

[43] Steven P. French and Mike E. Disher, Atlanta and the Olympic: A One Year Retrospective, ournal of the American Planning Association, 1997, 63(3): 379—392.

[44] S. Naylor, J. Ryan, I. Cook and D. Crouch(eds), Cultural Turns/Geographical Turns: Perspectives on Cultural Geography, Harlow, Pearson Education, 2000.

[45] Sharon Zukin, Laura Braslow, The Life Cycle of New York's Creative Districts: Reflections on the Unanticipated Consequences of Unplanned Cultural Zones, City, Culture and Society, 2011.

[46] Timothy F. Bresnahan, Shane Greenstein, Technological Competition and the Structure of the Computer Industry, The Jorunal of Industrial Economics, 1999.

[47] 10 Things to Know about BERLIN UNESCO City of Design, http://www.unesco.org/.

[48] 10 Things to Know about Montreal UNESCO city of design, http://unesdoc.unesco.org/images/0018/001838/183835e.pdf, 2009.

[49] Andrew Heisz, Canada's Global Cities: Socio-economic Condition in Montreal, To-

ronto and Vancouver-Trends and conditions in Census Metropolitan Areas, Statistics Canada Business and Labour Market Analysis Division, 2006. http://www.admtl.com/Passengers/Destination Montreal/All About Montreal.aspx, 2012-4-13.

[50] CNN, SEOUL Application, Annex, http://www.unesco.org/new/en/culture/themes/creativity/creative-industries/creative-cities-network/design/seoul/.

[51] Design Montreal Open House, http://www.portesouvertesdesignmontreal.com/about/.

[52] English Montreal School Board, List of school 2011—2012, http://www.emsb.qc.ca/en/school_en/pdf/LIST%20OF%202011-2012.pdf, 2012-4-12.

[53] GLA, Olympic Legacy Supplementary Planning Guidance Strategic Transport Study, http://www.london.gov.uk/publication/olympic-legacy-supplementary-planning-guidance, 2011-12.

[54] J. O'Connor, Creative Cites: The Role of Creative Industries in Regeneration, http://www.renew.co.uk/articleimages/2006411_Creative_indusries_FINAL.pdf.

[55] Johan Fourie and Maria Santana-Gallego, The Impact of Mega—events on Tourist Arrivals, Working Paper, http://www.econrsa.org/papers/w_papers/wp171.pdf, 2010.

[56] Kobe Design Hub, City of Design Projects, http://kobe-designhub.net/_en/design_city_03/index.html, 2011-4-10.

[57] McKinsey, Urban World: Mapping the Economic Power of Cities, 2011.3, www://mckinsey.com.

[58] Montreal, Ville Unesco de Design/UNESCO City of Design, http://serviceenligne2.ville.montreal.qc.Ca/sel/publications/PorteAccessTelechargement? Lng = En&system Name = 5200101&client = serv_corp, 2006-01.

[59] NESTA, Soft Innovation—Towards a More Complete Picture of Innovative Change, http://www.nesta.org.uk/publications/reports/assets/features/soft_innovation, 2009-7.

[60] QS Best Student Cities in the World 2012, http://www.topuniverstities.com/student-life/best-student-cities/2012/.

[61] Statistics Canada, 2012, Montreal, Quebec (Code 2466023) and Quebec (Code 24) (Tabel), Census Profile, 2011 Census, statistics Canada Catalogue No. 98-316-XWE, Ottawa, Released February 8, 2012, http://www12.statcan.ca/census-recensement/2011/dp-pd/prof/index.cfm? Lang = E, 2012-5-3.

[62] Studying in Montreal, Montreal: A Knowledge City, http://www.etudieramontreal.info/en/studying, 2012-4-12.

[63] UN-HABITAT Best Practice Award Winners Detail, http://www. unhabitat. org/bp/bp. list. detail. asp? bp_id = 2000.

[64] United Nations Educational, Scientific and Cultural Organization, Kobe UNESCO City of Design, in Creative Cities Network, http://unesdoc. unesco. org/images/0018/001840/184066E. pdf;Paris,2009.

[65] Ville de Montreal. Office City Portal, Universities, http://ville. montreal. qc. ca/portal/page? _pageid = 5977,40501558&_dad = portal&_schema = PORTAL, 2012-2-13.

[66] Creative Industry Economic Estimate Report 2011.

[67] County Business Patterns, 2002 and Non-employers Statistics, 2002, U. S. Census.

[68] DCMS, Creative Industries Economic Estimates, 2011. 12. 8.

[69] DCMS, Staying Ahead: The Economic Performance of the UK's Creative Industry.

[70] DCMS, Creative Industries Economic Estimates,2011.

[71] EPO: Annual Report 2011-European Patent Applications,2012(3).

[72] EPO: Annual Report 2011-Five-Year Review,2011(3).

[73] KEA European Affairs, The Economy of Culture in Europe, 2006.

[74] London's Creative Sector: 2004 Update,GLA Economics, 2004.

[75] London's Creative Sector: 2009 Update,GLA Economics, 2009.

[76] London's Creative Sector: 2007 Update,GLA Economics, 2007.

[77] London's Creative Sector: 2011 Update,GLA Economics, 2011.

[78] MEDIA. NYC. 2020: FINAL REPORT, http://www. oliverwyman. con/media_nyc_2020. htm.

[79] Statistics Canada, Census of population, 2001 and2006;http://www. census2011. gc. ca/ccr_r000-eng. htm.

[80] Stephen E. Siwek, Copyright Industries in the U. S. Economy: The 2003-2007 Report, 2009.

[81] Stephen E. Siwek, Copyright Industries in the U. S. Economy: The 2011 Report, 2011.

[82] The Creative Industries in New York City, 2005.

[83] The Creative Industries in Westchester County, NY, American for the ARTS,2011.

[84] The Mayor of London Annual Report 2010-2011.

[85] UNCTAD, Creative Economy Report 2010, 2010. 12.

[86] UNDP&UNCTAD, Creative Economy Report 2008.

[87] UNDP & UNCTAD, Creative Economy Report, 2010.

[88] 長田 淳.「デザイン都市・神戸」の取り組み. ひょうご経済 (101), 30-35,

2009-01.

[89] 西村 理,岩田 弘三,角田 嘉宏［他］.講演録パネルディスカッションデザイン都市·神戸の実現に向けて.ひょうご経済（92）,25—31,2006-10.

[90] 神戸市都市計画総局.行政資料神戸らしい眺望景観の形成に向けて「デザイン都市·神戸/まちのデザイン」の推進［D］.都市政策（139）,72—82,2010-04.

[91] 栗山 尚子,三輪 康.—デザイン都市·神戸での都市の景観と環境デザインに関する国際ワークショップWAT_Kobe2009の事例報告.都市計画論文集（45）,295—300,2010.

[92] Buenos Aires Ciudad(布宜诺斯艾利斯政府官方网站):http://www.buenosaires.gov.ar/.

[93] CAI(布宜诺斯艾利斯投资中心):http://cai.mdebuenosaires.gov.ar.

[94] City of New York(纽约政府官方网站):http://www.nyc.gov/.

[95] Creative City Berlin(柏林设计之都官方网站):http://www.creative-city-berlin.de/en/.

[96] CMD(布宜诺斯艾利斯都市设计中心):http://www.cmd.mdebuenosaires.gob.ar.

[97] Creative Design City Nagoya(名古屋设计之都官方网站):http://www.creative-nagoya.jp/.

[98] Canadian Centre for Architecture(加拿大建筑中心):http://www.cca.qc.ca.

[99] Centre International d'Art Contemporain de Montreal(蒙特利尔当代艺术国际中心):http://www.ciac.ca.

[100] Canadian Policy Research Networks（加拿大政策研究网络）:http://www.cprn.org.

[101] DMY BERLIN(柏林国际设计网络):http://dmy-berlin.com/en.

[102] Ecole de Design(巴黎高德设计):http://arts.uqam.ca/departements-et-ecoles/ecole-de-design.html.

[103] EPO(欧洲专利局官方网站):http://www.epo.org/.

[104] Greater London Authority(伦敦市政府官方网站),http://www.london.gov.uk/.

[105] IIPA(国际知识产权联盟):http://www.iipa.com/.

[106] International Council of Graphic Design Associations(平面设计国际理事会):http://www.icograda.org/.

[107] International Downtown Association(国际市中心协会):http://www.ida-downtown.org/eweb/.

[108] International Council of Societies of Industrial Design(工业设计国际理事会):ht-

tp://www.icsid.org/.

[109] Kobe City(神户市官方网站):http://www.city.kobe.lg.jp/information/project/kasseika.html.

[110] KOREA.net(韩国政府官方网站):http://www.seoul.go.kr/main/index.html.

[111] Montreal 2025(蒙特利尔2025):http://www.montreal2025.com.

[112] Montreal International. All the international organizations(蒙特利尔投资局官方网站及各国际组织官方网站):http://www.montrealinternational.con/io-montreal-all-International-organizations, 2012-4-10.

[113] My Buenos Aires Travel Guide(布宜诺斯艾利斯旅游指南):http://www.batravelguide.com/2011/08/casa-foa-2011.html.

[114] Seoul Business Agency(首尔产业通商振兴院):http://www.sba.kr/chin/index.jsp/, 2012-3-15.

[115] Tech City UK(英国科技城),http://www.Techcityuk.com/.

[116] THE ARGENTINA INDEPENDENT(阿根廷政府官方网站):http://www.argentinaindependent.com/.

[117] The Montreal UNESCO City of Design initiative ("蒙特利尔联合国设计之都倡议"官方网站):http://www.unhabitat.org/conent.asp?typeid=19&catid=34&cid=160.

[118] Time Out(Time Out 杂志官方网站):http://www.timeout.com/.

[119] UNESCO(联合国教科文组织官方网站),http://www.unesco.org/.

[120] U.S. Copyright Office(美国版权局):http://www.copyright.gov/laws/.

[121] WIPO(世界知识产权组织):http://www.wipo.int/.

[122] World Design Capital(世界设计之都):http://wdc2010.seoul.go./eng/withsche.jsp/, 2012-3-15.

[123] 卞向阳主编:《国际时尚中心城市案例》,上海人民出版社、格致出版社2010年版。

[124] 〔英〕查尔斯·兰德利:《创意城市:如何打在都市创意生活圈》,杨幼兰译,清华大学出版社2009年版。

[125] 褚劲风:《创意产业集聚空间组织研究》,上海人民出版社2009年版。

[126] 曹勇衡:《蒙特利尔—圣劳伦斯河上的法国魅力》,上海交通大学出版社2008年版。

[127] 杜德斌:《世界经济地理》,高等教育出版社2009年版。

[128] 高骞主编:《上海打造国际时尚之都的探索与实践》,上海人民出版社、格致出版社2010年版。

[129] 花建等:《文化产业的集聚发展》,人民出版社2011年版。

[130] 韩国科技创新态势分析报告课题组:《韩国科技创新态势分析报告》,科学出版社 2011 年版。

[131] 厉无畏、王如忠主编:《创意产业——城市发展的新引擎》,上海社会科学院出版社 2005 年版。

[132] 厉无畏:《创意产业导论》,学林出版社 2006 年版。

[133] 厉无畏、王慧敏:《创意产业新论》,东方出版中心 2009 年版。

[134] 李伯杰等:《德国文化史》,对外经济贸易大学出版社 2002 年版。

[135] 〔美〕萨利·贝恩斯:《1963 年的格林威治村——先锋派表演和欢乐的身体》,华明等译,广西师范大学出版社 2001 年版。

[136] 〔美〕丝奇雅·沙森:《全球城市:纽约·伦敦·东京》,周振华等译,上海社会科学院出版社 2005 年版。

[137] 世界银行:《2009 年世界发展报告:重塑世界经济地理》。

[138] 石忆邵等编著:《国际大都市建设用地规模与结构比较研究》,中国建筑工业出版社 2010 版。

[139] 田景、黄亨奎、池福淑、白承镐编著:《韩国文化论》中山大学出版社 2010 年版。

[140] 王旭:《美国城市史》,中国社会科学出版社 2000 年版。

[141] 吴申元主编:《中国近代经济史》,上海人民出版社 2003 年版。

[142] 王荣华:《创意产业》,上海科学技术文献出版社 2005 年版

[143] 肖飞燕、廖双红:《创意产业区——新经济空间集群创新演进机理研究》.中国经济出版社 2011 年版。

[144] 徐井宏、张敏红:《转型——国际创新型城市案例研究》,清华大学出版社 2011 年版。

[145] 谢芳:《美国社区》,中国社会出版社 2004 年版。

[146] 〔英〕约翰·霍金斯:《创意生态:思考在这里是真正的职业》,北京联合出版公司 2011 年版。

[147] 〔英〕约翰·霍金斯:《创意经济:如何点石成金》,洪庆福等译,上海三联书店 2006 年版。

[148] 杨立勋:《世界先进城市管理研究》,中国社会科学出版社 2009 年版。

[149] 〔美〕伊丽莎白·科瑞德:《创意城市——百年纽约的时尚、艺术与音乐》,陆香、丁硕瑞译,中信出版社 2010 年版。

[150] 张沙鹰:《激情探戈——阿根廷》,上海故事会文化传播公司、上海锦绣文章出版社 2010 年版。

[151] 朱晓明、季成:《平台——赢在服务》,中信出版社 2012 年版。

[152] 董晓霞:《包豪斯风格的延续》,同济大学 2007 年硕士论文。

[153] 姜丽丽:《德国工业革命时期的城市化研究》,华中师范大学 2008 年硕士论文。

[154] 沈安:《阿根廷经济发展模式的演变与分析》,载中国拉丁美洲史研究会第七届会员代表大会暨"拉丁美洲现代化进程研究学术讨论会"论文汇编(2007)。

[155] 叶霞:《二十世纪德国工业设计研究》,武汉理工大学 2006 年硕士论文。

[156] A+C:《设计体现价值—专访蒙特利尔市市长杰拉·特朗布雷》,载《建筑与文化》2007 年第 4 期。

[157] 〔德〕安德烈斯·G·汉普尔:《关于柏林的公共空间》,王晓京译,载《建筑学报》2002 年第 2 期。

[158] 包海波:《试析美国版权战略与版权业发展的互动》,载《科技与经济》2004 年第 6 期。

[159] 褚劲风:《世界创意产业的兴起、特征与发展趋势》,载《世界地理研究》2005 年第 4 期。

[160] 褚劲风:《国外创意产业集聚的理论视角与研究系谱》,载《世界地理研究》2009 年第 1 期。

[161] 褚劲风、崔元琪、马吴斌:《后工业化时期伦敦创意产业的发展》,载《世界地理研究》2007 年第 3 期。

[162] 褚劲风等:《创意城市网络下日本神户设计之都的规划与实践》,载《世界地理研究》2011 年第 3 期。

[163] 陈嘉欢:《海外"设计之都"纵览》,载《上海经济》2011 年 11 期。

[164] 崔国、褚劲风、王倩倩、邹琳:《国外创意旅游内涵研究》,载《人文地理》2011 年第 6 期。

[165] 高小康:《创意产业园区应超越地理空间》,载《中国社会科学报》2011 年 3 月 8 日。

[166] 郭铁民:《城市是什么,如何发展——上海世博会的经济学意义》,载《福建师范大学学报(哲学社会科学版)》2011 年第 1 期。

[167] 辜晓进、韦杰:《柏林:一座崇尚创意的城市》,载《深圳特区报》2009 年 10 月 25 日。

[168] 花建等:《后世博文化遗产与上海文化产业发展研究》,载《科学发展》2011 年第 6 期。

[169] 花建:《从世博会到"后世博":中国文化产业的新战略和新资源》,载《江西社会科学》2010 年第 8 期。

[170] 胡斌、赵贵华:《蒙特利尔地下城对广州地下空间开发的启示》,载《地下空间与工程学报》2007 年第 4 期。

[171] 胡美香:《后世博时代创意产业的新机遇》,载《经济导刊》2010 年第 10 期。

[172] 黄昌勇:《上海,创意城市的想象和未来》,载《文汇报》2011 年 1 月 8 日。

[173] 姜晓凌:《以"设计之都"理念树差异化标杆》,载《上海科技报》2011 年 12 月

14 日。

[174] 金敏华:《一座依靠设计发挥灵性的城市》,载《深圳商报》2007 年 5 月 23 日。

[175] 刘卫东:《论我国互联网的发展及其潜在空间影响》,载《地理研究》2002 年第 3 期。

[176] 刘冠、庞宇:《融合、激情与希望——布宜诺斯艾利斯设计产业发展的启示》,载《装饰》2011 年第 12 期。

[177] 陆莹、陈红喜、袁瑜:《教育、科技、经济一体化平台运行绩效评价体系研究》,载《江苏高教》2011 年第 4 期。

[178] 陆卫军、张涛:《成功实施蒙特利尔协定书对环境国际合作的启示》,载《江苏科技信息》2011 年第 5 期。

[179] 凌金铸:《版权与美国文化产业》,载《皖西学院学报》2005 年第 3 期。

[180] 林华:《阿根廷文化产业的发展及政府的相关政策》,载《拉丁美洲研究》2007 年第 4 期。

[181] 李奎泰:《首尔和上海的城市发展战略和城市文化政策之比较》,载《当代韩国》2006 年第 1 期。

[182] 〔日〕林上:《制造业的大都市圈——名古屋圈的产业结构与城市结构》,王晖译,载《国际城市规划》2007 年第 1 期。

[183] 林乃森:《日本创意产业发展政策及其启示》,载《中南大学学报(社会科学版)》2011 年第 1 期。

[184] 刘斐:《柏林艺术大学工业设计教育模式介绍及浅析》,载《企业家天地(理论版)》,2011 年第 2 期。

[185] 刘琼:《市民素养决定城市气质》,载《深圳商报》2010 年 12 月 7 日。

[186] 刘建春:《打造城市》,载《企业文化》2003 年第 3 期。

[187] 刘彦宏等:《设计、人与都市—"设计之都"城市形象传播策略研究》,载《广告大观(综合)》2011 年第 5 期。

[188] 李增军、曹永康、侯实:《黄浦江滨江工业遗产保护的共生策略》,载《华中建筑》2010 年第 6 期。

[189] 马而非:《蒙特利尔:幸福可以设计》,载《江南游报》2010 年 12 月 16 日。

[190] 墨宁:《联合国教科文组织设计之城》,载《建筑与文化》2007 年第 11 期。

[191] 荣跃明:《上海创意产业发展的现状与前景》,载《毛泽东邓小平理论研究》2005 年第 1 期。

[192] 上海市科学技术委员会:《世博会科技创新与上海可持续发展能力建设》,载《科学发展》2011 年第 5 期。

[193] 苏振兴:《拉美"超前"城市化与"大都市化"》,载《中国社会科学报》2011 年 8 第 15 期。

[194] 孙洁:《上海创意产业园区可持续发展的问题与对策研判》,载《科技和产业》2010 年第 5 期。

[195] 石海霞:《奢华的诱惑—论加拿大殖民地时期的皮毛贸易》,载《黑河学刊》2010 年第 12 期。

[196] 沈正岩:《产业转型升级的"韩国经验"》,载《政策瞭望》2008 年第 3 期。

[197] 汤茂林译,Allen Scott, Creative Cities: Conceptual Issues and Policy Questions,载《现代城市研究》2007 年第 2 期。

[198] 汤永净、朱旻:《蒙特利尔地下空间扩建案例对上海的启发》,载《地下空间与工程学报》2010 年第 5 期。

[199] 彤晖编译:《柏林血液中有时尚》,载《中国服饰报》2011 年 3 月 4 日。

[200] 谭融、张宏杰:《论阿根廷现代化进程中的政府角色》,载《山西大学学报(哲学社会科学版)》2011 年第 2 期。

[201] 王晓红:《国外版权产业发展概况及借鉴》,载《经济体制改革》2008 年第 5 期。

[202] 王朝辉:《格林威治村与纽约都市文化的变迁》,载《厦门理工学院学报》2009 年第 4 期。

[203] 王晖:《北京市与纽约市文化创意产业集聚区比较研究》,载《北京社会科学》2010 年第 6 期。

[204] 王谡萍、潘瑾:《上海创意产业园区的发展现状与战略研究》,载《中国市场》2009 年第 40 期。

[205] 王文静:《蒙特利尔岛城的探索》,载《城市实践》2010 年第 43 期。

[206] 王承云:《日本"中京圈"的可持续发展及其启示——兼论 2005 年爱知世博会》,载《世界地理研究》2004 年第 3 期。

[207] 吴敏:《走进世博会:世博历史 150 年》,东方出版中心 2009 年版。

[208] 汪毅、徐昀、朱喜钢:《南京创意产业集聚区分布特征及空间效应研究》,载《热带地理》2010 年第 1 期。

[209] 徐晋、张祥建:《平台经济学初探》,载《中国工业经济》2006 年第 5 期。

[210] 〔德〕希尔玛·冯·罗杰维斯基:《关于柏林城市特色和城市变化》,陈宇琳译,载《国际城市规划》2008 年第 2 期。

[211] 〔加〕希拉里·麦脱克:《全新的教育理念—北服·莱佛士国际学院》,载《中国商贸》1998 年第 15 期。

[212] 霄岳:《诱人的蒙特利尔商务之旅》,载《上海商业》2009 年第 5 期。

[213] 昕:《蒙特利尔魁北克大学设计学院,蒙特利尔,加拿大》,载《世界建筑》2001 年第 10 期。

[214] 杨帆:《区域经济增长中的地方政府投融资平台效应研究》,载《煤矿机械》2011 年版。

[215] 杨一博、宗刚:《纽约世界城市发展道路对北京的启示》,载《现代城市研究》2011年第12期。

[216] 杨清刚:《科技创新让后世博时代更精彩》,载《解放军报》2010年10月28日。

[217] 杨京平、刘瑞:《印尼、日本促进重大灾害恢复重建的经验与启示》,载《中国经贸导报》2009年第17期。

[218] 杨浦:《德国柏林城市街道空间艺术的参考与启示》,载《沈阳农业大学学报(社会科学版)》2010年第2期。

[219] 姚之洁:《关于"人类与世界"的反思:1967年蒙特利尔世博会》,载《装饰》2010年第7期。

[220] 赵晴、陈沁蓉:《构筑服务平台助推经济发展》,载《中国记者》2010年第4期。

[221] 张晓东、李成:《构建政产学研合作平台 探索服务地方经济建设新途径》,载《中国高校科技与产业化》2010年第5期。

[222] 张昌兵:《美国版权产业保护政策的历史演变与启示》,载《中外企业家》2010年第14期。

[223] 张昌兵:《美国版权产业的海外扩张战略》,载《国际经济合作》2010年第12期。

[224] 张楚:《柏林:创意财富的"设计之都"》,载《金融经济》2007年第5期。

[225] 赵静:《转动设计的轮盘(Design's Running Cogwheel—Commerce Design Montreal)商业·设计·蒙特利尔竞赛活动访谈及案例介绍》,载《室内设计与装修》2005年第1期。

[226] 张奋泉:《韩国怎样保护世界遗产——探访首尔古建筑》,载《中华建设》2011年第3期。

[227] 张欣、高长春:《世博会对上海创意产业发展作用探析》,载《科技进步与对策》2009年第6期。

[228] 周任远:《上海创意产业集聚现状分析及动因探讨》,载《管理观察》2009年第15期。

[229] 《柏林历史文化》,http://travel.mangocity.com/berlin/berlin-history.html,2012年2月5日访问。

[230] 都市设计中心推进创意产业发展:http://www.argentinaindependent.com/lifestyle/thecity/metropolitan-design-centre-fostering-prosperous-creativity/.

[231] 辜晓进、韦杰:《柏林创意设计:政府和企业是幕后的黑手》,http://www.cnci.gov.cn/content/200973/news_48277.shtml,2012年3月5日访问。

[232] 《关于知识产权》,http://www.wipo.int/abput-ip/zh,2012年3月13日访问。

[233] 黄浦江两岸开发办公室:http://www.hpjbanks.com/index.asp.

[234] 《集结设计智能》,http://design360.cn/magazine_detail.asp?sortid=6&id=

80&typeid = 3,2012-9-5.

[235] 厉无畏、于雪梅:《上海城市文化创意产业基地发展的问题和策略》,http://www.chinacity.org.cn/csfz/cswh/66900.html,2012 年 7 月 3 日访问。

[236] 历届世界博览会介绍网址:http://www.docin.com/p-213385763.html。

[237] 《2010 年上海世博会城市最佳实践区(中部)加拿大蒙特利尔圣米歇尔区的环境复合工程》,http://www.expo2010.cn/c/ubpa_tpl_2184.htm,2012 年 5 月 9 日访问。

[238] 《"Noagoya design do! 2004"国际设计比赛获奖作品》,http://www.027art.com/art/guanggao/175098.html,2012 年 5 月 17 日访问。

[239] 《2010 年上海文化创意产业发展情况和统计数据等》:http://www.shio.gov.cn/shxwb/xwfb/node169/node261/userobjectlai9040.html,2011 年 9 月 30 日访问。

[240] 《日本都到府县驻中国事务所访谈录:神户的 N 种风情和魅力——访神户市上海事务所长张文芝》,http://cn.explore.ne.jp/jp-mp/bingku/shanghai.php,2009-9,2012 年 8 月 3 日访问。

[241] 上海市经济委员会、上海市统计局:《上海创意产业发展重点指南》。

[242] 上海创意产业中心测算数据(2008—2009)、《2006—2009 年创意产业发展报告》

[243] 《上海市文化创意产业发展"十二五"规划》

[244] 《上海环同济设计创意产业集聚区在杨浦区揭牌成立》,http://www.shanghai.gov.cn/shanghai/node2314/node2315/node15343/userobject21ai363559.html,2010 年 7 月 4 日访问。

[245] 《上海建立"环同济设计创意产业集聚区"》,http://www.360cxy.cn/front/Info-temp.aspx?InfoID = 671862,2012 年 7 月 5 日访问。

[246] 《设计之都:柏林》,http://www.sznews.com/zhuanti/content/2011-11/30/content_5128391,2011 年 2 月 3 日访问。

[247] 王春、刘虹:《迎接"后世博时代":创新科技将从场馆走向生活》,http://news.e23.cn/content/2010-11-01/2010B0100078.html,2012 年 9 月 3 日访问。

[248] 王可:《文化创意产业之都——伦敦》,http://ip.people.com.cn/GB/10786830.html2010 年 1 月 20 日访问。

[249] 香港特别行政区政府中央政策组:《香港创意产业基线研究报告》,http://sc.info.gov.hk.

[250] 杨静:《上海世博园后续利用规划完成 将打造 5 大区域》,http://www.chinanews.com/gn/2011/03-09/2893392.shtml,2012 年 9 月 15 日访问。

[251] 《战略专家黄仁伟解读上海世博会新技术应用趋势》,http://www.cas.cn/

jypx/gzdt/201012/t20101216-3045265.shtml.

[252] 中央文化企业国有资产监督领导小组办公室：《版权产业国际比较与借鉴》，http://wzb.mof.gov.cn/pdlb/yjbg/201207/t20120704_664015.html，2012 年 5 月 3 日访问。

[253] 上海设计之都官方网站：http://www.creativecity.sh.cn/.

[254] 上海工业旅游官网：http://www.itripsh.gov.cn.itripsh/gongyelvyounianpiao/nianpiaojingdian/chuan/.

[255] 中国服装网：http://www.efu.com.cn/date/2010/2010-08-13/317384.shtml.

[256] 绿色网：http://www.lvse.com/yingguo/youxi.

后记

我对创意城市、设计之都的研究源于游历不同城市产生的灵感。记得每次去神户,漫步街头时,我对扑面而来的城市灵性总会产生些许新的遐想。六甲山的移步换景以及山脚下西式咖啡店融合着的和风、异人馆西洋建筑间闪过的歌舞妓、神户塔下东西合璧的港口建筑、南京中华街浓郁的中国风后的日本情,甚至阪神大地震后的断垣竟原汁原味地保存、矗立在繁华的商业街中……这些看似不经意的城市景观,却是积淀着城市文脉并经精心设计所成。由此想见,正是因着世界上许多城市的独特性,才组成了全球城市多样性的拼版图。这或许就是联合国教科文组织倡导"创意城市网络"的缘由之一。

我于2011年开始对神户设计之都进行研究的时候,纯粹出于兴趣,并计划在《世界地理研究》杂志上发表相关成果。但是,在对一个又一个城市的研究过程中,我对创意城市、设计之都有了更多的认识和思考。

本书是国家自然科学基金项目(41171101)(场域视角下创意产业园区的空间格局与区位指向研究:以上海为例)的阶段性成果,运用世界地理的研究方法,从综合性和差异性的视角,分为上篇、中篇、下篇。

上篇着重于世界创意产业、创意城市的学术理论与实践应用的内涵演绎、区域效应、空间格局等的概要综述;同时,试图探讨重大节事活动对大城市与创意产业的影响。创意城市的优秀典范无疑是伦敦、纽约。这两座城市被称作具有综合创意的城市,人们在感知它们作为全球经济中心的时候,有时似乎忽略了城市的多样性与经典性所在。例如,伦敦是世界上最早发展资本市场的城市,也是服务业专业化程度最高的城市之一,这可能就是创意产业的本源。今天,伦敦是世人公认的创意之都,人们在被其精彩纷呈的创意时尚吸引时,可能会忽略创意繁荣背后的组织、机构、行会等众多发育成熟的平台,而有关平台经济恰是网络经济背景下,国内学界和商界探讨的热点,或许这也是我国创意产业最值得借鉴的内容。此外,知识产权保护是我国面临的严峻挑战。本书研究世界另一个创意中心城市纽约,选取的角度正是版权保护。从这些不同角度研究,本书尝试在现有的创意产业研究中寻找突破。

中篇选取了截至2011年7月联合国教科文组织网站上公布的"创意城市网络"中的6个国外"设计之都"。按照时间序列,它们分别是阿根廷布宜诺斯艾利斯(2005年)、德国柏林(2005年)、加拿大蒙特利尔(2006年)、日本名古屋(2008年)、日本神户(2008年)、韩国首尔(2010年)。中国按时间序列,依次是深圳(2008年)、上海(2010年),北京2012年入选加盟。每一个设计之都既展现独特性,又存在某些相似形,比如政府强有力的政策扶持、跨部门的协同创新等。他山之石,可以攻玉。

下篇是在上海创意产业实证研究基础上形成的阶段性成果。

我负责了全书框架的设计和审定,执笔十余章的编写以及全书的统稿与修改。参与书稿部分章节写作的有:宋韬,第九章;王丹,第三章;邹琳,第七章;王倩倩,第十一章;崔国,第八章;陈芳,第六章。研究生王倩倩、邹琳为书稿做了许多基础性的工作,廖邦固承担了建模分析,高峰清绘了部分地图。在此感谢他们的辛勤付出。

书稿写作过程中,汤建中教授、谷人旭教授的真知灼见给予我诸多的启发与思考。俞立中教授的鼓励、贺寿昌教授的指点使我获得智慧启迪。日本香川教授为我去神户、名古屋市政府调研,补充、搜集最新资料。英国"世界创意产业之父"约翰·霍金斯给予我许多有价值的建议和意见。美国著名创意产业专家艾伦·斯科特教授提供了独特见解。与宁越敏教授、杜德斌教授、曾刚教授等的交流,使我收获颇多。冯春萍教授对书稿进行了审读。还有国内的专家、学者以及创意领域的行家等的热心指教,也给了我莫大的帮助。

同时感谢上海文化创意产业促进办公室、上海市经信委、上海市发展研究中心、上海市政府研究室、上海市发改委、上海市工商管理局、上海市科委、上海市教委、上海市知识产权局等有关部门的领导和同仁,感谢静安区、普陀区、徐汇区、杨浦区、长宁区、虹口区等有关区政府职能部门,感谢华东师范大学、上海戏剧学院、上海师范大学、上海工程技术大学、上海社会科学院、上海工业旅游促进中心、上海创意产业中心以及 8 号桥、田子坊、M50 等创意产业园区的领导、专家学者和企业家在课题调研、资料收集等方面给予热情的帮助和支持。

在此,一并致以真挚的感谢!

褚劲风

2012 年 7 月 31 日